# CSI

## EL CASO DE CASEY ANTHONY
## ASESINATO DE LA NIÑA

# CSI

## EL CASO DE CASEY ANTHONY
## ASESINATO DE LA NIÑA

GERARDO BLOISE MPA CCSI

*Another Quality Book Published By:*
**LEGACY BOOK PUBLISHING**
1850 Lee Rd., STE. 223
Winter Park, FL 32789
LEGACYBOOKPUBLISHING.com

**CSI**
**El Caso de Casey Anthony Asesinato de la Niña**

Publicado por:
**LEGACY Book Publishing**
1883 Lee Road
Winter Park, Florida 32789
**www.LegacyBookPublishing.com**


Impreso en los Estados Unidos, segundo impreso
ISBN: 978-1-958923-39-9

Diseño de portada por Gabriel H. Vaughn
Editado por Angela Alexander, Valentina Nobile

Dedicado a
el Creador Todopoderoso del universo por darme el talento
para hacer mi trabajo
&
para Caylee Anthony y todas las victimas de un crimen
&
la unidad forense de la oficina del Sheriff del Condado de
Orange

# Epígrafo

*Porque no hay nada oculto que no haya de ser manifestado;*
*ni escondido, que no haya de ser conocido, y de salir a luz*
*-Marcos 4:22*

CASO#: 08-069208

# Tabla de Contenido

Capítulo 01 Una Tarde de Verano................. 023
Capítulo 02 La Verdad en la Basura.................. 034
Capítulo 03 Primera Llamada.............................. 044
Capítulo 04 Manchas Sospechosas...................... 055
Capítulo 05 El Caso de Caylee No Está Solo........ 058
Capítulo 06 Una Exhaustiva Inspección............ 070
Capítulo 07 La Verdad en el Maletero................ 076
Capítulo 08 Hombre de Evidencia......................... 084
Capítulo 09 Manzana de mi FBI.......................... 095
Capítulo 10 Orden de Registro........................... 101
Capítulo 11 Luz Alternativa............................ 124
Capítulo 12 Respuesta Retornada........................ 130
Capítulo 13 Buscar en la Basura........................ 141
Capítulo 14 Deberes Maternales.......................... 169
Capítulo 15 Prueba de Olfateo............................ 180
Capítulo16 Revelación de Insectos ...................... 202
Capítulo 17 Lo Que Permanece........................... 206
Capítulo 18 Enjuiciamiento y Defensa.............. 224
Capítulo 19 El Juicio................................... 227
Capítulo 20 Día Infame.......................... 258

–ROBYN WALENSKY–
BEAUTIFUL LIFE?
The CSI Behind the Casey Anthony Trial
& My Observations from Courtroom Seat #1

CASO#: 08-069208

# Prefacio

Por Robyn Walensky-Pfaffman
*Autor: "Beautiful Life" The CSI Behind the Casey Anthony Trial & My Observation from Courtroom Seat # 1*

La dirección es 4937 Hopespring Drive en Orlando, Florida. Ninguno de los CSI de las Oficina del Sheriff del Condado de Orange, sabría en tiempo real la importancia y el valor de los artículos que encontrarían cuando un juez firmo una orden de allanamiento en diciembre de 2008, lo que les permitió ingresar a la casa de uno de los sospechosos más infames de este siglo, Casey Anthony.

El cuerpo descompuesto de la hija de Casey, Caylee, había sido descubierto días antes en un pantano cerca de Suburban Drive, a poca distancia a pie de la casa de Anthony donde la niña de dos años vivía con su madre y sus abuelos Cindy y George Anthony. CSI Gerardo Bloise estuvo en el lugar correcto en el momento correcto, donde la educación, una gran experiencia y un profesionalismo de primer nivel se cruzarían, lo que lo convertiría en el hombre adecuado para recopilar evidencia critica de la escena del crimen en este horrible caso.

Se le asignaría buscar dentro de la casa donde puede o no haber ocurrido un crimen. La tarea consistía en recopilar evidencia potencial que pudiera ser relevante para la prematura muerte de Caylee Marie Anthony. Después de una búsqueda de una hora y 45 minutos, CSI se fue con dos cajas grandes y dos bolsas. En última instancia, los elementos recopilados meticulosamente por los CSI, incluido Gerardo Bloise, desempeñarían un papel fundamental en el Casey Anthony juicio años después, en el verano de 2011.

En el Juico en Orlando, Bloise fue testigo de cargo. Técnico en escena del crimen con 23 años de experiencia, respondió preguntas en el estrado con precisión sobre la cadena de custodia que rodea la evidencia en este caso de alto perfil. También proceso el auto de Casey Anthony y testifico en el juicio sobre el olor distintivo de descomposición humana que salía del maletero. CSI Bloise capturo la atención de Reporteros y especialmente mi atención del Asiento #1, cuando hablo sobre como encontró y preservo múltiples cabellos de la alfombra en la cajuela del Pontiac Sunbrid blanco. Uno de los cabellos Q-12 daría positivo con el ADN, el ADN mitocondrial de la madre. El informe del FBI encontró que el cabello en descomposición coincidente encontrado en el cráneo de Caylee en la escena del pantano. Bloise encontró esta evidencia clave y me dijo que siempre recordaría haber encontrado ese cabello como si fuere "como buscar una aguja en un pajar". Bloise me dijo después del juicio durante una entrevista para mi libro "Beautiful Life" The CSI Behind the Casey Anthony Trial, que él creía que encontrar ese mechón de cabello era una "intervención divina". Bloise, a quien conocí cuando me inscribí como estudiante en la Academia de Policía Civil del Condado de Orange, había estado expuesto a 40 cuerpos en descomposición durante su carrera policial. Testifico que sabía que no era basura o desperdicios en el auto lo que despedía el olor, pero que creía firmemente que era el olor de un cuerpo humano en descomposición. En el juicio, lo que más me cautivo fue el testimonio de CSI Bloise en torno a la recopilación de pruebas en el dormitorio de Casey, ya que se le encomendó examinar la ropa en su armario en busca de manchas.

Su testimonio sensato fue fascinante. Cuando el abogado defensor José Báez cuestiono a Bloise sobre "análisis forense de fantasía" y "ciencia basura", Bloise se mostró extremadamente sereno y directo y se centró en los hechos diciéndome: "Cada prueba que vi sobrevivió al juicio, fue buena, y fue admitido. Eso es todo. Eso es todo. Este es un verdadero trabajo forense".

Después del juicio de seis semanas y el veredicto de 'no culpable', el presentador del programa de entrevistas nocturno Jay Leno dijo: "Creo que el jurado del juicio de OJ Simpson se retiró y se mudó a Florida". No estaba bromeando. Escribí sobre el jurado con la mirada en blanco que no pudo juntar las pruebas. Uno y uno no era igual a dos para esta gente. En la misma frase, elogio y admiro el increíble trabajo de los CSI, incluidos los descubrimientos de Gerardo. Muchos de los jurados no tomaron notas. La defensa, en este caso, tuvo suerte. Muy afortunados. Pero el veredicto nunca debe restar valor al increíble trabajo del CSI de carrera Gerardo Bloise y sus colegas en las Oficina del Sheriff del Condado de Orange. Siempre sentí que observé y me senté en un juicio diferente al de los jurados. Después de que termino el caso, corrí a la parte trasera del juzgado con mi grabadora para obtener una reacción. Vi a Gerardo saliendo rápidamente del juzgado. Tenía una mirada de disgusto en su rostro y levanto la mano en el aire como diciendo, 'ahora no'. No obtuve el fragmento de sonido que estaba buscando, pero obtuve la reacción de un jugador clave en la unidad forense al veredicto. La mirada de disgusto en el rostro de Gerardo hablo más fuerte que cualquier palabra en ese momento. Mientras que el juicio de Casey Anthony presento una multitud de falsedades y mentiras flagrantes, Gerardo Bloise y su testimonio se basaron en hechos, ciencia, y verdad.

Una parte de las ventas de
este libro se donará a:

**the Missing Child PROJECT**

CASO#: 08-069208

# Prólogo

Al momento de este trabajo, había un reporte que indica: alrededor de 800,000 niños al año son reportados como desaparecidos en los Estado Unidos. La información, cuando se desglosa, arroja un resultado de alrededor de 2,000 niños desaparecidos por día y, desafortunadamente, este número continúa creciendo anualmente; solo en el Estado de Florida tenemos una lista de 203 niños que se presumen desaparecidos. La magnitud del problema es permanente y social, sin tomar en cuenta los homicidios que tienen relación con casos de menores desaparecidos.

El 16 de Julio de 2008, aproximadamente a las 19:46 horas. La detective Charity Beasley se presentó en el área de garajes de la Unidad Forense, donde había arribado un vehículo previamente decomisado proveniente de la casa familiar de una presunta niña desaparecida. ¿Por qué este caso es memorable después de más de 10 años de su origen? Es porque va en contra de todo lo que creemos sobre una madre y el instinto de que ella siempre cuidara de su hijo.

Es horrible pensar que una madre preferiría atender a una fiesta, que cuidar a su hijo y permitir que ese hijo muera. Sin embargo, si hay un momento en el que este caso importa, es cuando seguimos viendo casos como el caso de Casey Anthony, que originalmente era el caso de un niña desaparecida. Hubo un momento en que era necesario hacerse la pregunta: ¿Es una niña desaparecida, una muerte accidental o es un homicidio? Esta respuesta solo podría darse tras el resultado de una exhaustiva investigación forense.

CASO#: 08-069208

# Reconocimiento

Primero, me gustaría agradecer a mi amada esposa, Judith Rodríguez Ojeda, por su comprensión y apoyo durante mis muchos años de servicio dedicado dentro de varias agencias del orden público.

Además, Kristin Wolf, quien fue mi oficial durante el entrenamiento de campo cuando me contrataron como CSI en la Unidad Forense en la Oficina del Distrito Orange. También al teniente Edwin N. Mitchell (retirado), al capitán Eric Fortinberry (retirado), al alguacil adjunto Donald Knight (retirado), y al sargento Mike Davis (retirado), quienes me dieron la bienvenida a la División Forense. Agradezco su apoyo y fe en mi trabajo, que me ayudo a seguir adelante. María Curtis y Madeline López, quienes fueron mentoras y ayudaron a pulir la redacción de mis informes, gracias por su tiempo y orientación. También me gustaría agradecer a la Oficina del Sheriff del Condado de Orange por ayudarme a obtener la revisión del informe que proporciono fotografías para este libro. A Tomás Sevilla Royo, retirado de la Guardia Civil Española, por su apoyo en la elaboración de la versión en español de este libro. Finalmente, quisiera agradecer a Elizabeth Bowling, quien trabajó conmigo en la unidad de CSI y con mucho gusto me ayudo a preparar este libro cuando le pedí su ayuda. También quiero agradecer a Joseph Berrios por ayudar a crear la galería de fotos de CSI. Este libro es hoy una realidad gracias a la colaboración que todos ustedes me han brindado; sin pensar que esta semilla de apoyo, al retirarme de la Unidad Forense de la Oficina del Sheriff del Condado de Orange, daría frutos. A todos ustedes, gracias, y que Dios los bendiga.

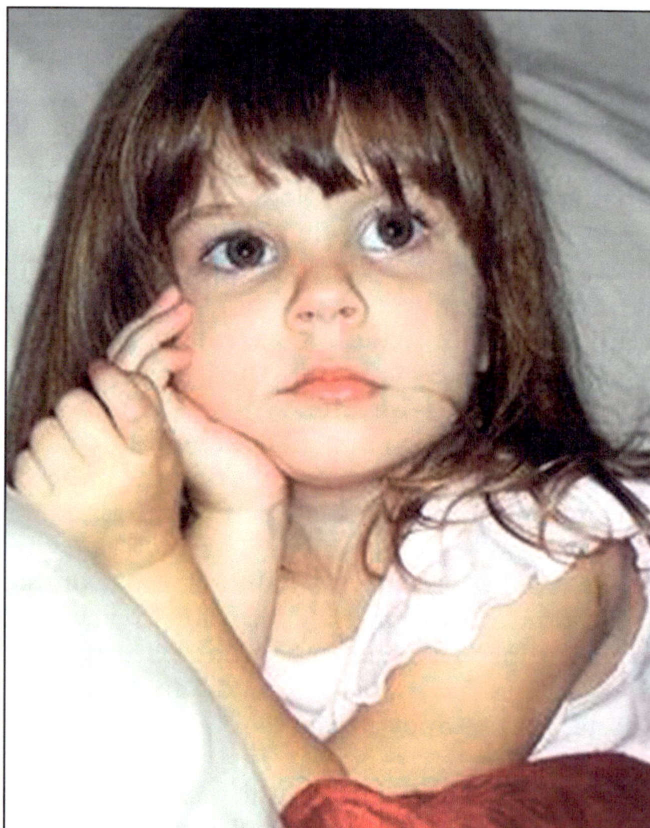

CASO#: 08-069208

# Introducción

Gerardo Bloise tuvo la oportunidad de investigar lo que resultó ser un caso denunciado internacionalmente que entristece el corazón de padres de todo el mundo. De la publicidad que rodeo a la familia y especialmente a la madre de Caylee, de 3 años, ya lo largo del juicio, las teorías, conjeturas y opiniones que fueron prominentes en todo el país; este fue uno de los casos más memorables que el investigador Gerardo haya investigado. Aunque como investigador de CSI, Bloise ha visto muchos casos inquietantes como parte de sus deberes de investigación, en su caso de Casey Anthony, afirmo que no solo investigo la totalidad del caso, sino que también lo vivió. Vivió este caso con el corazón roto mientras se iban descubriendo día a día y semana a semana los detalles de este caso. Mientras el mundo miraba fragmentos de quince minutos del juicio, el examino detenidamente para encontrar pruebas objetivas de lo que le sucedió a Caylee Anthony, de 3 años. Como el CSI Gerardo Bloise se retiró recientemente de la Unidad CSI de Florida del Condado de Orange, quería darle a la gente la oportunidad de ver los hechos que el mismo, su equipo y muchos agentes del orden público encontraron que trabajaron intensamente en este caso. El enfoque único de Gerardo para escribir este libro fue con la intención de que los lectores miraran simbólicamente por encima de su hombro y los hombros de los miembros de su equipo como si fueran parte del equipo de investigación. De esta forma, el lector estaría escuchando la conversación que mantuvieran los miembros del equipo y viendo las evidencias que se iban destapando. De los resultados del laboratorio del FBI y los esfuerzos del equipo para reconstruir los eventos y la cronología de lo que le ocurrió a la niña Caylee. Cuando solo escucha los aspectos más destacados de los eventos del juicio, se pierde la información crucial que se perdió para armar este rompecabezas. El equipo tomo cien fotografías en varias ciudades investigadas, así como notes detalladas que rastrearon el cronograma de la investigación, y los informes de laboratorio revelaran las conclusiones hechas por el equipo en cada etapa de la investigación. Otro método innovado que contiene este libro es la producción de un código QR y la publicación de grandes imágenes detalladas en color en un sitio web accesible para aquellos que leen el libro para que lo vean. Gerardo pudo obtener, con permiso del Departamento del Sheriff del Condado de Orange, imágenes relacionadas con este caso.

La carrera de Gerardo Bloise y la investigación de CSI abarcan más de 30 años, pero este caso en particular le toco tanto el corazón que quiso tomar la historia y contribuir con algunas de las organizaciones sin fines de lucro que se ocupan de los niños desaparecidos. Su primera notificación fue un caso de una niña desaparecida, y este es el tipo de casos que más lo impactan.

El sitio web para ver imágenes ampliadas de los libros de CSI además de imágenes y videos adicionales que no están en el libro, simplemente haga clic en el código QR o vaya a:

**FloridaBookPublishing.com**

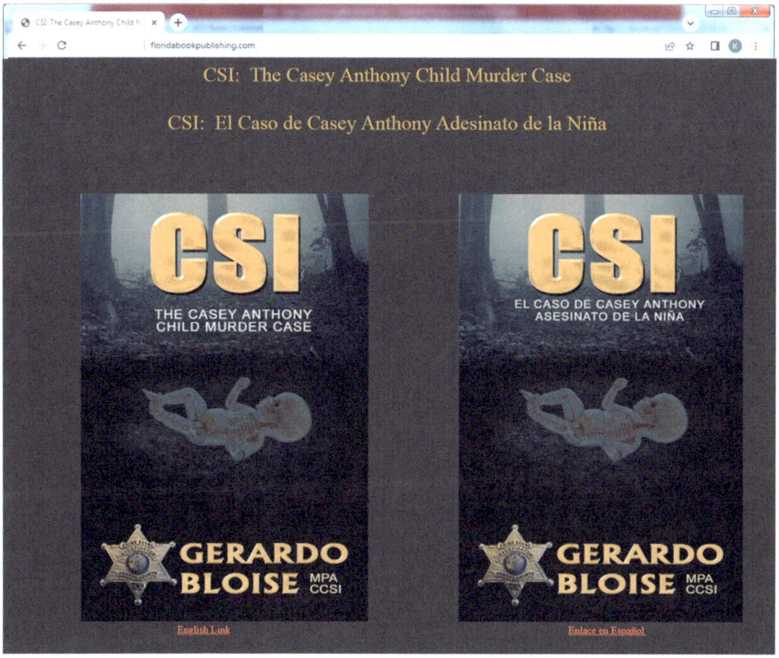

CASO#: 08-069208

# Notas del Autor

En 1983 comencé mi carrera en la aplicación de la ley en Puerto Rico. Después de retirarme del servicio público en el Departamento de Policía de Puerto y el Instituto de Ciencias Forenses de Puerto Ricos, mudé mi residencia al estado de Florida. Con un clima soleado, hermosas playas y una rica cultura hispana, me sentí como en casa en el Estado del Sol. Empecé a trabajar en el sector privado cuando llegué; principalmente en seguridad e investigación privada, pero no sabía que mi pasión por la ciencia forense criminal algún día volvería. Empecé a explorar diferentes vacantes, y cuando vi la vacante para un CSI en la Oficina del Sheriff del Condado de Orange, inmediatamente aproveché la oportunidad. Luego de pasar la correspondiente batería de pruebas y entrevistas fui seleccionado para formar parte de la brigada 20 de la división forense del CSI, integrada por otros seis CSI.

La Oficina del Sheriff asignada asignaría a todos los CSI un distintivo de llamada y un numero; el mío era "Forense 27". El distintivo de llamada número FO-27 es como me identifique en la radio en respuesta a las llamadas de servicio. Trabaje en diferentes tipos de casos, tales como: homicidios, suicidios, robos, violaciones y balaceras involucradas por oficiales. Después de 21 años de trabajar con el condado, entré en mi segundo retiro. Los años de ver constantemente el lado feo de la vida, ver todo tipo de muertes y los diferentes tipos de investigaciones, me sentí obligado a compartir la experiencia de un verdadero CSI. Esta no es la versión glamorosa que Hollywood le gusta vender, sino la genuina realidad. Llego el 16 de Julio de 2008 y comencé a trabajar en un caso que, al retirarme de mi carrera como Investigador de la Escena del Crimen, estaría cerrado con sello de oro. Este libro arrojará luz sobre un caso que ha impactado al mundo durante más de 15 años, "El caso de Casey Anthony".

Este libro comenzará mi serie de libros que se titulará "Forense 27", donde compartiré mi participación en muchos casos forenses y compartiré sus resultados en la Corte de Justicia. También tendrá la oportunidad de leer casos resueltos por pruebas forenses y ver las pruebas que se descubrieron. Finalmente, quisiera agradecer a Dios por el talento que me otorgó para poder trabajar y hacer más segura a nuestra comunidad. Siempre fui guiado con el conocimiento de que debo hacer mi mejor esfuerzo para resolver los casos que me fueron entregados y hacer justicia a la víctima y sus familias. Esta es mi experiencia en el caso de Casey Anthony. Forense 27, 10-8. [En servicio]

Orange County Sheriff's Central Operations Center

CASO#: 08-069208

# Capítulo Uno

## Una Tarde de Verano

Mi nombre es Gerardo Bloise, Investigador de la Escena del Crimen de la Oficina del Sheriff del Condado de Orange, Orlando – Florida.

Una calurosa tarde del 16 de julio del 2008, salí de mi casa a las 1:20 p.m. aproximadamente. Hice mi entrada en la Oficina Forense alrededor de la 2:00 p.m.. Como de costumbre hice mi entrada a las habitaciones por la puerta del lado sur hacia mi oficina.

**Shary Delgado:** "Buenas tardes «G-Man»" [CSI Shary Delgado trabajó para el Departamento de Cumplimiento de la Ley de Florida en la división de huellas dactilares.Delgado solicito un puesto de CSI en la Oficina del Sheriff del Condado de Orange y fue aceptada, cubriendo el turno de 7am a 5pm. Durante la investigación, Delgado intento ayudar con cualquier caso al que se le solicito que se uniera.]

*(G-Man»es el apodo que normalmente utilizaban mis compañeros porque les resultaba más fácil pronunciarlo que Gerardo).*

Llegué a mi escritorio al final del pasillo. Procedí a revisar todos mis correos electrónicos; luego revisé cuantos informes tenía que realizar, en total cinco.

**Shary Delgado**: El turno de mañana ha sido tranquilo.

**C.S.I.-II Gerardo Bloise**: Que Bueno Shary, así me gusta que esté todo tranquilo.

Son casi las 3:00 p.m., hora de tomar el mate (té argentino). Mientras me lo bebo comienzo a redactar mis informes.

**Shary Delgado**: Nos vemos, que pases una buena noche.

**C.S.I.-II Gerardo Bloise**: Gracias Shary, que tengas buenas noches.

Sigo redactando mi informe sobre el último homicidio, trataba de un mexicano que asesinaron a golpes con una barra de hierro – recuerdo – fue una escena muy sangrienta. Su cabeza estaba rota como si fuera un huevo y pedazos de cráneo estaban regados por el suelo. Continue escribiendo mi informe

cuando sonó mi extensión telefónica (70685.
**C.S.I.-II Gerardo Bloise**: Hola Forense, buenas tardes, habla Gerardo al teléfono.
**Detective Wells**: Buenas, Gerardo es Appie Wells.
(El Detective Appie Wells estudio en la Academia de Policía, y durante el tiempo que se investigaba este caso, trabajo en la Unidad de Personas y ayudo con la parte de la investigación de la entrevista con los testigos. Wells fue la primera persona con la que CSI Bloise habló para informarse de esta nueva investigación en el departamento).
**C.S.I.-II Gerardo Bloise**: Hola Detective Wells ¿cómo estás?
**Detective Wells**: Bien, gracias. Gerardo ahora va en camino un vehículo para Forense que quiero que lo analicen.
**C.S.I.-II Gerardo Bloise**: Ok Wells, dime, cuál es la descripción del vehículo?
**Detective Wells**: Se trata de un Pontiac-Sunfire, blanco de dos puertas.
**C.S.I.-II Gerardo Bloise**: Wells ¿y con quien está relacionado este vehículo está relacionado con...?
**Detective Wells**: Con una niña de tres años que está desaparecida.
**C.S.I.-II Gerardo Bloise**: Ok, aquí lo espero.
**Detective Wells**: Gracias Gerardo.

Suena mi teléfono de nuevo.

Pontiac Sunfire

**C.S.I.-II Gerardo Bloise**: Forense Gerardo Bloise, buenas tardes.
**Detective Beasley**: Hola Gerardo soy la Detective Beasley.
(La Detective Charity Beasley trabajo en la Oficina del Sheriff del Condado de Orange durante aproximadamente siete años y medio en la unidad de Violencia Domestica. El currículo de Beasley comienza cuando estaba en la Academia de Policía, luego se convirtió en Sheriff Adjunta y finalmente se convirtió en Detective. Durante el tiempo del juicio, Charity Beasley había sido ascendida a detective de la Unidad de Delitos Domésticos [se dice que es una unidad similar a la Unidad de Violencia Domestica].
**C.S.I.-II Gerardo Bloise**: Hola Beasley dime ¿qué tienes?
**Detective Beasley**: Aquí estoy con el vehículo que te mencionó el Detective Wells.

**C.S.I.-II Gerardo Bloise**: Ok ¿Dónde estás?
**Detective Beasley**: Estoy aquí en el estacionamiento afuera del edificio.
**C.S.I.-II Gerardo Bloise**: Déjame salir.

Detective Beasley

**Detective Beasley**: Ok, te espero entonces.

Salgo por la puerta ubicada en el lado oeste de la Oficina Forense que da acceso al estacionamiento de la parte trasera de nuestras instalaciones. No vi el vehículo ni a la Detective Beasley, así que fui a la puerta que estaba cerrada en el lado sur del estacionamiento donde se encuentran los garajes forenses. Allí note la grúa – plataforma con el vehículo blanco de dos puertas Pontiac Sunfire.
**C.S.I.-II Gerardo Bloise**: Oye Beasley, aquí estoy, permíteme entrar de nuevo a la oficina para abrir la puerta del garaje.
**Detective Beasley**: Esta bien.

Procedí a dirigirme a la oficina y abrí la puerta de acceso al garaje forense.El conductor de la grúa procedió a maniobrar y comienza a acercarse al garaje. Seguidamente el operario de la grúa se baja de la cabina y comienza la operación para bajar el vehículo Pontiac Blanco, mod. Sunfire. La hora de recepción del mismo fue a las 7:45p.m.
**Detective Beasley**: Gerardo mira, este es vehículo relacionado con la niña desaparecida. Éste, fue colectado del domicilio de la familia Anthony, ubicado en el 4.937 Hope Spring Dr, de Orlando-Florida.
**C.S.I.-II Gerardo Bloise**: Ok.

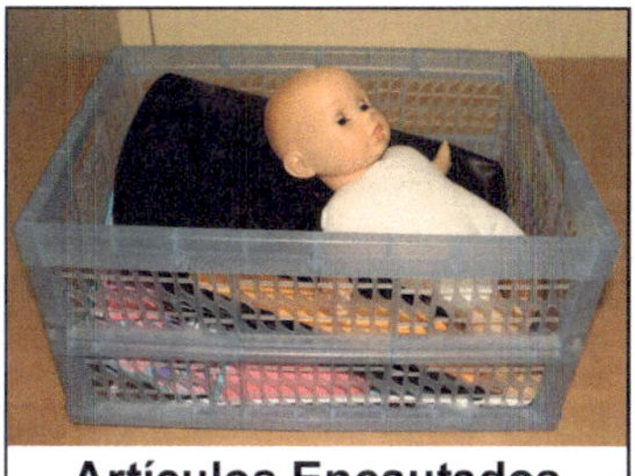
Artículos Encautados

**Detective Beasley**: Te hago entrega también de esta bolsa plástica negra, conteniendo un envase plástico que incluye una muñeca, una bolsa negra plástica, cuchillo y algunos papeles. La laptop la voy a enviar a la División de Investigación de Artefactos Electrónicos.

Los siguientes objetos se hallaban en el interior de la

mencionada bolsa plástica:

1. Muñeca. (Art.° # 3, H-51975).
2. Mochila. (Art.° # 4, H-51975).
3. Cepillo de dientes de niño. (Art.° # 5, H-51975).
4. Bolsa de cuero negra. (Art.° # 6, H-51975).
5. Varios documentos. (Art.° # 7, H-51975).
6. Cuchillo de comer. (Art.° # 8, H-51975).
7. Envase de plástico. (Art.° # 9, H-51975).
8. Ganchos para ropa plásticos. (Art.° # 10, H-51975).

Después de proporcionar los elementos anteriores, el detective Beasley no me proporcionó más detalles sobre la niña desaparecida.

**Detective Beasley**: Acércate a los artículos que te he entregado *(refiriéndose al envase plástico que contenía los objetos)* ¿hueles algo?

Me acerqué al citado recipiente y lo olí.

**C.S.I.-II Gerardo Bloise**: No huelo nada

**C.S.I.-II Gerardo Bloise**: ¿Necesito una Orden de Búsqueda (orden de ingreso y registro) para iniciar el trámite del vehículo?

**Detective Beasley**: Buena pregunta Gerardo. Permite que me comunique con el Detective Yuri Melich para confirmar si necesitas Orden del Juez.

La Detective Beasley se comunicó vía *NEXTEL* con el Detective Melich, quien nos informó que no se requerirá Mandamiento Judicial debido a que el Sr. George Anthony autorizó el análisis del vehículo.

La Detective Charity Beasley se marchó junto al operario de la grúa.

Estacioné el vehículo Pontiac-Sunfire en el garaje y regresé a mi escritorio a finalizar el informe sobre el caso de homicidio en el que estaba trabajando la última semana.

Tras concluir el mencionado informe, me dirigí de nuevo al garaje para dar comienzo al análisis del referido vehículo. Cuya descripción es la que sigue:

Año: 1998
Marca: Pontiac
Modelo: Sunfire
Color: Blanco
Matrícula: FL G63 XV
V.I.N: # 1G2JB1243W7596648.

Al observar el vehículo, detecté que estaba absolutamente limpio. Pese a ello, no imaginaba lo que me iba a encontrar en el momento que procediese a la inspección del interior.

Casey Anthony

Tras la primera inspección visual y mientras estaba tomando mi cena, veo en televisión la noticia que Casey Anthony había sido arrestada y ingresada en la prisión del Condado de Orange, coloquialmente conocida como la *33*.

El lector tiene que ser consciente de que el análisis de cualquier Escena de un Crimen es desconcertante y no se da ni más ni menos: una Caja de Pandora o un Rompecabezas del que tienes que buscar las piezas una a una hasta completarlo. Tomamos medidas para construir un análisis lógico y coherente que se ajuste a los hechos que se nos brindan, siempre basado en las informaciones facilitadas por testigo(s), víctima(s) o por el (los) mismo(s) sospechoso(s).

**OLOR A MUERTE**

Procedí a abrir la puerta del lado del conductor del vehículo en cuestión. En ese mismo momento, olí a muerte, la descomposición de un cuerpo; Sargento John Allen hizo su entrada al garaje.

(El Sargento John Allen tenía experiencia trabajando en la Unidad de Homicidios antes de ser asignado a la Unidad de Personas Desaparecidas. De 1981 a12011 [durante el tiempo del juicio], fue Supervisor Sargento en este caso. Allen también fue empleado del Condado de Orange Oficina del Sheriff durante el tiempo de la investigación y el juicio).

Sgt. John Allen

**Sargento John Allen**: ¿Qué encontraste Gerardo?

**C.S.I.-II Gerardo Bloise**: Empecé a

inspeccionar el exterior y tomar fotografías del vehículo, pero Sargento, lo que había dentro de este coche está muerto.
**Sargento John Allen**: ¿Cómo muerto?
**C.S.I.-II Gerardo Bloise**: Sargento usted trabajo en Homicidios y ese olor como a descomposición humana.

El Sargento Allen se dirigió hacia el vehículo y olió por el lado del conductor.
**Sargento John Allen**: Tienes razón Gerardo, huele a descomposición de un cuerpo.

En este instante hace su entrada el Detective Yuri Melich, Encargado de la Investigación.

(En octubre de 2001, el Detective Yuri Melch era un empleado de la Oficina del Sheriff del Condado de Orange. Desde el comienzo de este caso, había tenido aproximadamente un total de siete años en la agencia con el puesto de Detective Principal, lo que lo coloca en a cargo de esta investigación. Para que el Detective Melich haya sido ascendido a Detective , se le habría requerido, como adjunto, tomar clases de Cabo y luego aprobar el examen de Cabo. Después de aprobar sus exámenes, el Detective Melch ahora seria transferido a una unidad que más necesitaba a sus asistentes y durante este tiempo seria transferido a la Unidad de Personas Desaparecidas. El currículo de Melich también incluye trabajar como Patrullero, trabajar en la división de Homicidios y fue ascendido a Detective en la Unidad de Propiedad del East Side [robos investigados en crimenes de propiedad ]. Durante el tiempo del juicio, Yuri Melch había sido ascendido a trabajar en la Sección de Normas Profesionales, también conocida como unidad de Asuntos Internos en julio de 2008).

Detective Yuri Melich

**Detective Yuri Melich**: Hola Sargento, hola, Gerardo. Bueno ¿qué tenemos?
**Sargento John Allen**: Yuri acércate y huele el interior de este vehículo.

Detective Melich se aproximó al vehículo y exclamó ... "¡

Que olor¡! Huele a descomposición humana".
**C.S.I.-II Gerardo Bloise**: Exactamente. Lo único bueno es que tres narices coincidimos en lo mismo;
**Sargento John Allen**: Bueno Gerardo ¿Qué pasos vas a seguir con el vehículo?
**C.S.I.-II Gerardo Bloise**: Sargento, en primer lugar, procederé a tomar más fotos del exterior e interior del vehículo. Seguidamente, continuaré la inspección visualmente, después, aplicaré la luz ultravioleta para identificar, con el objeto, de encontrar áreas relacionadas con sangre, fluidos corporales y buscar rastros de evidencias como pueden ser pelos o fibras. Sargento, como le indiqué lo que se hallase dentro del vehiculo ya está sin vida.
**Detective Yuri Melich**: Bueno Gerardo, si hallaras cualquier otra novedad, nos llamas inmediatamente.

Al marcharse el Sargento Allen y el Detective Melich y cerraron la puerta tras de sí, sentí un silencio casi sepulcral. El olor a descomposición me dio un mal presagio al iniciar mi investigación forense. Sabía perfectamente que me enfrentaba a un trabajo duro y complicado, tendría que buscar evidencias científicas que corroboraran la presencia o ausencia de un ser humano dentro del vehículo (Caylee) en estado de descomposición.

**Caylee Marie Anthony**

Solamente, disponía de la poca información facilitada por mis compañeros Detectives, es decir, una niña desaparecida identificada como Caylee Marie Anthony.

La Periodista y Exfiscal Nancy Grace se distingue por sus casos criminales publicado; dedica atención especial a los casos en que las víctimas son niños. El caso empezaría a tener notoriedad, tanto a nivel nacional como internacional. Esto se considera una escena del crimen móvil y mientras me preparaba para trabajar, exclame: "! Señor, ayúdame!"

Me puse en la vestimenta técnica *TYVEK,* me cubrí la cabeza, así como las manos con guantes de látex con el objeto de evitar cualquier contaminación del vehículo.

Un Pontiac Sunfire blanco de 1998, el vehículo conducido por Casey Anthony fue la única prueba que recibí. Procesar un vehículo sin otra información, solo saber que es parte de una investigación en curso sobre un niño desparecido, podría considerarse un caso difícil. El primer paso para tratar con la evidencia forense es documentar la evidencia recibida a medida que la recibe; así que fotografié el exterior y el interior del vehículo. Una vez que había fotografiado el vehículo, comencé a inspeccionarlo de la misma manera, de afuera hacia adentro. El vehículo desde afuera se veía limpio y sin daños , no había señales que indicaran porque este vehículo debería ser investigado. Cuando abrí la puerta del vehículo en ese instante salió un olor pútrido. Reconocí este olor, es cierto tipo de olor que una vez que lo reconoces nunca lo olvidas; yo lo llamo el olor de la muerte.

Desde un punto de vista forense he concluido que ha habido, en algún momento, un cadáver en este vehiculo . ¿Cómo llego a esa conclusión? Fácil, después de 28 años en la aplicación de la ley, tanto aquí como en Puerto Rico, muchos de mis casos se trataban de cadáveres y cuerpos que ya se habían descompuesto por completo. Dije antes, una vez que experimentas el olor de un cuerpo humano en descomposición, es algo que nunca olvidaras.

Las fotografías del interior del vehículo indican un vehículo relativamente limpio (ver galeria codigo QR). Sabiendo lo que mi experiencia me dice sobre lo que pudo haber estado en este vehículo, empiezo a utilizar el equipo necesario para detectar lo que el ojo humano no puede ver.

## PRIMERA INSPECCIÓN DEL INTERIOR DEL VEHÍCULO.

El exterior del vehículo se hallaba en perfecto estado y limpio. Se hicieron las observaciones siguientes:

1. Asiento para bebé en el asiento trasero derecho.
2. Asiento trasero izquierdo, se observó un par de zapatos de mujer de color negro.
3. Asiento delantero del pasajero, se observaron, un cinturón de mujer de color marrón, gafas de sol y estuche negro de CD's.
4. En el maletero observé residuos de tierra y un pedazo de papel de olor de los utilizados en las secadoras de ropa.

Cuando abrí el maletero, me dio el olor a descomposición. Los años en esta profesión me indicaron que se trataba del olor característico de la descomposición humana.

**INSPECCION DEL EXTERIOR DEL VEHICULO CON LUZ ULTRAVIOLETA.**

En primer lugar, apagué las luces del garaje, ya equipado con las gafas especiales, encendí el foco ultravioleta con la intención de hallar manchas de sangre o cualquier mancha sospechosa de la existencia de fluidos corporales. Procedí a tomar buena nota de cada paso realizado o «Investigative Activity Log».

De nuevo apagué las luces del garaje. Seguidamente, encendí el foco de luz ultravioleta y observé dos manchas sospechosas en el techo del lado del conductor. Marqué el área para, posteriormente, analizarlas con los químicos "Presumptive Blood Test."

Inspeccioné las demás áreas del vehículo, obteniendo resultados negativos.

Encendí de nuevo las luces del garaje. En el área donde hallé las mencionadas manchas sospechosas, procedí a pasar el hisopo esterilizado. Tomé la muestra y le apliqué los químicos con la finalidad de comprobar la presencia o ausencia de sangre. El resultado obtenido fue negativo. *(*En el caso de presencia de sangre se hubiera detectado un color rosado intenso en el hisopo; en esta ocasión no fue así*)*.

Tomé el teléfono para informar al Detective Yuri Melich.

**C.S.I.-II Gerardo Bloise**: Hola Detective Melich ¿cómo estás?

**Detective Yuri Melich**: Bien Gerardo. ¿Qué tienes para mí?

**C.S.I.-II Gerardo Bloise**: Yuri, la inspección del exterior del vehículo con luz ultravioleta me arrojó resultados negativos, es decir, no hallé presencia de ningún indicio forense. Sin embargo, cuando inspeccioné el interior con la luz ultravioleta, detecté en el techo del lado del conductor dos manchas sospechosas.

**Detective Yuri Melich**: Ok.

**C.S.I.-II Gerardo Bloise**: Procedí a pasar el hisopo esterilizado sobre las manchas, apliqué al hisopo los químicos para detectar presencia de sangre.

**Detective Yuri Melich**: ¿El resultado fue positivo o negativo?

**C.S.I.-II Gerardo Bloise**: Fue negativo, pero sigo con la búsqueda. Comenzaré con la inspección del maletero del vehículo.

**Detective Yuri Melich**: Ok Gerardo, gracias por mantenerme informado.

**C.S.I.-II Gerardo Bloise**: Te mantendré informado de cualquier hallazgo.

Debo reconocer que me sentí algo decepcionado al no encontrar nada que me indicara la presencia de algún cuerpo dentro del vehículo. Pero mi deber como Investigador Forense, es buscar y encontrar, y aunque no encuentré nada, debo mantener puntualmente informado al Detective encargado del caso. Miré mi reloj y ... ¡wow! ... eran ya las 23:00 horas. Ya estaba sintiendo algo de cansancio. Mi turno era desde las 14:00 horas, hasta las 00:00 horas.

Cuando estaba anotando mis hallazgos y los resultados de la inspección del vehículo; abrieron la puerta del garaje que da acceso a nuestras dependencias. Se trataba de la compañera Awilda McBryde, Investigadora de la Unidad de Personas Desaparecidas.

(Awilda McBryde, durante el tiempo del juicio, trabajo en la Unidad de Personas Desaparecidas y también fue Investigadora de Personas Desaparecidas. McBrdye ha trabajado en muchos casos relacionados con niños y adultos desaparecidos. En el momento de la investigación, McBryde ayudaría al detective Yuri Melch en Johnson's Towing a recuperar y tomar fotografías de la bolsa de basura que luego seria investigada por CSI Bloise). Actualmente, Awilda McBryde es especialista en relaciones con la comunidad.

Awilda McBryde

**C.S.I.-II Gerardo Bloise**: Hola Awilda.

**Investigadora Awilda McBryde**: Hola Gerardo, te traje algo para que lo inspecciones.

**C.S.I.-II Gerardo Bloise**: Ok, no me lo digas, déjame adivinar, es del Caso de Casey Anthony.

**Investigadora Awilda McBryde**: Exacto Gerardo. Te daré algún detalle. Esta bolsa de papel de estraza contiene una bolsa plástica de basura. En su interior hay varios artículos.

**C.S.I.-II Gerardo Bloise**: Ok.
**Investigadora Awilda McBryde**: De acuerdo con uno de los operarios de la grúa que transportaron el vehículo al área de las facilidades de Johnson Wrecker, esa bolsa estaba dentro del maletero. Cuando George Anthony fue a recuperar su vehículo, el operario de la grúa y George Anthony notaron un fuerte olor proveniente del mismo. Al abrir el maletero hallaron la bolsa de basura. El operario de la grúa removió el contenido de la bolsa y después la tiró en el contenedor de basura.
**C.S.I.-II Gerardo Bloise**: O sea, que tú Colectaste la bolsa de basura del contenedor.
**Investigadora Awilda McBryde**: Si.
**C.S.I.-II Gerardo Bloise**: Otra pieza de evidencia más, pensé de inmediato ... ¿Por qué esa bolsa de basura se encontraba en el vehículo?

Esa es la labor del Investigador Forense, plantearse el ¿por qué? Personal y profesionalmente, consideré que dicha bolsa de basura fue colocada en el maletero para enmascarar el mal olor en el vehículo y de esta forma evitar que se llegará a la conclusión que el maletero había albergado un cuerpo humano en estado de descomposición.

CASO#: 08-069208

## *Capítulo Dos*

# La Verdad en la Basura

**C.S.I.-II Gerardo Bloise**: De acuerdo Awilda, pero sabes que necesitaré una declaración tuya por escrito.

La Investigadora McBryde procedió a redactar en papel oficial toda la secuencia de la intervención como evidencia la mencionada bolsa de basura.

**Orange County Sheriff's Office**

**STATEMENT**

**Please fill out in full detail**

| | | | | | | | | | |
|---|---|---|---|---|---|---|---|---|---|
| Date of Affidavit | Month 7 | Day 16 | Year 2008 | Time | Case # 08-069208 | | | | |
| Offense: Missing Person | | | | | | | | | |
| Date of Offense | Month 6 | Day 9 | Year 2008 | Time 0900 | Suspect (last, first, middle): | | | | |
| Location of Offense: 2863 S. Conway Rd. Orlando, FL | | | | | | Zone: | | | |
| Code: | Name (last, first, middle): McBryde, Awilda | | | | | Age: | DOB: | Race: | Sex: |
| | Address Res.: ON File | | | | | Zip: | Phone: | | |
| | Address Bus.: OCSO | | | | | Zip: | Phone: | | |
| D.L. #: | | State: | | | Other ID (Specify # and Type): | | | | |

I, Awilda McBryde do hereby voluntarily make the following statement without threat, coercion, offer of benefit or favor by any persons whomsoever.

On July 16, 2008, at approximatly 2200, I went to Johnson's Towing on Narcossee Rd. to locate a white trash bag. George A. Anthony, stated that when he picked up the 1998 Pontiac Sunfire from Johnson's Towing on July 15, 2008 there was a white trash bag and he didn't want to take it with him. Anthony said that an employee from Johnson's Towing took the trash bag and placed it into the blue dumpster.

When I got to the dumpster I photographed the trash bag that was inside the dumpster and then I placed it in a brown paper bag. I reached operations and took it to forensics.

~ List stolen items separately (with values) in body of statement. ~

| | | | |
|---|---|---|---|
| Total value of Property Stolen/Damaged | $ Ø | I will testify in court. | Initial: [signature] |
| I have reviewed the Victims' Rights package. | Initial: \ | I will prosecute criminally. | Initial: \ |
| Sworn To and Subscribed Before Me This ______ Day of ______, 20____ | | I Swear/Affirm the Above and/or Attached Statements are Correct and True. Signature: [signature] | |
| Personally Known ❑ Produced Identification ❑ | | | |
| Deputy Sheriff ❑ Notary Public ❑ Type of ID ______ | | Arrest made? Yes ❑ No ☒ Miranda warning read? Yes ❑ No ☒ | Page of |

10-1181 (11/06) White - State Attorney's Office Yellow - Records Pink - Investigator

**Documento A**

Seguidamente, la Investigadora McBryde hizo un movimiento para poner la bolsa de basura en el suelo, antes de hacerlo y inmediatamente puse un trozo de papel de estraza en el piso, con el objeto de evitar cualquier tipo de contaminación. Además, observé la existencia de humedad en la bolsa de papel que contenía la bolsa plástica de basura.

Bolsa de Papel

Obviamente, me dediqué de inmediato a inspeccionar todos los objetos contenidos en la bolsa y detecté la existencia de gusanos en determinadas áreas de los objetos, especialmente en un trozo de plástico de color negro.

A los pocos minutos, se abrió la puerta del garaje e hizo su entrada en la dependencia el Detective Melich.

**Detective Melich**: Hola, Gerardo, Awilda. Gerardo ¿inspeccionaste los objetos que contenía la bolsa de basura?

**C.S.I.-II Gerardo Bloise**: Si Yuri, mira ¿ves este envase negro? Aquí puedes ver gusanos.

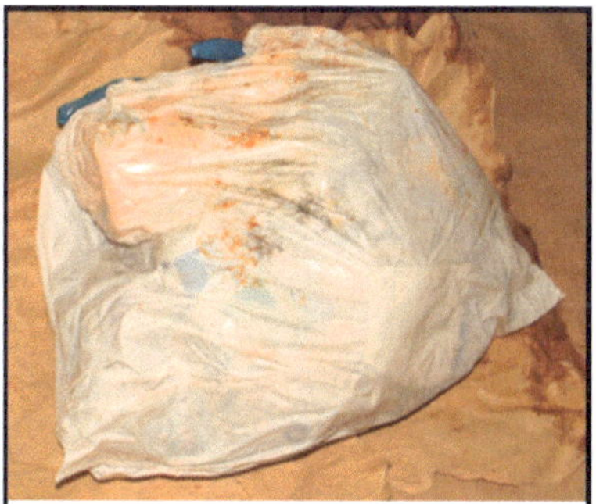

Bolsa de Basura

**Detective Melich**: ¿Qué opinas? ¿podrían provenir de un cuerpo?

**C.S.I.-II Gerardo Bloise**: Umm, es difícil de afirmar. habría que preservarlos de todos modos, al ser una evidencia, así que pondré a secar todos objetos ya que algunos están húmedos.

**Detective Melich**: Ok, perfecto ¿Qué opinas de olor?

**C.S.I.-II Gerardo Bloise**: Bueno ... el olor de la basura es totalmente distinto al que emana del vehículo.

**Detective Melich**: Ok, yo pienso lo mismo. Bueno Gerardo me marcho, pero como de costumbre, te comunicas conmigo si tienes alguna novedad. Gracias Awilda, por traerle a Gerardo esta pieza de evidencia.

La Investigadora McBryde también se marchó, yo, por mi parte, puse la basura en un cuarto de secado.

Son las 01:30 horas a.m. y he terminado mi turno. Previamente, me senté en mi escritorio unos 10 minutos y cerré los ojos, intentando dar descanso a la vista. Mi mente se desvío a la época de mi formación adquirida en el Departamento de Policía de Puerto Rico y como Investigador Forense del Instituto de Ciencias Forenses. Empecé a comprender el tipo de caso al que me enfrentaba potencialmente, una investigación por homicidio.

Me encontré como el único agente de C.S.I que atiende todas las llamadas de casos entre las 2 p.m. y las 12 a.m. para todo el Condado de Orange. . También era muy consciente de que este caso iba a requerir un C.S.I. veinticuatro horas del día. Con todos estos pensamientos decidí enviar un correo electrónico a mi Supervisor indicando lo que había estado desarrollando en el caso y sin deseo de continuar también pedí que me sacaran de este caso.

## ESPERANDO LA DECISION DE MI SUPERVISOR.

### Jueves, 17 de Julio de 2008

Eran las 11:30a.m., me levanté dando le gracias a HASHEM (nombre de Dios en Hebreo) por un día más de vida. Tomo mi baño preceptivo, almorcé algo y nuevamente a mi trabajo.

Encendí la radio y escucho más información del Caso de Casey Anthony.

Llegué por la parte posterior del estacionamiento de la Oficina del Alguacil del Condado de Orange. Abro la puerta del garaje y ahí está, el 1998 Pontiac, conocido por mi como la Escena del Crimen móvil. Me dirijo a mi escritorio y suena el teléfono de mi extensión.

(Ronald Murdock, durante el tiempo de la investigación, trabajaba para la Oficina del Sheriff del Condado de Orange como supervisor forense. Murdock estaba conectado directamente con CSI Bloise, ya que era el supervisor del escuadrón de Bloise. Antes de llegar al Condado de Orange, trabajo con la Oficina del Sheriff de Osceola).

**Supervisor Ronald Murdock II**: Por favor ven a mi oficina, quisiera hablar contigo sobre el email que me enviaste.

Con mucha determinación camine por los pasillos para hablar con mi Supervisor Ronald Murdock, sin saber cómo iría nuestra conversación, pero preparándome para cualquier cosa.

Abrí la puerta de su oficina y le dije...

**C.S.I.-II Gerardo Bloise**: Ok, aquí estoy ¿Cuál es tu decisión?

**Supervisor Ronald Murdock II**: Gerardo, entiendo tu posición en relación con este caso y que se necesitaría un C.S.I. 24-7, debido a que estás trabajando en el turno de noche y solo. Yo, realmente lo veo así, si entrase la llamada de un nuevo caso, simplemente detén el análisis del vehículo y responde a la llamada. El vehículo seguirá en el garaje. Así que sigues en el caso.

**C.S.I.-II Gerardo Bloise**: Ok...

Antes de salir de la oficina le deje a mi supervisor que iba cumplir con las instrucciones recibidas, pero dándole a conocer mi desacuerdo con la decisión. Mi formación policial me obligaba a respetar a un superior, siempre y cuando sus instrucciones no fuesen ilegales.

Así que, en cumplimiento de lo ordenado, seguiría en el caso y continuaría trabajando en el procesamiento del vehículo. Pronto volvería al área de la Escena del Crimen, localizada en el maletero del Pontiac, esa era mi inevitable realidad. Como es obvio, me preparé para seguir inspeccionando el citado vehículo de nuevo y, específicamente, su maletero.

Como antes he señalado, ya había experimentado el típico olor a descomposición humana, como también lo hicieron el Sargento Allen y el Detective Melich; el siguiente paso era la intervención del K-9, y esperar las indicaciones que nos diese el perro. De inmediato procedí a llevar a cabo las acciones siguientes:

1. Fotografiar el interior del vehículo.
2. Diputado Sheriff Jason Forgey con su K-9, fue llamado con el objeto de verificar por el supuesto olor a descomposición que emanaba del vehículo, en especial de su maletero.

El alguacil Jason Forgey desarrollo un interés en la unidad K-9 durante los primeros años de su carrera, este interés lo llevo a comenzar una capacitación cruzada antes de entrevistarse para un puesto de K-9.

En el 2001, el alguacil Forgey se entrevisto para un K-9 puesto de medio tiempo y fue aceptado, y después de unos meses de entrenamiento pudo hacer la transición a un manejador de K-9 de tiempo completo. Forgey se concentro en entrenar a sus K-9 en "Entrenamiento de hombres con discriminación de olores "; estaba entrenando a los Sabuesos para detectar sangre y para rastrear y detectar individuos específicos en función de su olor. El entrenamiento de olores de Sabuesos para detectar sangre duro un total de cinco semanas: tres semanas de entrenamiento en clase, dos semanas de entrenamiento de campo y un examen de competencia después de que concluyeron todas las clases.

**K-9 Gerus**

Después de aprobar el examen de competencia, todas las Unidades K-9 deben realizar un seguimiento con capacitación actualizada dos veces al mes. Esta capacitación de seguimiento estará a cargo de un capacitador de K-9, un evaluador o un supervisor que evaluara el desempeño de los K-9. A lo largo de los años , el alguacil Forgey pudo entrenar a muchos perros diferentes en el seguimiento de diferentes olores, como: detección de huesos, búsqueda de cadáveres y descomposición de cadáveres humanos. Los K-9 que fueron entrenados para encontrar cadáveres humanos descompuestos fueron entrenados durante 160 horas, y durante la tragedia del 11 de septiembre, también fueron elegidos para unirse al equipo de búsqueda y rescate de la Torres Gemelas. Después de ser elegidos, los K-9 se convirtieron en perros EOD y comenzaron a entrenar para detectar bombas en el área. Durante el tiempo del juicio, el alguacil Jason Forgey estuvo trabajando para la Oficina del Sheriff del Condado de Orange durante poco mas de 17 años y manejando pastores alemanes. Al terminar este caso el alguacil Forgey trabaja en la sección de narcóticos.

El alguacil del Sheriff, Jason Forgety, hizo su entrada en el garaje forense, sobre las 3:31 p.m., acompañado de su K-9, de nombre *Gerus*. El detective Yuri Melich y yo estamos esperando la instrucción de Forgey.

**Alguacil del sheriff Jason Forgey**: Buenas tardes a todos.
**C.S.I.- Gerardo Bloise**: Saludos Jason. El Detective Yuri y yo quisiéramos que su K-9 inspeccionara el vehículo, ya que hemos detectado un olor en el vehículo que bien pudiera ser de descomposición humana.
**Alguacil del sheriff Jason Forgey**: Ok, procedan a sacar el vehículo del garaje y pónganlo en la parte de afuera.
**C.S.I.-II Gerardo Bloise**: Concédeme unos instantes para hacerme con las llaves del vehículo para sacarlo del estacionamiento y prepararme para entrar en él. Al tiempo, me puse la vestimenta *TYVEK,* me cubrí el cabello y enguanté mis manos con látex. Me introduje en el vehiculo y lo moví al aparcamiento exterior. Tras esto, salí del vehículo.

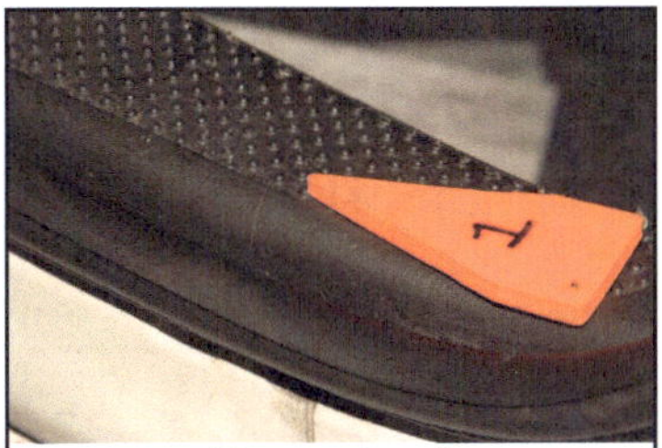

Marcador 1
Evidencia de Cabello

El alguacil del sheriff Forgey procedió a sacar su K-9 Gerus de su vehiculo -patrulla y, seguidamente, lo pasó en torno al vehículo motivo de la inspección. El K-9 siguió olfateando el referido vehículo.
**Alguacil del sheriff Jason Forgey**: Gerardo, abre las puertas del conductor y pasajero, así como el maletero.

Inmediatamente cumplí con el requerimiento de Jason, abrí las puertas indicadas y el maletero. El alguacil del sheriff Forgey soltó a K-9 de la correa, observé como K-9 el solo siguió desplazándose alrededor del vehículo, primero introdujo su cabeza en la zona del asiento del conductor, se desplazó hacia la zona del asiento del acompañante. Después, el K-9 se dirigió a la zona del maletero, metió su cabeza parcialmente dentro, y me fijé que el K-9 se sentó en el lado derecho del guardabarros de la zona del maletero.

Marcadores de Evidencia A&B

El Alguacil del sheriff Jason Forgey se acercó a Gerus y le exclamo: "Buen chico, buen chico!"
**Alguacil del Sheriff Jason Forgey**:. Ok, colega esa fue la señal. Sí, de

acuerdo con Gerus existe la presencia de descomposición humana en el vehículo.

Tras la inspección realizada por K-9, ya sabía dónde tenía que concentrar mi trabajo, en la zona del maletero. Procedí seguidamente a introducir de nuevo el coche en el garaje y estacionarlo en él.

**C.S.I.-II Gerardo Bloise**: Procedí a pasar la aspiradora en el interior derecho, izquierdo y centro del vehículo. Las imágenes mostradas anteriormente se considerarán las primeras piezas de evidencia que comencé a ocupar en este caso, es decir, las primeras piezas del rompecabezas que tendría que empezar a armar.

Alrededor de las 4:11 p.m. y tras haber ocupado las piezas de evidencia halladas en el maletero, se presentó el C.S.I. Michael Vincent, informándome que necesitaban mis servicios en el 4929 Hopespring Drive; por lo que partí de inmediato a esa localización sin saber que sería lo próximo. Tomé la ruta de la John Young Parkway y seguidamente por la autopista 408 este/oeste, ya que esta era la ruta más rápida para llegar al lado este de Orlando.

(El currículum de CSI Michael Vincent comienza como graduado de la escuela secundaria con educación en electrónica. Después de graduarse, Vincent decidió inscribirse en la Fuerza Aérea y se desempeñó como agente de la ley durante aproximadamente ocho años. Después de su servicio, Vincent se mudó a Filadelfia para continuar su carrera en la Fuerza Pública, esta vez se convirtió en Patrullero y se mantuvo en este título durante cinco años, luego pasó a la Unidad de Narcóticos donde permaneció cinco años, y finalmente, se transfirió a la Unidad de Delincuencia y trabajó durante once años. Después de que Vincent se retiró del Departamento de Policía de Filadelfia, se mudó a Florida y solicitó a la Oficina del Sheriff del Condado de Orange que lo emplearan como Asistente del Supervisor de la Unidad de Escena del Crimen donde él, durante el tiempo del juicio, había estado empleado, durante nueve años. CSI Michael Vincent ha tenido en total, entre el Departamento de Policía de Filadelfia y la oficina del Sheriff del Condado de Orange, asistió a más de 30 escuelas relacionadas con la escena del crimen que el a estado entre 3 días a 2 semanas. Vincent durante el tiempo del juicio era el Supervisor Asistente del escuadrón 20).

**C.S.I.-II Gerardo Bloise**: Saludos, Detective Appie Wells. (El Detective Appie Wells estudió en la Academia de Policía, y durante el tiempo que se investigaba este caso, trabajó en la Unidad de Personas y ayudó con la parte de la investigación de la entrevista con los testigos. Wells fue la primera persona con la que CSI Bloise habló para enterarse de esta nueva investigación en el departamento).

**Detective Appie Wells**: Hola Gerardo. El propietario de la residencia me informó que tiene una pala. Según el Sr. Brian Burner, Casey Anthony habló con él y le pidió prestada la pala. Quisiera que colectaras la pala como evidencia.

**C.S.I.-II Gerardo Bloise**: Ok, no hay problema, primero tomaré las fotos de rigor.

Pienso dentro de mi, creo que esta investigación está comenzando a tomar forma.

**Detective Appie Wells**: Sr. Burner, este es el C.S.I. Gerardo Bloise, quien va a tomar unas fotos del interior de su residencia, así como del lugar donde se encuentra la pala.

**Sr. Burner**: No hay problema, adelante.

Me dirigí por el pasillo de la vivienda hasta el emplazamiento del garaje situado en la zona sur de la misma. Ahí se hallaba la pala que Casey Anthony le había pedido prestada al Sr. Burner.

Colleción de la Pala en la Residencia

Tomé las fotos de rigor y procedí a colectar la pala marca «STANLEY» como evidencia.

Tras haber concluido el trabajo, opté por volver a la oficina. Son las 5:30 p.m. paré para tomarme un café. Estacioné mi unidad forense # 0054 frente al Dunkin' Donuts, hacen el café bueno.

Entré al referido lugar e inmediatamente José me reconoció.

**José Ortiz**: Hello, what's up Gerardo. Oye brother está famoso, te veo cada rato en televisión.

**C.S.I.-II Gerardo Bloise**: Hola José, muchacho, deja eso brother y ponme lo de costumbre.

**José Ortiz**: Ya se, café mediano, bien negro y con dos azúcares.

**C.S.I.-II Gerardo Bloise**: Así es, brother.

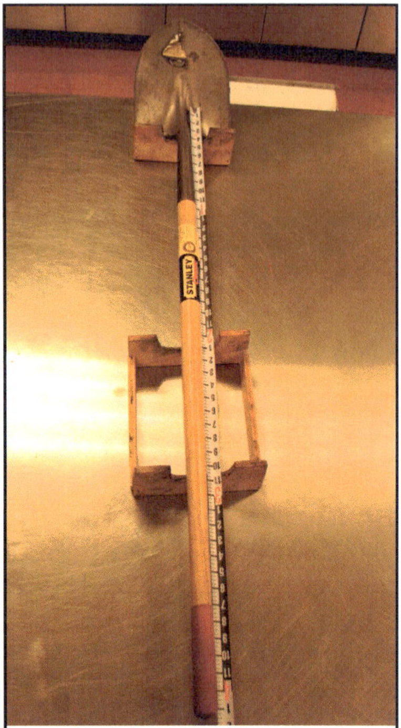

Pala "Stanley"

**José Ortiz**: Aquí tienes Gerardo.

**C.S.I.-II Gerardo Bloise**: Gracias, aquí está el dinero.

**José Ortiz**: Oye Gerardo ¿me haces un favor?

**C.S.I.-II Gerardo Bloise**: Dime brother.

**José Ortiz**: Cuando termines el café, no tires el vaso, me lo das con tu autógrafo.

**C.S.I.-II Gerardo Bloise**: Come on, bro, deja el vacilón. Nos vemos, I got go.

Seguí mi camino hacia la Oficina Forense. Tomé la ruta 408 East West Expressway. ¡Qué bien! ... no hay mucho tráfico. Al llegar a la Oficina, decidí que la forma más rápida de entrar seria acceder por la parte posterior donde el portón se abre con mi identificación. Tomé la pala que había preservado en una bolsa de estraza, seguidamente la coloqué en el laboratorio. A los pocos minutos se acerca el C.S.I. Vincent.

**C.S.I. Michael Vincent**: Dime *G-MAN* que tienes. *(Vincent me llamaba por mi apodo).*

**C.S.I.-II Gerardo Bloise**: Michael, hablé con el Detective Appie Wells y me dijo que había una pala que Casey le había pedido prestada a su vecino. Ya sabes, lo de costumbre, fotos y colecte la evidencia.

**C.S.I. Michael Vincent**: Ok *G-MAN*, tú sabes lo que tienes que hacer, pero si necesitas algún tipo de ayuda, estaré en mi oficina.

**C.S.I.-II Gerardo Bloise**: Ok, creo que esta noche será larga, tengo muchas cosas que hacer.

Procedí a fotografiar la pala, le realicé una inspección con luz ultravioleta apoyándome con una lupa. No vi señas de sangre, fluidos u otro tipo de evidencia, no obstante, tomé varios hisopos de muestras del mango.

Descripción de la evidencia: Pala marca *STANLEY* con mango de madera.

Ubicación: Suroeste de la pared del garaje.

**Hora**:

4:50 p.m.

CASO#: 08-069208

## Capítulo Tres

## Primera Llamada

Mientras me encontraba nuevamente inspeccionando el vehículo en el garaje el C.S.I. MV abre la puerta y me dice:

**C.S.I. Vincent**: G-MAN.

**C.S.I.-II Gerardo Bloise**: Dime Michael.

**C.S.I. Vincent**: Llamaron los detectives, nos necesitan en la residencia de Casey Anthony.

**C.S.I.-II Gerardo Bloise**: ¿Qué pasó?

**C.S.I. Vincent**: Al parecer, quieren que examinemos una zona detrás del patio, ya que muestra signos de haber excavado en ese lugar y después lo taparon.

Michael y yo procedimos a dirigirnos de nuevo a la zona oeste de Orlando, donde está ubicada la residencia de la familia Anthony. Tomamos la ruta John Young Parkway Sur y después tomamos el expreso 408 Oeste. Mientras iba de camino muchas preguntas pasaban por mi mente. *¿Qué encontraron los detectives? ¿Qué sospechas tendría en la residencia de los Anthony?* De momento, mis pensamientos fueron interrumpidos por el sonido de mi radio. El Condado de Orange a Forense 27 querían información. [Condado de Orange, es el Centro de Comunicación del Sheriff's].

**C.S.I.-II Gerardo Bloise**: Este es Forense 27; Condado de Orange, adelante.

**Condado de Orange**: ¿Vas cable 51 hacia Hopespring? (Cable 51 – en camino).

**C.S.I.-II Gerardo Bloise**: Condado, esta Unidad Forense 27 y la Unidad Forense 22, estamos cable 51 hacia Hopespring Drive, estaremos allá en 20 minutos.

**Condado de Orange**: 10-4 *(entendido).*

Aproximadamente a las 7:30 p.m., llegamos a la residencia de los Anthony. Estaban estacionados dos vehículos de los Detectives y observé varios vehículos de los medios de comunicación. Los vecinos de la zona comenzaron a salir de sus residencias a ver los que estaba ocurriendo.

Al llegar a la residencia nos reunimos con el Sargento John Allen.

**C.S.I.-II Gerardo Bloise**: Hola, Sargento Allen.

**Sargento John Allen**: Hola Gerardo y Michael. Hay una zona detrás del patio que aparenta que alguien hizo una excavación y luego la taparon. Noté que hay un pequeño desnivel en el terreno.

**C.S.I.-II Gerardo Bloise**: Ok Sargento, vamos a inspeccionar el área. Enséñanos donde es.

**Sargento John Allen**: Síganme.

Residencia de Anthony,Patio

Llegamos a un área junto a unos arbustos y se ubicaron plantas de bambú. Empecé a tomar fotografías del patio para documentar la escena. Tras fotografiarlo, me dediqué inspeccionar el mismo. Se trataba de una zona con arbustos en el que distinguían varias cañas de bambú próximas a la verja de madera, localicé el área y le puse una regla con la finalidad de establecer la largura y profundidad de la zona a inspeccionar. El área, aproximadamente, tenía 3' pies de largo por 5" pulgadas de profundidad.

Michael Vincent y yo comenzamos a excavar el área, pasamos unos 20 minutos excavando con resultados negativos, no había nada en ese lugar.

**C.S.I.-II Gerardo Bloise**: Sargento Allen, por favor, venga acá.

El Sargento Allen se encontraba dentro de la terraza hablando con Cindy y George, abuelos de la niña desaparecida Caylee Anthony.

**Sargento John Allen**: Ok Gerardo ¿encontraste algo?

**C.S.I.-II Gerardo Bloise**: No, nada Sargento.

**Sargento John Allen**: Creo que sería óptimo, ya que estamos aquí, examinar todo el patio. Podemos llamar al K-9 para, de esta forma, descartar esta zona porque contamos con el permiso de Cindy y George.

**C.S.I.-II Gerardo Bloise**: Sargento, no tengo problema.

El Sargento Allen inició las gestiones pertinentes para contactar con el K-9. Así que comenzamos a examinar y a buscar por todo el patio de la residencia. Para llevar a cabo una búsqueda lo más minuciosa posible, utilicé los siguientes marcadores de evidencia:

Supuesta Excavación

**Marcador # 1**: Este marcador indica el área donde se sospechó de la actividad de excavación y donde se observó un desnivel en el terreno. Medidas 3'' pies de ancho y 5" pulgadas de profundidad.

Después de haber marcado el área #1, paramos la búsqueda a la espera del K-9. Continuamos haciendo una inspección visual del patio, pero sin marcar ninguna zona.

El Sargento John Allen me comunica que K-9 había llegado y comenzaría la inspección en el patio inmediatamente, por lo que todos salimos del patio para permitir que K-9 y su guía hicieran su trabajo.

**Alguacil del Sheriff Jason Forgey**: Saludos a todos.

**Sargento John Allen**: Hey Jason. Queremos que inspecciones el patio, ya que nuestra intención es descartar esta zona como de búsqueda.

**Alguacil del Sheriff** Forgey le dió la palabra clave al K-9 para comenzar la búsqueda

**Alguacil del Sheriff Jason Forgey**: Ok, vamos Gerus, busca ... busca.

El Alguacil del Sheriff Forgey, dio la orden a su perro Gerus, para que buscara. El K-9 salió corriendo de la autopatrulla, entrando por la puerta que daba acceso al patio. Mientras tanto, todos esperábamos frente a la residencia a que el K-9 terminará con su búsqueda. Esperamos alrededor de 25 minutos, cuando Jason salió de la zona del patio con su K-9.

**Alguacil del Sheriff Jason Forgey**: Ok colegas, el perro me dio señales en la zona donde se encuentra la casa de juego, es decir la casita plástica.

**Sargento John Allen**: Ok Gerardo ¿Qué crees?

**C.S.I.-II Gerardo Bloise**: Sargento, si el perro dio alerta en esa zona, entonces hay que empezar a buscar más en esa área.

**Marcador # 2**: Este marcador indica el área de juego localizada en la zona norte del patio. El área de juego consiste en una

**Casa de Juguete en el Patio**

**Partes de la Casa de Juguete**

casa-juguete de plástico. El suelo de la casa-juguete consistía en veinticinco trozos cuadrados de tamaño 6 x 6. La casa-juguete tuvo que ser desplazada de su enclave, con el objeto de facilitarnos la labor de remover los pedazos del suelo; la casa-juguete fue completamente inspeccionada, no encontrándose nada relacionado con restos humanos o evidencia de manchas sospechosas o fluidos corporales.

Así, este investigador y el compañero, iniciamos la búsqueda en el área señalada, comenzando a remover los pedazos de suelo donde estaba ubicada la casa-juguete de Caylee.

Cuando removimos los pedazos de suelo, lo que encontramos fue gravilla y no observamos indicios de que hubiera sido alterada, lo que nos indicaba que no se enterró ningún cuerpo humano en esa zona.

Mientras estábamos en plana inspección del área # 2 fui informado por el Alguacil Jason Forgey de su intención de contrastar el hallazgo de su K-9 Gerus, con otro K-9 del Condado de Osceola. Obviamente, detuvimos la inspección y salimos del patio a la espera de la llegada del otro K-9.

Tras una hora de espera, llegó el K-9 del Condado de Osceola a la escena. El alguacil-guía, siguió el mismo protocolo de búsqueda. El Alguacil del Condado de Osceola y su K-9, tras inspeccionar el área, nos informó que su perro había mostrado interés en tres áreas ubicadas en el patio trasero.

El primero fue el terreno inspeccionado por el perro de la Oficina del Condado de Orange marcador # 2 cerca de la casa-juguete. La segunda era la parte del terreno ubicada cerca de la esquina de la terraza del patio ubicado en la zona sur de la residencia. Esta área quedó marcada con el número # 3.

El área tercera, se trataba de la porción de terreno ubicada en la zona este del área de juego. Ésta quedó marcada como área # 4.

Las áreas marcadas por el K-9 del Sheriff de Osceola, fueron inspeccionadas por este investigador, Mike Vincent y con la ayuda de compañeros detectives, no hallando ningún indicio de enterramiento o restos de cuerpo alguno.

Tercer Marcador en el Patio

Cuarto Marcador en el Patio

Ya anochecía y no habíamos concluido la búsqueda, por lo que procedimos a marcar el área con banderas, señalando los lugares donde tendría que seguir buscando la otra escuadra de C.S.I.'s que nos sustituiría, ya que nos correspondían días libres. Cuando tuvimos todo listo para marcharnos, informamos al Sargento Allen que la otra escuadra de C.S.I. acudiría mañana viernes a continuar con la búsqueda en la zona que habíamos señalado con banderas. Se acercó el Detective Dave Clarke y me comunica que notó algo sospechoso en el terreno localizado en el lado oeste del patio trasero. Procedí a fotografiar el área y marcarla con el # 5.

Al día siguiente la escuadra 10 de C.S.I.'s iniciaría su trabajo buscando en las áreas que nosotros habíamos marcado previamente. En la foto se muestra la residencia de los Anthony. Las áreas marcadas del 1 al 5 eran las zonas por donde los C.S.I.'s deberían realizar la búsqueda.

**Viernes, 18 de Julio de 2008**

**C.S.I.-II Gerardo Bloise**: A la media noche , procedí a ocupar mi unidad 0054 y dirigirme a la Unidad Forense, utilizando la autopista 408.

**Quinto Marcador en el Patio**

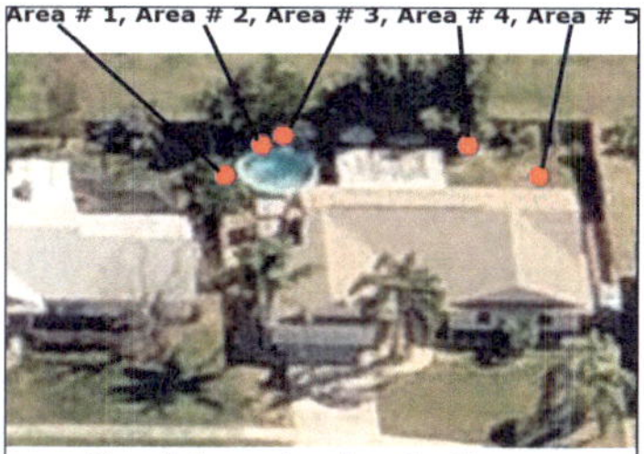


**Residencia de Anthony**

Muchos pensamientos se agolparon en mi cabeza, todos ellos relacionados con el paradero de la niña Caylee Anthony.

Llegué a la Unidad Forense y me dirigí al Laboratorio. Continué con la inspección del vehículo.Colecte tierra vea tabla abajo. Necesito encontrar evidencias que me ayuden a corroborar que un cadáver estuvo en el interior del vehículo. Me gustaría pensar que el cuerpo de *Caylee* no es que indica el olor a descomposición humana detectado. Prefiero pensar que está secuestrada y viva.

Procedí a ponerme el *TYVEK,* me cubrí la cabeza, me puse los guantes y procedo a aspirar en el interior del maletero. Inmediatamente, procedí a preparar el equipo de luz ultravioleta para examinar el maletero del vehículo con el objeto detectar la posible presencia o ausencia de sangre o cualquier otra muestra de mancha que pudiera existir en el lugar indicado. Llamé a mi compañero para que estuviera presente conmigo en ese momento.

**C.S.I.-II Gerardo Bloise**: Vincent.

**C.S.I./ A.S.L. Vincent**: Dime, *G-MAN.*

**C.S.I.-II Gerardo Bloise**: Te necesito en el garaje, voy a inspeccionar el maletero del vehículo y quiero que estés presente.

| Art. # | Artículos | Descripción de la Evidencia | Ubicación | Día / Hora |
|---|---|---|---|---|
| 5 | H-52025 | Frasco plástico conteniendo residuos de tierra | Parte interior derecha del parachoques del vehículo | 7/18/08 A las 00:05 horas |
| 6 | H-5205 | Frasco plástico conteniendo residuos de tierra | Parte interior derecha del parachoques del vehículo | 7/18/08 A las 00:16 horas |

**C.S.I./ A.S.L. Vincent**: Ok, voy en breves minutos.

Llegó Michael Vincent con la ropa de protección y guantes, ya ambos teníamos puestas las gafas especiales. Seguidamente, apagué la luz y Michael procedió a pasar el químico *Blue Star*. Este producto, al entrar en contacto con una zona donde hubo sangre, nos dará una reacción brillante y fluorescente en la zona. No observamos ninguna reacción a sangre. Sin embargo, detectamos unas manchas sospechosas.

**C.S.I.-II Gerardo Bloise**: Mira Mike, ¿ves esa mancha?

**C.S.I./A.S.L. Michael Vincent** : Si, la veo.

La fotografía de la izquierda es la tomada original, sin ningún tipo de luz. La fotografía de la derecha está realizada con luz alterna. Obsérvese en la cubierta de la respuesta de la goma del maletero a simple vista una mancha blancuzca, pero por el momento me fue imposible descifrar qué era esa mancha, quizás se debiese al agotamiento físico lo que me impedía traducir en mi mente algún tipo de conjetura sobre la procedencia de esa mancha.

Las flechas rojas indican las áreas donde se pueden ver las manchas a simple vista. En la tapa de las repuesta de la goma. Tras haber examinado la cubierta de la repuesta del maletero, procedí a asegurar la evidencia, ya que los próximos tres días estaré libre.

**Sábado, 19 de Julio de 2008.**

**C.S.I.-II Gerardo Bloise**: Todavía tengo mucho que hacer, pero es hora de irse a casa.

Me preparé para trasladarme a mi domicilio, pero antes fui a mi escritorio para dejar anotado cada detalle de las

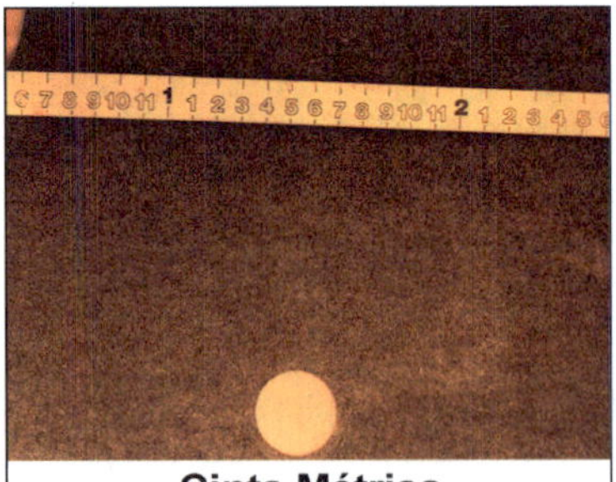

Cinta Métrica

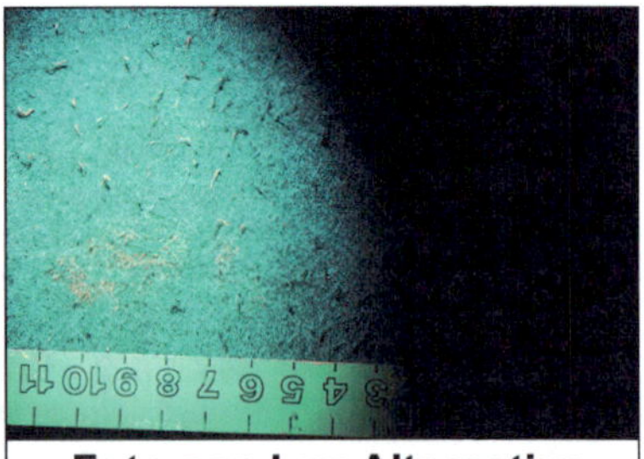

Foto con Luz Alternativa

gestiones de investigación llevadas a cabo esa mañana. Este reporte esta puesto para que sea actualizado todo los días, con el objeto de tener mi informe debidamente actualizado a diario y, de esta forma, tener un control puntualizado de mi investigación forense.

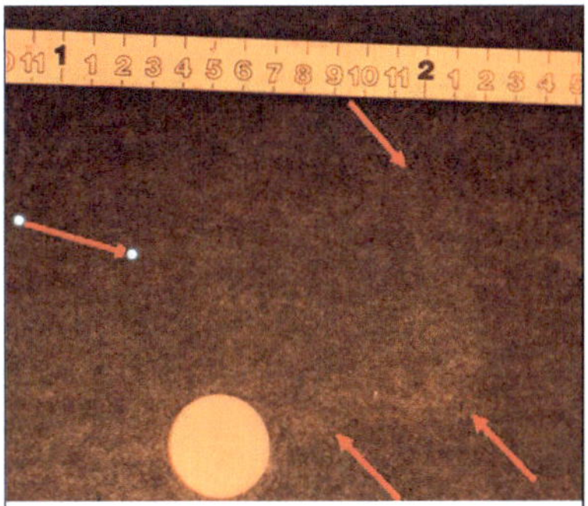

**Porciones de Evidencia**

Apagué mi computadora y me dirijo a la salida por la parte posterior de la dependencia para acceder al garaje donde estaba depositado el vehículo que, para mí, significaba ni más ni menos que la Escena del Crimen. Me quedé observando el citado vehículo durante unos 10 minutos, y pensé que nuevas piezas de evidencias tendría; abrí la puerta y puse en marcha mi Unidad Forense 0054. Salí del estacionamiento emplazado en el lado sur. La puerta automática se abrió y salí de la Oficina del Sheriff del Condado de Orange.

Edificio con West Colonial Dr. La carretera está vacía, ausencia casi total de vehículos. Me gusta trabajar en este turno, de 2:00 p.m. a 12 a.m. [media noche], por esa razón está tranquila la mañana y no hay un número significativo de vehículos circulando y tendré dos días adicionales libres. Tendría que reanudar mi trabajo en el caso el día 22 de Julio de 2008.

Llego a mi residencia. Me encuentro tan cansado que ni siquiera entro a mi dormitorio para no perturbar el sueño de mi esposa Judith; por lo que opté por tumbarme en el sofá.

Cuando sonó la alarma de mi reloj eran exactamente las 08:30 horas a.m., me despierto, aunque no dormí tan apenas, y es que cuando se pierde la noche solamente descansa el cuerpo, pero el sueño está ausente. Enciendo el televisor: "¡ULTIMAS NOTICIAS!: *sigue la segunda búsqueda de Caylee Anthony. Comienza en la residencia de la familia Anthony.*" Aquí va de nuevo.

El próximo día el escuadrón nº 10 de C.S.I. reanudaría la búsqueda en las áreas que recomendé previamente al otro escuadrón de C.S.I.[11] Estoy seguro de que la pobre Caylee no se encontraba ahí. Yo tengo mi propia hipótesis del por qué el K-9 marcó esas áreas.

Cuando Casey Anthony acudió al Sr. Burner, el 18 de Junio de 2008 y le pidió prestada la pala y fue a su casa con la pala y busco materiales adicionales para enterrar a su hija en el patio, lo hizo con la idea de tener a su hija cerca de ella, sin embargo, cambió de opinión al darse cuenta de que los investigadores comenzarían la búsqueda por su casa en primer lugar.

Por esta razón Casey desistió de la idea de enterrar a Caylee en su casa, por lo que procedió a devolver el cadáver de la niña al maletero del coche. Esta investigación apenas se ha iniciado, lo mejor está por venir. Mientras tanto disfrutaré de mis tres días libres.

**Lunes, 21 de Julio de 2008**

Aproximadamente a las 18:20 horas, el Dr. Michael Sigman, Asistente Director de Evidencia Física y C. Douglas Clark, Técnico Senior de Estudios del Centro Nacional de Ciencias Forenses de la Universidad del Centro de Florida, se personaron en la Oficina Forense del C.S.I. en referencia, con el objeto de tomar muestras de aire del maletero de vehículo Pontiac Grand A.M. propiedad de Casey Anthony. (Michael Sigman obtuvo su licenciatura en 1982 de la Universidad Estatal de South West Missouri, 1983 obtuvo su Ph.D. de la Universidad Estatal de Florida, y obtuvo una beca postdoctoral NIH en Nirvana Champaign y Chicago. Más tarde, Sigman recibió un empleo, durante aproximadamente un año, como científico investigador en Vale Chemical en Midland, Michigan. Sigman, después de completar su investigación, se convirtió en científico del personal de laboratorio en Oakland National de 1990 a 2002, este empleo lo llevó a conocer al Dr. Vass. Después del 2002, y durante el tiempo del juicio, Sigman encontró empleo en el Departamento de Facultad de la Universidad de Florida y tiene una cita conjunta con el Centro Nacional de Ciencias Forenses. Michael Sigman ha realizado 64 artículos de revisión por pares desde que terminó su PH. D y ha realizado 140 presentaciones con estudiantes de investigación).

El Dr. Sigman recolectó dos muestras de aire separadas, empleando una jeringuilla grande, para posteriormente, colocarlas en dos bolsas de Polímero Tedlar separadas. Las siguientes piezas de evidencia fueron documentadas de la forma siguiente:

**Martes, 22 de Julio de 2008**

A la 1:00 p.m., el Dr. Michael Sigman, se personó en la Oficina Forense del C.S.I. con la finalidad de tomar muestras adicionales del aire del maletero del vehículo en cuestión. Esta vez, el Dr. Sigman, extrajo muestra de aire utilizando un filtro S.P.M.E., colectado desde las 1:30 p.m. a la 2:10 p.m.. Tras haber colectado las pruebas, procedí a continuar con la investigación y a comparar la evidencia que yo había colectado con el registro de evidencia.

El C.S.I. Vincent, se encargó de remitir esa evidencia al Dr. Avard Vass a su Laboratorio en Tennessee para su posterior análisis. Si bien era realmente necesario este tipo de análisis y colección de estas pruebas, lo que únicamente

| Art. # | Artículos | Horas | Descripción de la Evidencia |
|---|---|---|---|
| 1 | H-52009 | 18 horas y 20 minutos | Bolsa plástica de 7 x 7 pulgadas, conteniendo una prueba de aire enviada al Dr. Vass en el Laboratorio Nacional, Oak Ridge, en Tennessee. |
| 2 | H-52009 | 18 horas y 20 minutos | Una bolsa de plástico de 5.5 x 5.5 pulgadas, conteniendo una prueba de aire que fue enviada al Centro Nacional de Ciencia Forense en la Universidad de la Florida Central |

nos podría indicar si el aire colectado tenía olor a putrefacción procedía de un ser humano. La pregunta es *¿Quién?*, hombre, mujer, niño o niña

El Dr. Arpad Vas tiene una licenciatura del Instituto Pirotécnico de Virginia, una Licenciatura en Tecnología Médica del Hospital Fairfax, una Maestría en Ciencias Forenses de la Universidad Virginia Commonwealth y un Ph.D. en antropología de la Universidad de Tennessee. Mientras estaba en Virginia obteniendo su título en Ciencias Forenses, se enteró de William Bass y de la instalación que Bass había creado para estudiar la descomposición de los cuerpos humanos en diferentes entornos. Vas y Bass trabajaron juntos para estudiar alrededor de mil cien sujetos de prueba en las instalaciones que fueron expuestos a elementos naturales, colocados dentro de vehículos, en la superficie de la tierra y enterrados. La investigación inicial analizó la descomposición química del tejido blando del cuerpo cuando está en forma de descomposición. A medida que el cuerpo se descompone, descarga un líquido y esa descarga es la que se usa para encontrar dónde se encuentra el cuerpo. Mientras analizaban el fluido para determinar si los componentes eran responsables, tanto Bass como Vas confirmarían más tarde la reproducibilidad y determinarían cuánto tiempo había estado muerto ese individuo. En el momento del ensayo, el Dr. Arpad Bass era un científico investigador sénior en el Laboratorio Nacional de Oak Ridge con una carrera de casi 20 años en la instalación.

CASO#: 08-069208

## Capítulo Cuatro

# Manchas Sospechosas

Llegué a la Oficina Forense, cumpliendo el turno asignado, es decir, desde las 2 p.m. a las 12 a.m., tras haber disfrutado de tres días de descanso.

Me reincorporé a mi Departamento con la intención de proseguir con la investigación en el vehículo. Procedí a remover del maletero la cubierta de la repuesta de goma donde había observado las manchas sospechosas. Comencé por poner el testigo métrico y continué fotografiando la mancha.

Me empeñé en tratar de descifrar la procedencia de esa mancha blanquecina , y mi mente comenzó a tratar de configurar formas, recordé cuando era niño y de cómo me acostaba en la grama y observaba las nubes con detenimiento, veía que alguna de ellas tenía formas de animales, casas, caras y cosas así por el estilo, en fin, juegos de niños, pero no tenía ni la más mínima idea de que al aplicar ese juego puede llevar a descifrar qué fue lo que pudo haber formado esa mancha. No lo puedo creer. La mancha tenía forma de un pequeño cuerpo en posición fetal.

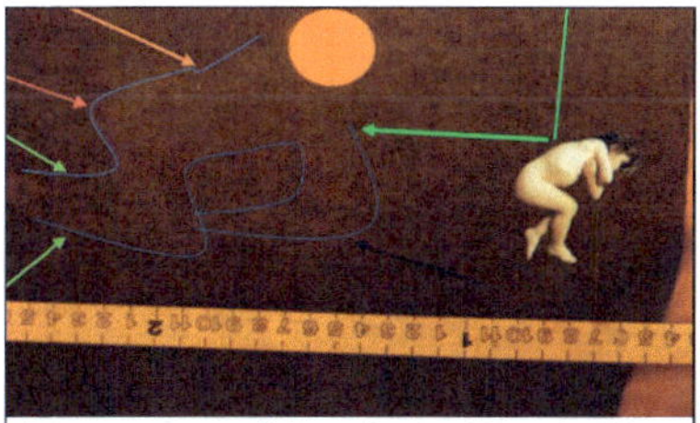

**Restauración de la Posición**

La flecha de color naranja indica la parte posterior, la de color rojo aparece en la zona de los glúteos, la verde señala las piernas, posiblemente juntas, la de color negro en la zona de curva fuera de los brazos plegados. Tras tomas las fotos de rigor me limité a asegurar la evidencia.

Continué dirigiéndome a mi escritorio con el objeto de organizar debidamente el archivo del caso, en el momento que la C.S.I. Elizabeth Bowling (CSI Elizabeth Bowling, mientras trabajaba en el Centro de Comunicaciones, solicitó una vacante en el departamento de CSI en la oficina del Sheriff del Condado de Orange. Los antecedentes y la educación de Bowling en Ciencias Forenses le dieron la oportunidad de ser contratada de inmediato. Bowling's durante uno de sus turnos de noche recibió una llamada de Sandra Cawn, quien necesitaba su ayuda para obtener la evidencia recopilada. Cawn necesitaba obtener imágenes del teléfono celular que se recolectó de Tony Lazzaro, el novio de Casey Anthony en ese momento. Bowling respondió rápidamente a la llamada y pudo obtener el teléfono celular necesario para la inspección), se acercó a mi escritorio y me informó que la Detective Sandra Cawn (La detective Sandra Cawn trabajó en la Unidad Forense de CSI durante aproximadamente cuatro años antes de transferirse a la Unidad de Delitos Informáticos.

La tarea de Cawn en la Unidad de Delitos Informáticos era investigar todos los artículos electrónicos que entrarían en su oficina con exámenes forenses. Entre muchas otras funciones, la detective Cawn fue responsable de fotografiar las escenas del crimen a las que fue enviada, recopilar pruebas en la escena del crimen y, con la información que recopila, intentar descubrir al sospechoso. En una de sus llamadas enviadas, Cawn sería responsable de obtener un teléfono celular que luego se usó en el juicio de Casey Anthony de Tony Lazzaro. Más tarde, se le indicaría que obtuviera los artículos recolectados más de CSI Elizabeth Bowling), se personó en nuestras dependencias con el objeto de tomar fotos al teléfono celular «BLACK BERRY», propiedad de Anthony Lazzaro, amigo de Casey Anthony.

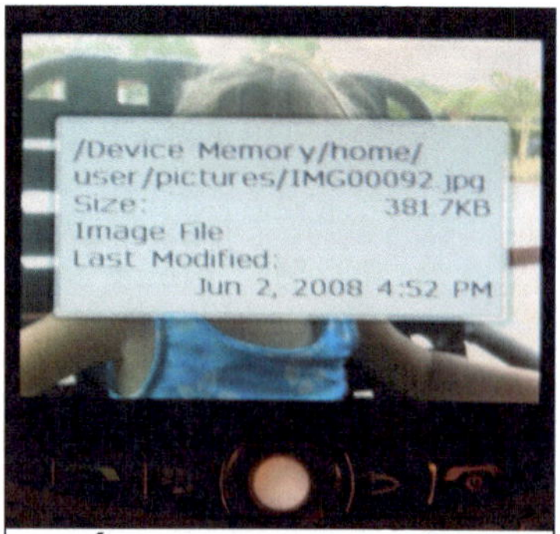

**Última Foto de Caylee**

Según puede verse en la foto, ésta fue tomada el 2 de Junio de 2008, a las 04:52 horas p.m., ya que esa fue la última vez que se vio con vida a la pobre

Caylee, después de que la C.S.I. Bowling me facilitase esta información, me dirigí al garaje para continuar examinando el vehículo y tomar cumplidas notas de mis hallazgos. Al tiempo, me doy cuenta de que la puerta del garaje se abre, dando paso a la compañera C.S.I. Shary Delgado.

**C.S.I. Shary Delgado**: Hola, Gerardo; hay una llamada pendiente. Se trata de una agresión sexual, son las 14:00 horas y es tu caso.

CASO#: 08-069208

# *Capítulo Cinco*

## El Caso de Caylee No Está Solo

**C.S.I.-II Gerardo Bloise**: Ok, dame los detalles de la llamada. Así que procedo a encender la radio de comunicación: *"Este es Forense 27 para Condado de Orange."*
**Condado de Orange**: Adelante Forense 27.
**C.S.I.-II Gerardo Bloise**: Estoy cable 51 para atender el Caso de Agresión Sexual en el Sector II.
**Condado de Orange**: 10-4 Forense 27, hora 14:15 horas.

Continúo la marcha por la Avenida West Colonial, viro a la derecha por la Calle Tampa. Estoy aproximándome a la Calle Washington y como de costumbre cambia el semáforo en rojo.

Mientras espero que cambie a semáforo en verde, tres individuos me observan fijamente, al estar ocupando el vehículo con los distintivos del Sheriff del Condado de Orange y en ocasiones a ciertos ciudadanos no les agrada la presencia policial cerca de sus vecindarios. Obviamente, no les pierdo de vista, en ese instante el semáforo se torna en luz verde y doy marcha inmediata.

Continúo por la Calle Tampa, hasta divisar la Calle Carter, efectúo un giro a la derecha, si por la Calle Carter, todo parece normal, pero es obvio que, cuando se va conduciendo un vehículo policial tiene que «andar con cien ojos» y escudriñar todo su entorno. Aunque mi trabajo no consiste en ejecutar arrestos ni detenciones, el criminal me valora como a un Policía más y no como a un C.S.I., que nuestro trabajo es el análisis técnico-científico de la Escena del Crimen. Continúo por la Calle Tampa, veo que el semáforo de la Orange Blossom Trail está en verde por lo que prosigo con la marcha y me conecto con la Autopista 408 Este, hacia Orlando.

Sigo por la Autopista 408, la gente conduce como si estuvieran en las 800 millas de Daytona, van a gran velocidad, un vehículo me pasa a unas 90 millas por hora [unos 145

Km./h.]. veo por el retrovisor de mi vehículo unas luces de emergencia azules parpadeando; se trata de un vehículo–patrulla de carreteras del Florida Highway Patrol. Al parecer va detrás del vehículo que pasó por mi lado a gran velocidad. Estoy acercándome a la salida de la Avenida Conway y, efectivamente, veo el vehículo blanco que está detenido por la patrulla de carreteras. Rebaso al colega por el lado y enciendo por unos segundos mis luces de emergencia a modo de saludo. El patrullero al ver mis luces, levanta su mano y me devuelve el saludo.

La Policía de Carreteras [Florida Highway Patrol], tiene como misión hacer cumplir las Leyes de Tránsito en todas las carreteras y autopistas en el Estado de Florida, así como la investigación de todos los accidentes de tránsito y muertes como consecuencia de estos siniestros.

Continúo mi marcha hacia la Avenida Conway. Aun me faltan unos 15 minutos para llegar a la Escena, giro a la derecha en la Calle Oak y al final ya diviso el vehículo del Alguacil del Sheriff y el de los Detectives estacionados al lado derecho de la calle frente al domicilio donde tuvieron lugar, supuestamente, los hechos.

**C.S.I.-II Gerardo Bloise**: Condado de Orange, de Forense 27.

**Condado de Orange**: Adelante, Forense 27.

**C.S.I.-II Gerardo Bloise**: Esta Unidad cable 97 (97 significa que llegué al destino).

**Condado de Orange**: 10-4 (entendido).

**C.S.I.-II Gerardo Bloise**: Cuando salgo del vehículo -patrulla, sufro el impacto del calor usual que hace en Florida en verano. Observo que el compañero alguacil del Sheriff, está concentrado en su computadora portátil, seguro que está realizando el informe inicial del caso; este se percata de mi presencia y sale de su vehículo.

**Alguacil del Sheriff Ferrer**: Saludos Gerardo, hace tiempo que no compartimos caso juntos.

**C.S.I.-II Gerardo Bloise**: Así es, Ferrer hace bastante tiempo.

**Alguacil del Sheriff Ferrer**: Por favor, fírmame la entrada a la Escena.

**C.S.I.-II Gerardo Bloise**: Ok, aquí está mi firma. Hago la devolución del documento de control de entrada y salida de la Escena del Crimen, que siguiendo los protocolos administrativos establecidos todos debemos realizar.

**C.S.I.-II Gerardo Bloise**: ¿Dónde está el Detective? ¿Quién es?

**Alguacil del Sheriff Ferrer**: Se encuentra dentro de la vivienda, entrevistando a un familiar de la víctima, se trata del Detective Madson.

**C.S.I.-II Gerardo Bloise**: Ok perfecto, he trabajado con Madson anteriormente en varios casos, es un buen Detective, muy cortes y acude diligentemente a cada uno de sus casos.

Me dirigí andando con dirección a la entrada de la residencia que, aunque con algunos años de su construcción, está bien cuidada, con un bonito jardín y una fuente agua que invitaba a beber, dado el intenso calor reinante.

Procedí a tocar el timbre de la puerta, me recibió una dama de unos 65 años, vestida con una camisa hawaiana y pantalones cortos, calzada con las usuales sandalias (atuendo típico de verano en Florida).

**C.S.I.-II Gerardo Bloise**: Saludos señora, soy el C.S.I. Gerardo Bloise de la Oficina del Sheriff del Condado, ¿podría hablar con el Detective Madson?

La Señora me contestó de inmediato y me indico que pase al comedor.

**Detective Madson**: Hola G.

*[Como ya indiqué, mis compañeros, me dicen G-MAN, otros, simplemente G, pero no me importa, me siento a gusto].*

**C.S.I.-II Gerardo Bloise**: Hola Madson, por favor, ponme sobre antecedentes.

**Detective Madson**: G, entrevisté a la víctima y me comentó que fue violada en el momento que se detuvo en una Estación de Servicio para repostar gasolina. El sospechoso se le acercó por detrás y la obligó a ir a los arbustos y la zona boscosa, donde consumó la violación.

**C.S.I.-II Gerardo Bloise**: Tenemos que ir al lugar donde se cometió la violación.

**Detective Madson**: Si, por supuesto.

**C.S.I.-II Gerardo Bloise**: ¿Está ella aquí?

**Detective Madson**: Sí.

**C.S.I.-II Gerardo Bloise**: Tengo que tomar algunas fotos y me gustaría hacerle algunas preguntas.

**Detective Madson**: Sí, por supuesto.

En unos instantes, el Detective Madson se alejó de mí y se acercó a la anciana, y estuvieron hablando durante unos minutos. Asumo que se trataba de la madre de la víctima, después de unos instantes, observé que ella caminó por el pasillo, llamó a puerta y entró. El Detective Madson se dirigió a hacia donde yo estaba.

**Detective Madson**: G, hablé con la madre, y fue a buscarla a su habitación.

**C.S.I.-II Gerardo Bloise**: ¿Fue a la clínica?

**Detective Madson**: Si, hicieron las muestras; olvidé que tengo la ropa que llevaba puesta cuando tuvo lugar el incidente. Yo había terminado de entrevistarla cuando tu llegaste.

**C.S.I.-II Gerardo Bloise**: Necesito que me traigas la ropa, me la voy a llevar como evidencia.

**Detective Madson**: Tengo que mirar afuera, están en el maletero de mi vehículo .

**C.S.I.-II Gerardo Bloise**: No hay problema, te espero aquí. Voy a tomar posesión de ella, por favor, prepara el recibo de la propiedad, para eso tenemos que hacer la cadena de custodia de evidencias.

**Detective Madson**: Ya he hecho el recibo de la propiedad.

El Detective Madson salió durante 5 minutos, cuando regresó, en ese mismo instante, se abrió la puerta de la habitación-dormitorio y la señora mayor salió acompañada por una mujer muy joven, aparentaba tener unos 18 años, blanca y cabello negro.

El Detective Madson, me hace entrega de una bolsa marrón que contiene una falda de color azul y otra bolsa marrón conteniendo una blusa color crema.

La joven y la madre se acercaron hasta nosotros y fue en ese instante cuando el Detective Madson me presentó oficialmente a la víctima.

**C.S.I.-II Gerardo Bloise**: Lamento mucho lo sucedido señorita. En primer lugar, voy a tomar algunas fotos, esto forma parte de la investigación con la finalidad de completar la documentación. La joven accedió. Procedí a tomar fotos de todo el cuerpo y fotos de cerca [cara].

Tras concluir el reportaje fotográfico, me puse los guantes de látex y extraje la falda y la blusa de las bolsas de papel que las contenían. Le mostré ambas prendas y le pregunté ¿Cuál de estas dos prendas tocó el sospechoso?

**Víctima**: Tocó mi falda.

**C.S.I.-II Gerardo Bloise**: ¿En qué parte de la falda?

La víctima levantó tímidamente su mano derecha y con el dedo índice me respondió en voz baja.
**Víctima**: En ambos lados.
**C.S.I.-II Gerardo Bloise**: Ok, gracias por su cooperación, eso es todo.

El Detective Madson procedió a orientarlas sobre el procedimiento de seguimiento del caso. Yo por mi parte, me acerqué a mi unidad forense # 0054 para asegurar la cadena de custodia de las piezas de evidencia.

De nuevo el sol y el calor sofocante me golpean la cara, mientras me dirijo a mi vehículo-patrulla, veo a Ferrer bebiendo una refrescante botella de agua en el interior de su patrulla. Transcurridos unos instantes, Ferrer abandona su vehículo y, dirigiéndose a mí, me dice:
**Alguacil del Sheriff Ferrer**: ¿Has terminado?
**C.S.I.-II Gerardo Bloise**: Sí, este calor es infernal.
**Alguacil del Sheriff Ferrer**: ¿Quieres una botella de agua?
**C.S.I.-II Gerardo Bloise**: ¿Tú que crees?

Me acerqué al la patrulla de Ferrer y cuando abrió la puerta del lado del pasajero, sentí un golpe de aire acondicionado en mi cara, había un pequeño refrigerador de foam en el asiento, con mucho hielo y varias botellas de agua, todas ellas sudorosas y frías, listas para satisfacer la sed más exigente de este verano de 2.008. Tomé una de ellas al mismo tiempo agradeciéndoselo a Ferrer y comencé a disfrutar del agua inmediatamente y caminé hacia mi vehículo-patrulla, encendí en aire acondicionado al máximo esperando al Detective Madson.

Transcurridos unos minutos, la puerta de la residencia se abrió, salió el Detective Madson y caminó hacia mí. Bajé el cristal de la ventana para hablar con el Detective.
**Detective Madson**: «G», este calor es fuerte, ¿de dónde sacaste el agua?
**C.S.I.-II Gerardo Bloise**: Pídele una a Ferrer.

De inmediato, Madson fue como un loco hacia el vehículo de Ferrer, para pedirle una botella de agua fría.

Observo por mi espejo retrovisor, que el Detective Madson entra en su vehículo y procede a acercarse a mi unidad, baja la ventana del conductor y estaciona su coche en paralelo al mío. Bajé el cristal de mi ventana.

**Detective Madson**: «G», vamos a la Estación de Servicio donde tuvo lugar el incidente, vamos a tomar el 408 Este y salimos al oeste de Colonial Drive y vamos como si nos dirigiésemos hacia la Ciudad de Navidad.
**C.S.I.-II Gerardo Bloise**: Madson, es mejor que te siga.
**Detective Madson**: Ok, perfecto sígueme.

Continuamos conduciendo durante unos 25 minutos, cuando observé que Madson enciende la luz direccional señalando el próximo giro a la derecha. Exacto, ahí veo la Estación de Servicio. Ambos nos apeamos de nuestros respectivos vehículos. Me puse mi chaleco distintivo como C.S.I. y nos dirigimos hacia el lugar donde supuestamente tuvo lugar la violación.
**Detective Madson**: G, ahí están los arbustos que, según las explicaciones y descripción de la víctima tuvo lugar la violación.

Tomé varias fotografías del lugar y fuimos desplazándonos hacia la zona boscosa, observando en todo momento el suelo.

Había un árbol enorme, rodeado de numerosos arbustos que, constituían el lugar perfecto para la comisión de un crimen tan execrable.

No encontramos nada. Mientras caminábamos, le pregunté al Detective Madson.
**C.S.I.-II Gerardo Bloise**: ¿Llamaste al K-9?
**Detective Madson**: Sí G, no había rastro alguno.
**C.S.I.-II Gerardo Bloise**: Ok.

Mientras continuamos caminando, llegamos a la Estación de Servicio que, al mismo tiempo era tienda de conveniencia; había varios clientes comprando en la susodicha tienda.

Nos acercamos al mostrador y el Detective Madson solicitó hablar con el propietario del negocio al dependiente de la caja registradora. El empleado respondió que el dueño era el Sr. Patel.
**Detective Madson**: Necesitamos hablar con él.
**Empleado**: Voy a buscarlo.

Obviamente, todos los clientes que se encontraban en el establecimiento, unos comprando y otros esperando para pagar, nos observaban preguntándose para sí mismos que pasaba en el negocio. Mientras el empleado se dirigía a buscar al propietario del establecimiento que le mencioné al Detective Madson.

**C.S.I.-II Gerardo Bloise**: ¿Viste las cámaras delante y al lado del establecimiento?
**Detective Madson**: Sí G, me di perfecta cuenta.

Transcurridos unos pocos instantes, hizo su aparición el Sr. Patel junto a su empleado.

**Sr. Patel**: Hola oficiales ¿qué puedo hacer por ustedes?
**Detective Madson**: ¿Podemos hablar con usted en privado?
**Sr. Patel:** Sí, por supuesto, vamos a mi oficina.

Nos dirigimos a través de un pasillo que, a ambos lados tenía cajas de mercancía y cuando llegamos a una esquina de la pared se encontraba la oficina, el Sr. Patel entró en la misma y nos invitó a sentarnos frente a su escritorio, lleno de papeles y la pantalla de su computadora , en la pared había una estantería que tenía un monitor que capturaba imágenes fuera del establecimiento y cambiaba las mismas automáticamente y se observaba el frente , la parte de atrás y los lados del negocio.

**Detective Madson**: Estamos investigando una violación que tuvo lugar en las cercanías de su negocio, exactamente en la parte de atrás.
**Sr. Patel**: ¿Qué día y a qué hora?
**Detective Madson**: El 18 de Julio, aproximadamente a las 20:00 horas.
**Sr. Patel**: Ese día, este negocio no abre para servicios.
**Detective Madson**: ¿Cómo?

Inmediatamente, el Detective Madson me miró con cara de sorpresa.

**Detective Madson**: Estamos investigando una violación.
**Sr. Patel**: De todos modos, voy a verificar los videos de ese día, ya que la computadora los almacena en una nube.

El Sr. Patel, inmediatamente procedió a hacer varios clics en la computadora hasta que llegó al archivo de ese día, exactamente a la grabación realizada entre las 19:00 horas [7:00 horas p.m.] y las 21:00 horas.

**Sr. Patel**: Ok, tenemos aquí el momento, por favor, acérquese a mí, de esa manera puedes ver perfectamente la pantalla. *El video no mostró nada frente al negocio y nada por detrás del mismo.*
**Detective Madson**: Sr. Patel, gracias por su colaboración. ¿Podría usted facilitarme una copia de ese video?
**Sr. Patel**: Por supuesto.

El Sr. Patel, procedió a grabar un CD para entregárselo al Detective Madson. Mientras esperábamos la copia del CD, ...

**Detective Madson**: ... esto es muy extraño. Esa violación no sucedió.

**C.S.I.-II Gerardo Bloise**: Lo que nos indicó el Sr. Patel sobre que el negocio se encontraba cerrado en ese momento, además como hemos comprobado no se grabó nada en el video, a esa hora y en ese día; sería positivo que vuelvas a entrevistarte con la víctima. La pregunta es ... ¿Por qué mintió?

**Detective Madson**: Es una muy buena pregunta. ¿Por qué ella hizo esa declaración de violación?

Dos minutos después, el Sr. Patel hizo acto de presencia portando un sobre conteniendo la copia del CD que el Detective Madson le había solicitado, y que le fue entregada en ese momento.

**C.S.I.-II Gerardo Bloise**: Bueno, creo que hemos concluido nuestra labor aquí. La evidencia que yo he colectado de la supuesta víctima, voy a proceder a almacenarla a la espera del resultado que arroje la nueva reunión que vas a tener con la supuesta víctima y depende de lo que suceda optaremos por el siguiente movimiento a realizar.

Lo que yo había predicho, trabajando en este turno de 14:00 horas a 00:00 horas, muchas veces tengo que dejar lo que pudiera estar haciendo en ese momento, como puede ser mi trabajo con el vehículo para responder a llamadas para servicios en otros casos.

Este tema le fue señalado por mi persona, a la atención del Supervisor, como circunstancia que podría suceder, además le aclaré que el Caso de la niña Caylee, estaba catalogado como del «alto perfil» y que precisaba de un C.S.I.-24/7, que lo trabajase sin ninguna interrupción, con el objeto de evitar posibles errores y al tiempo reducir en lo posible la presión.

Aun así, el Supervisor nunca me relevó del caso, como yo mismo le solicité ya que, yo estaba trabajando en ese turno, pues un solo investigador [en este caso yo], estaba dando respuesta a todas las llamadas que se producían en todo el Condado.

Sigo trabajando con el vehículo.

Procedí a ponerme de nuevo con mi *TYVEK*, guantes de látex, mascarilla y protector para el cabello.

Proseguí buscando más evidencias en el maletero del automóvil y pude localizar y recopilar lo siguiente:

| Art. # | Artículos | Descripción de la Evidencia | Ubicación | Día / Hora |
|---|---|---|---|---|
| 7 | H-52025 | Frasco conteniendo cabello (Indicador #2) | Cobertura de la rueda de repuesto | 7/22/08 A las 18:00 horas |
| 8 | H-52025 | Frasco conteniendo cabello (Indicador #3) | Cobertura de la rueda de repuesto | 7/22/08 A las 18 horas y 05 minutos |
| 2 | H-51977 | Pedazo de la cobertura de la rueda de repuesto G63 XV | Maletero delantero | 7/23/08 A las 00 horas y 30 minutos |

En este momento, gracias a Dios, he obtenido evidencia relacionada con el cabello, manchas sospechosas que me conducen a concluir que el vehículo era, ni más ni menos, la verdadera Escena del Crimen; ahora la necesidad primordial era averiguar el lugar de enterramiento de la pobre niña Caylee.

Sigo con mi búsqueda cuando, en ese momento, suena el teléfono en la oficina, la cual supongo que se tratará de una llamada para atender un nuevo caso.

**C.S.I.-II Gerardo Bloise:** Este es Bloise, de la Unidad Forense.

**Sheriffs Comunicación Central:** Hola Gerardo, lo siento, sé que estás sumamente ocupado con el Caso de Caylee, pero tenemos una llamada a la que debes responder.

**C.S.I.-II Gerardo Bloise:** Ok, George, dime cual es el caso.

**Sheriffs Comunicación Central:** Dos personas han participado en un tiroteo con heridas localizadas en el Hospital. La Escena está ubicada en el 1.234 de Carol Street.

**C.S.I.-II Gerardo Bloise:** Ok, ¿Sabes quién es el Detective del Caso?

**Sheriffs Comunicación Central:** Si, es Vilma Hernández.

**C.S.I.-II Gerardo Bloise**: Ok, me pondré en contacto con Vilma para que me amplíe detalles del caso.

Me temo que la noche será larga. Tuve que posponer la inspección del vehículo para ir a contestar la llamada.Tomé mi teléfono móvil para contactar con la Detective Hernández

**Detective Vilma Hernández**: Hello, Detective Hernández.

**C.S.I.-II Gerardo Bloise**: Hola Vilma.

**Detective Vilma Hernández**: Hola Gerardo.

**C.S.I.-II Gerardo Bloise**: Vilma, voy en camino para la Escena del Tiroteo ¿Dónde te encuentras ahora mismo?

**Detective Vilma Hernández**: Estoy en medio de dos entrevistas, es un caso de violencia doméstica.

**C.S.I.-II Gerardo Bloise**: ¿No te importa si llego primero y comienzo a procesar la Escena y a colectar evidencias?

**Detective Vilma Hernández**: Oh no, adelante, si llegas primero procesa la escena; te veo en el hospital. De cualquier modo, veré las fotos de la Escena.

**C.S.I.-II Gerardo Bloise**: Ok Vilma, te veo en el hospital. En el turno de 14:00 horas a 00:00 horas, soy el único C.S.I. para todo el Condado de Orange. Sin embargo, tenemos un C.S.I. «ON CALL» de ser necesario podría llamarlo, pero tratamos siempre de atender las llamadas sin tener que recurrir al C.S.I. *on call.*

Procedí a atender la llamada y, al personarme en la escena comencé a tomar las fotografías de las evidencias que, en este caso se trataba de varios casquillos de munición ya disparada. Utilizo marcadores de evidencia [testigos métricos] para su ubicación optima en las fotografías. Seguidamente me puse en contacto por teléfono móvil con la Detective Hernández, para ponerle sobre antecedentes de la situación de la Escena.

**C.S.I.-II Gerardo Bloise**: Vilma, ya concluí con la Escena y está debidamente fotografiada y marcada la situación de los casquillos de munición disparados.

**Detective Vilma Hernández**: Gerardo, todavía estoy en camino, pero puedes terminar de procesar la Escena; si bien creo que lo más importante es ir a entrevistar a las víctimas al Hospital.

**C.S.I.-II Gerardo Bloise**: Ok perfecto, comenzaré a colectar los casquillos de munición disparados, después me dirigiré al Hospital para recoger evidencias y ver si puedo fotografiar las lesiones de las víctimas.

**Detective Vilma Hernández**: Ok Gerardo, nos veremos más tarde, allá tengo que hacer dos entrevistas más.

De inmediato comencé a colectar los casquillos de la munición disparada, todos del calibre 9 mm *LUGER*, hasta un total de 12, los preservé introduciéndolos en sobres separados, con el número de marcador de evidencia de donde los colecté. Tras haberlos colectado, los aseguré en el gabinete de evidencias existente en mi Unidad Móvil # 0054.

Luego de eso, pongo en marcha mi vehículo y me dirijo hacia el Orlando Regional Medical Hospital, situado en la Avenida Orange. A mi llegada a la Sala de Emergencias, entré en contacto con la Sra. Green, la cual me informó que las dos víctimas habían sido instaladas en la Salas de Traumatología # 1 y # 2, respectivamente. Me dirigí a las mencionadas instalaciones; me identifiqué con las víctimas, informándoles que el motivo de mi visita era para fotografiar sus heridas e colectar sus ropas. Ambas víctimas dieron su conformidad. Tras haber concluido de realizar las fotografías de las heridas e colectadas las ropas de las víctimas, me dirigí a la salida del hospital, allí me encontré con la Detective Hernández.

**Detective Vilma Hernández**: Gerardo ¿Terminó con las víctimas?

**C.S.I.-II Gerardo Bloise**: Sí, ya concluí con ellos, tomé fotografías de las heridas e colecté sus ropas.

**Detective Vilma Hernández**: ¿Están despiertos?

**C.S.I.-II Gerardo Bloise**: Sí, puedes hacerles preguntas, están alertas.

**Detective Vilma Hernández**: Ok Gerardo ... ¿Cómo te va con el Caso Caylee?

**C.S.I.-II Gerardo Bloise**: Mucho trabajo, de hecho, ahora voy para la oficina para continuar trabajando en el vehículo.

**Detective Vilma Hernández**: Gerardo, le deseo buena suerte.

**C.S.I.-II Gerardo Bloise**: Gracias Vilma, buenas noches.

Salí del hospital rumbo a la Oficina Forense, con la esperanza de que no me llamaran para otro caso. El camino está casi vacío, la ausencia de circulación de vehículos es casi total. Llegué a la Oficina a las 23:57 horas, casi es la hora de finalizar mi turno, faltan 3 minutos para la media noche.

Procedí a asegurar las evidencias en mi armario a tal efecto, después me senté en mi escritorio para registrar la llamada del tiroteo, asimismo, anoté los últimos hallazgos del Caso de Caylee en mi computadora.

Finalmente, termino por hoy y mañana será otro día.

CASO#: 08-069208

# *Capítulo Seis*

## Una Exhaustiva Inspección

**Miércoles 23 de Julio del 2008**

Llegué a la oficina tras un día de descanso, me situé al frente de mi escritorio con el objeto de continuar con la revisión de la documentación perteneciente el Caso de Caylee, cuando veo que se acerca Mike Vincent.

**A.S.L./C.S.I. Mike Vincent**: «G», quiero informarte que los **Doctores Sigman y C. Douglas** vinieron de nuevo y tomaron muestras de aire del maletero.

**C.S.I.-II Gerardo Bloise**: Esta es la segunda vez que recogen muestras. ¿Qué técnica usaron?

**A.S.L./ C.S.I. Mike Vincent**: Utilizaron un filtro S.P.M.E. y una franja de carbón.

**C.S.I.-II Gerardo Bloise**: Ok, ¿Qué hiciste con esos ejemplos?

**A.S.L./ C.S.I. Mike Vincent**: Dos de los S.P.M.E. y uno de franja de carbón del Dr. Sigman se quedaron con ellos para hacer pruebas y los voy a enviar al Dr. Vass al Laboratorio Oak Ridge de Tennessee.

**C.S.I.-II Gerardo Bloise**: Vamos a esperar el resultado. Si esas muestras llegan como positivos, entonces se probará científicamente que el mal olor es de un ser humano en estado de descomposición. ¿Qué otras piezas de evidencia vas a someter?

**A.S.L./ C.S.I. Mike Vincent**: Someteré una bolsa de plástico 7x7 que contiene aire. La pieza de la cubierta de la llanta de repuesto, las fibras S.P.M.E., una tira de carbono y otra tira de carbono sin usar.

**C.S.I.-II Gerardo Bloise**: Dame el número de identificación de la evidencia.

**A.S.L./ C.S.I. Mike Vincent**: Artículos del #1 al #6 H-52009.

**C.S.I.-II Gerardo Bloise**: Gracias, Mike.

**A.S.L./ C.S.I. Mike Vincent**: Bueno G, nos veremos luego, voy a pasar estas notas a mi computadora para mantener normalizado el registro de actividades del Caso.

Cuando Mike se fue a su escritorio, pensé que las pruebas son buenas porque se dará contestación a la pregunta ... ¿ese olor corresponde o no a descomposición humana? En el caso de que su resultado fuese positivo, viene *la pregunta del millón* ¿De dónde procede ese mal olor? ¿de un niño, de una niña, de un hombre o de una mujer?

Es palmario que lo único que podría determinar si el olor nauseabundo pertenecía a una descomposición humana, serían los cabellos que remití al laboratorio del F.B.I., esa sería la prueba de A.D.N. que corroboraría si se trataba de Caylee Anthony.

Al mismo tiempo que trabajaba en mi escritorio, escuchaba la radio a través de Internet y estaban dando información sobre el Caso de Caylee Anthony, aludiendo directamente a la investigación Forense (C.S.I.).

Los periodistas mencionan su frustración (lógica) por el hermético silencio y han tratado investigar sobre las pruebas que se han tomado del vehículo.

En ese momento hizo su entrada en la dependencia el Detective Yuri Melich.

**Detective Yuri Melich**: Hola Gerardo.

**C.S.I.-II Gerardo Bloise**: Hola Melich.

**Detective Yuri Melich**: Hay un vehículo que quiero que inspeccione.

**C.S.I.-II Gerardo Bloise**: Ok, ¿De quién es el vehículo?

**Detective Yuri Melich**: El vehículo es de Anthony Lazzaro, amigo de Casey.

**C.S.I.-II Gerardo Bloise**: Ok, vamos, déjame poner esta lista en orden.

**Detective Yuri Melich**: Entramos por la parte de atrás.

**Detective Yuri Melich**: Gerardo, le presento al Sr. Lazzaro, propietario del vehículo y nos dio permiso para examinar su automóvil.

**C.S.I.-II Gerardo Bloise**: Hola Sr. Lazzaro, ambos nos dimos la mano a modo de saludo.

**C.S.I.-II Gerardo Bloise**: Ok, tomaré varias fotografías desde el exterior e interior del automóvil, posteriormente inspeccionaré el vehículo por dentro.

**Detective Yuri Melich**: Ok.

**INSPECCION DEL VEHICULO PROPIEDAD DE ANTHONY LOAZZARO.**

El Sr. Anthony Lazzaro llegó a las dependencias del Garaje Forense con el vehículo de las características siguientes:

MARCA: JEEP – 1.997
MODELO: CHEROKEE-4 PUERTAS
COLOR: NEGRO
MATRICULA: NY DAC 1078
V.I.N: 1J4GZ78S7VC638779

Inmediatamente procedí a fotografiar tanto el exterior como el interior del automóvil, obviamente, para completar la documentación oficial.

Inspeccioné el interior del mismo con luz ultravioleta y pude observar dos puntos sospechosos en las alfombrillas traseras. Obviamente, se procedió a pasar el correspondiente hisopo esterilizado.

Tomé las muestras correspondientes, aplicándoles los reactivos químicos con la finalidad de determinar la existencia o no de manchas de sangre; siendo su resultado NEGATIVO, ya que, en el caso contrario, mostrarían una coloración rosada fuerte en la punta del algodón.

**C.S.I.-II Gerardo Bloise**: Bueno, Detective Melich, no observé nada, lo que indica que este automóvil no estuvo involucrado en el caso que nos ocupa. Como has podido observar solo detecté dos manchas sospechosas y las comprobé con los reactivos químicos y dieron resultado negativo.

**Detective Yuri Melich**: Eso es lo que me suponía.

**C.S.I.-II Gerardo Bloise**: La acción siguiente que voy a llevar a cabo, va a ser examinar los bajos del PONTIAC SUNFIRE para cerciorarme de que no haya ningún animal o parte de ellos.

**Detective Yuri Melich**: Sí Gerardo, porque esa fue una aseveración de Cindy, que dijo que el mal olor emanaba de un animal muerto.

**C.S.I.-II Gerardo Bloise**: Esa es la razón por la que voy a verificar eso, ya que lo escuché en las noticias. En cuanto al automóvil del Sr. Lazzaro, puedes entregárselo.

**Detective Yuri Melich**: Gracias Gerardo.

Nuevamente me puse el traje TYVEK, la redecilla para el cabello, los guantes y la máscara para estar preparado para mover el vehículo hacia el garaje de la Unidad de Robo de Automóviles, ya que tienen elevador de vehículos.

Es indispensable realizar una revisión de los bajos del PONTIAC. No quiero que se descubra nada con posterioridad. En la investigación Forense que estoy llevando a cabo, no puede existir ninguna comprobación sin realizar y evitar así cualquier sorpresa desagradable, y más aún si el caso da lugar a actuaciones judiciales.

Me puse en contacto con el Sargento Mike Davis, para que me permitiera la utilización del elevador de vehículos, ya que precisaba elevar el coche para revisarlo concienzudamente por los bajos. El Sargento Davis me autorizó a utilizar el mencionado elevador; por lo que, moví el PONTIAC hacia el citado garaje, amablemente el Sargento Davis me estaba esperando con el garaje abierto. El mismo Sargento me prestó su ayuda para alinear el vehículo hasta colocarlo en el lugar idóneo para elevarlo con la torre «lift».

**C.S.I.-II Gerardo Bloise**: Gracias Sargento Davis, por su ayuda.

**Sargento Mike Davis**: No hay problema Gerardo. Déjame levantar un poco el vehículo para asegurarme que las ruedas estén bien colocadas para proceder a elevarlo. Ok, todo está bien.

**Sargento Mike Davis**: Gerardo, voy a elevar el vehículo, tú indícame la altura de elevación que necesitas.

**C.S.I.-II Gerardo Bloise**: Ok. Seguidamente, el Sargento Davis comenzó a presionar sobre el mecanismo del elevador y el vehículo comenzó a elevarse.

**C.S.I.-II Gerardo Bloise**: Ok Sargento, así será suficiente.

**Sargento Mike Davis**: Ok, vamos a poner ahora la barra de seguridad. Gerardo ya puedes comenzar con la revisión del vehículo.

Comencé a fotografiar el chasis del vehículo para completar la documentación del expediente. Perfecto, encontré varias hojas secas, por lo menos no hallé ningún animal muerto o cualquier pieza que así lo delatase.

Intuía que las afirmaciones de Cindy no eran correctas. Continué con el reportaje fotográfico para completar el expediente, muy en especial por los bajos del vehículo. Previamente y colecte las hojas secas halladas y las envasé

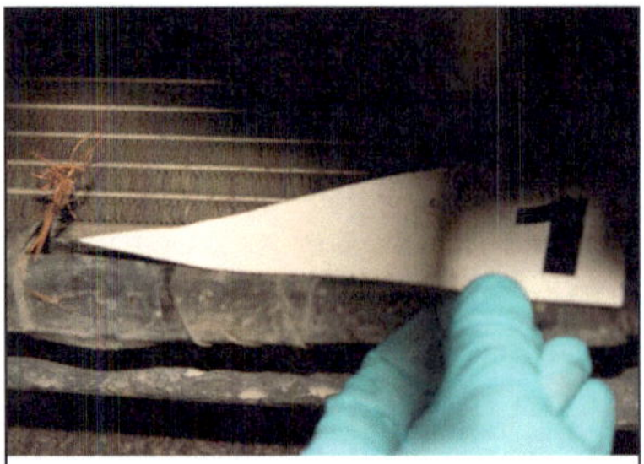
Marcador #1, Radiador

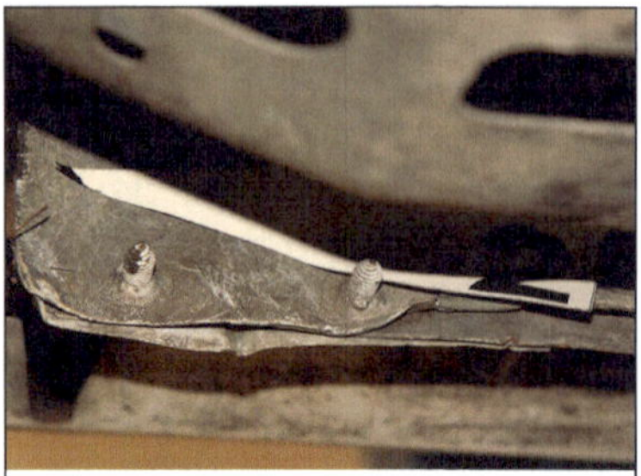
Marcador #2, Bastidor

como evidencias. Una vez concluida esta acción se procedió a bajar el vehículo de la torre «lift».

Debo mostrar un agradecimiento muy especial a la amabilidad mostrada por el Sargento Mike Davis, por su importante ayuda durante este tramo de mi investigación en la inspección del vehículo.

La siguiente acción será tomar las marcas de los neumáticos con rol, es decir, con tinta negra y largas tarjetas blancas. También en esta acción conté con la inapreciable ayuda del Sargento Mike Davis.

Tras esta acción, trasladé el vehículo de nuevo a las instalaciones del Garaje de la Unidad Forense, para continuar con la inspección del coche, colectando las evidencias siguientes:

| REGISTRO DE EVIDENCIA | | | | |
|---|---|---|---|---|
| Art. # | Artículos | Descripción de la Evidencia | Ubicación | Día / Hora |
| 9 | H-52025 | Frasco plástico conteniendo una hoja seca. (Bandera #1) | Borde inferior del radiador del vehículo | 7/23/08 A las 16 horas y 28 minutos |
| 10 | H-5205 | Frasco plástico conteniendo una hoja seca. (Bandera #2) | Debajo del bastidor, detrás de la rueda delantera de la derecha | 7/23/08 A las 16 horas y 29 minutos |

Seguidamente, rocié las puertas interiores del lado del conductor y del pasajero con *blue star*, incluyendo los dos pares de zapatos negros. No se observó reacción alguna qure indicase existencia de sangre.

Debido al olor a descomposición humana, sabía perfectamente que el maletero del vehículo tenía que centrar toda la atención de mi investigación Forense.

| REGISTRO DE EVIDENCIA | | | | |
|---|---|---|---|---|
| **Art. #** | **Artículos** | **Descripción de la Evidencia** | **Ubicación** | **Día / Hora** |
| **11** | **H-52025** | **Frasco plástico conteniendo vegetación seca** | **Cavidad de la rueda de repuesto del vehículo** | **7/23/08**<br>**A las 23 horas y 07 minutos** |
| **12** | **H-52025** | **Hoja de la secadora** | **Asientos de atrás (en el medio) del vehículo** | **7/23/08**<br>**A ñllas 23 horas y 48 minutos** |

Tras haber procedido a recuperar las primigenias evidencias contenidas en el maletero, comencé a extraer la alfombra del mismo. Este tipo de revestimiento estaba fijado a ambos lados con tornillos de plástico, es decir, en los bordes del maletero. Para extraerlos tuve que ejercer una fuerte presión sobre el borde de los mencionados tornillos; el objetivo era conseguir que la alfombrilla quedase en su estado original. Esta acción costo mucho esfuerzo, pero con perseverancia no hay nada imposible, así que conseguí hacerlo.

De esta forma, moví toda la alfombrilla para trasladarla al Laboratorio Forense ya que era medianoche. Tras haber asegurado la alfombrilla del maletero, me senté en mi escritorio con el objeto de dejar constancia escrita de cuantas acciones de investigación en los archivos de mi computadora; esta labor la llevo a cabo diariamente para mantener un control exacto y puntual de cada paso que se da con relación a este complejo caso.

Apagué las luces de la dependencia y pensé ... *mañana será otro día.*

De una cosa sí que estaba bien seguro ... el maletero me contará toda la verdad.

CASO#: 08-069208

# Capítulo Siete

## La Verdad en el Maletero

*Jesús deNazareth dijo, "... y conocerás la verdad, y la verdad te liberará " (Juan 8:32).*

**Viernes, 25 de Julio de 2008**

Tras disfrutar de mis tres días libres, de nuevo comencé mi trabajo en el Laboratorio inspeccionando el maletero del PONTIAC SUNFIRE con matrícula del Estado de Florida G63 XV.

Tenía la seguridad absoluta de que el maletero me iba a revelar la verdad de que el cuerpo de la pobre Caylee Anthony había estado descomponiéndose dentro del vehículo. Obviamente, los hallazgos anteriores, tales como el típico olor a descomposición que se desprendía del mismo, me indicaban, que, a todas luces, había estado alojado un cuerpo humano en estado de descomposición.

Los más de 23 años de experiencia acumulada en la especialidad policial, exactamente como Investigador de la Escena del Crimen y haberme enfrentado en no pocas ocasiones con cuerpos en un avanzado estado de descomposición me iban a dar la razón en cuantas sospechas se acumulaban en mis pensamientos como profesional.

Seguidamente, removí del maletero la alfombrilla que lo cubría y realicé numerosas fotos para completar la documentación del expediente policial.

Tras haber concluido la anotación en mi computadora de todos los apuntes que iba generando la gestión del caso, me dirigí al laboratorio, donde seguí inspeccionando la cubierta haciendo uso la imprescindible lupa con luz integrada. Pude observar la existencia de más cabellos que, obviamente fueron fotografiados debidamente en la posición original donde fueron hallados.

En el cuadro gráfico que a continuación se detalla , junto con las siguientes imágenes, figuran las evidencias halladas:

| REGISTRO DE EVIDENCIA | | | | |
|---|---|---|---|---|
| Art. # | Artículos | Descripción de la Evidencia | Ubicación | Día / Hora |
| 13 | H-52025 | Fibra roja (Indicador #4) | Parte derecha del forro del maletero del vehículo | 7/25/08<br>A las 14 horas y 03 minutos |
| 14 | H-52025 | Cabello (Indicador #5) | Parte derecha del forro del maletero del vehículo | 7/25/08<br>A las 14 horas y 03 minutos |
| 15 | H-52025 | Pedazo de fábrica (Indicador #6) | Parte derecha del forro del maletero del vehículo | 7/25/08<br>A las 14 horas y 04 minutos |

Evidencia en el baúl del Carro

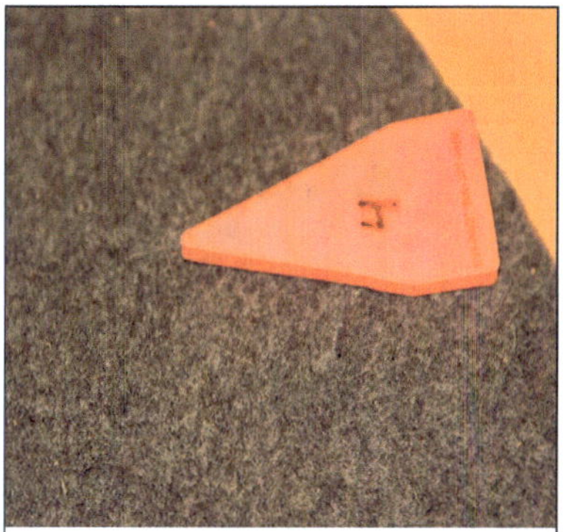
Marcador #4, Pedazo de Tela

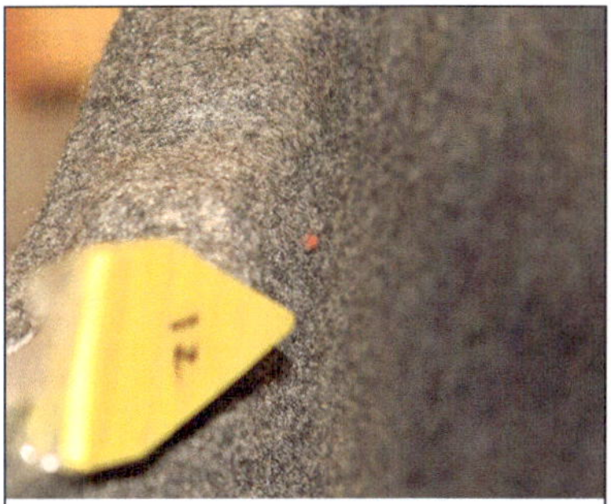
Marcador #12, Cabello y Tela

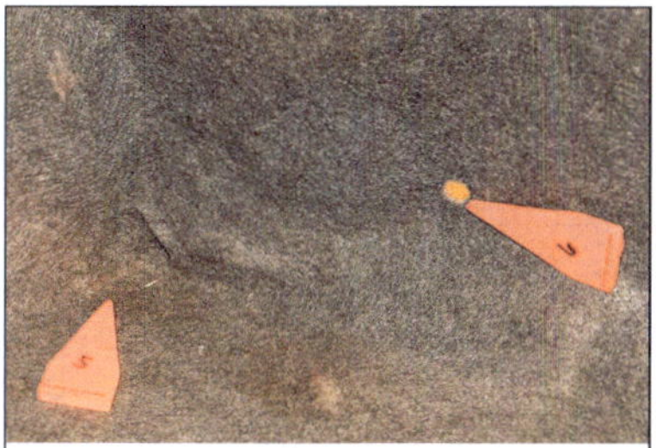
Maracador 5&6,Tela y Cabello

| REGISTRO DE EVIDENCIA | | | | |
|---|---|---|---|---|
| Art. | Artículos | Descripción de la Evidencia | Ubicación | Día / Hora |
| 16 | H-52025 | Cabello (Indicador #7) | Desde la parte de en medio del forro del maletero | 7/25/08 A las 14 horas y 08 minutos |
| 17 | H-52025 | Cabello (Indicador #8) | Desde la parte izquierda del forro del maletero del vehículo | 7/25/08 A las 14 horas y 10 minutos |
| 18 | H-52025 | Cabello (Indicador #9) | Desde la parte izquierda del forro del maletero del vehículo | 7/25/08 A las 14 horas y 15 minutos |
| 19 | H-52025 | Cabello (Indicador #10) | Desde la parte izquierda del forro del maletero del vehículo | 7/25/08 A las 14 horas y 18 minutos |
| 20 | H-52025 | Cabello (Indicador #11) | Desde la parte izquierda de los cables de la señal para girar del vehículo | 7/25/08 A las 14 horas y 20 minutos |
| 21 | H-52025 | Cabello (Indicador #12) | Desde la parte izquierda del forro del maletero del vehículo | 7/25/08 A las 14 horas y 22 minutos |

| REGISTRO DE EVIDENCIA | | | | |
|---|---|---|---|---|
| Art # | Artículos | Descripción de la Evidencia | Ubicación | Día / Hora |
| 22 | H-52025 | Pedazo de cobertura de la rueda de repuesto | Maletero del vehícul. Registro de FI #G63 XV | 7/25/08 A las 17:00 horas |
| 23 | H-52025 | Impresiones de cuatro llantas | Vehículo registro de FI #G63 XV | 7/25/08 A las 17:00 horas. |
| 24 | H-52025 | Parte derecha del forro del vehículo | Vehículo registro de FI #G63 XV | 7/25/08 A las 17 horas y 30 minutos |
| 25 | H-52025 | Parte izquierda del forro del maletero | Vehículo registro de FI #G63 XV | 7/25/08 A las 17 horas y 30 minutos |
| 26 | H-52025 | Cobertura de la rueda de repuesto | Vehículo registro de FI #G63 XV | 7/25/08 A las 17 horas y 30 minutos |

Comencé con el examen completo de la alfombrilla del maletero con sumo cuidado, utilizando la acostumbrada lupa con luz integrada.

Para especificar con claridad las zonas procedí a identificarlas con las letras *L* que significaba izquierda y la letra *R* que significaba derecha y zona central donde se hallaba la cubierta de la repuesta.

Seguí con el exhaustivo examen de la alfombrilla y encontré varios cabellos, los cuales fueron fotografiados de inmediato con sumo cuidado y se marcaron debidamente con apuntadores o «testigos» anaranjados.

Ese puntero nº 12 del artículo #21 del cabello, sería el que resolvería el caso de la pequeña Caylee Anthony. Obviamente, nunca fue secuestrada como afirmaban su madre Casey Anthony y sus abuelos Cindy y George Anthony, sino que, en realidad, la pobre niña fue asesinada.

No obstante, en capítulos posteriores la discusión se centrará sobre este complejo tema y sobre la identificación del cabello.

Por el momento, seguí con la inspección de la alfombrilla del maletero y hallando nuevas evidencias.

Tras haber extraído y conservado debidamente el cabello en la correspondiente cadena de custodia, se efectuaron cortes de secciones de la cubierta del neumático de repuesto donde se observaron mayor concentración de manchas; fue precisamente en esa zona, donde, como ya señalé con anterioridad, se observó algo similar a la silueta de un cuerpo humano en posición fetal. Tenía plena seguridad de que estas piezas serian imprescindibles para llevar a cabo los obligados análisis en el Laboratorio Forense.

Una vez recolectadas las piezas de evidencias halladas en el automóvil que nos ocupa, procedí como es preceptivo, a cumplimentar los impresos oficiales con el objeto de tener el inventario actualizado de cada evidencia tomada. Debo dejar muy claro que, como procedimiento estandarizado para todos los casos, a cada elemento o pieza considerada como evidencia, se le adjudica un numero de articulo con la finalidad de que los funcionarios de la Sección o Departamento de Evidencias no tengan problemas para su identificación.

Después de empaquetar las piezas de evidencia y sellar los sobres de cada una de ellas, para observar la obligada Cadena de Custodia, me dirigí a mi escritorio, que, observé que ya se andaba llenando de documentos que guardaban todos relación con el Caso de Caylee, así como otros documentos de los distintos casos en los que estaba trabajando.

Una vez sentado en mi escritorio, en uno de los numerosos documentos que lo ocupaban, vi la foto de la niña Caylee

Marie. Al observar el rostro de la hermosa criatura, no pude evitar meditar sobre el caso, y pensando, como no podía ser de otra manera. *Me gustaría equivocarme que lo que yo haya encontrado no guarde relación con Caylee Marie Anthony.*

Proseguí cumplimentando todos los documentos oficiales que guardaban relación con las primeras 26 evidencias. No obstante, retorné al automóvil motivo de la investigación, para seguir documentando fotográficamente tanto el vehículo como el maletero.

Salí de la zona del garaje, para dirigirme a mi escritorio a recoger unos documentos, en el aquel momento sonó el teléfono, obviamente contesté a la llamada, se trataba del Detective Yuri Melich.

**Detective Yuri Melich**: Buenos días, Gerardo, ¿Cómo va todo?

**C.S.I.-II Gerardo Bloise**: Ya recopilé las primeras 26 piezas de evidencias contenidas en el vehículo. Voy a ponerme en contacto con la oficina del F.B.I., con la intención de reunirme con ellos y conseguir que analicen algunas de las piezas de las evidencias.

**Detective Yuri Melich**: Suena bien.

**C.S.I.-II Gerardo Bloise**: Como puedes imaginar se me acumula el trabajo, ya que debemos analizar con sumo cuidado, las piezas de evidencias que queremos que sean sometidas al laboratorio y por qué. Pero lo que sí puedo asegurarte de que estas primeras 26 piezas de evidencias irán directas al laboratorio del F.B.I.

Aproximadamente sobre las 15:00 horas, realicé la llamada a la Oficina del F.B.I., emplazado en Maitland.

**Operadora del F.B.I.**: F.B.I., buenas tardes.

**C.S.I.-II Gerardo Bloise**: Buenas tardes, le habla el C.S.I. Bloise de la Oficina del Sheriff's del Condado de Orange, quisiera hablar con algún Agente Especial.

**Operadora del F.B.I.**: ¿Relacionado a qué?

**C.S.I.-II Gerardo Bloise**: Si, es con relación al Caso de Caylee Anthony.

**Operadora del F.B.I.**: Ok, por favor, no se retire le transfiero la llamada. Espere unos minutos, al cabo de unos instantes, me devuelve la llamada.

**Alguacil del Sheriff, FBI Steve McElya**: Saludos, McElya al habla.

**C.S.I.-II Gerardo Bloise**: Hola McElya al habla el C.S.I. Gerardo Bloise de la Oficina del Sheriff's del Condado de Orange.
**Alguacil del Sheriff, FBI Steve McElya**: Hola Gerardo, ¿en qué te puedo ayudar?
**C.S.I.-II Gerardo Bloise**: Si McElya, tengo una serie de piezas de evidencias relacionadas con el Caso de Caylee Anthony que me gustaría enviarlas para su análisis al Laboratorio del F.B.I.
**Alguacil del Sheriff, FBI Steve McElya**: Si, no hay problema, ¿Cuándo podrías venir tú a nuestra oficina con las evidencias?
**C.S.I.-II Gerardo Bloise**: Si, estoy planificando ir el próximo día 28 de Julio.
**Alguacil del Sheriff, FBI Steve McElya**: Mira, Gerardo ahora mismo estoy en la calle, tan pronto llegue a la oficina, coordinaré la reunión y te llamaré para indicarte la hora y con quien debes reunirte.
**C.S.I.-II Gerardo Bloise**: Ok, perfecto, entonces nos veremos el día 28, ha sido un verdadero placer conocerle McElya.
**Alguacil del Sheriff, FBI Steve McElya**: De nada Gerardo.

Tras finalizar la interlocución con el alguacil del sheriff Steve McElya, proseguí mi trabajo centrado en el automóvil [*posible Escena del Crimen*], haciendo múltiples observaciones y reflejándolas en los correspondientes apuntes y/o notas.

Mi jornada de trabajo prosiguió sin novedad, hasta que sonó el teléfono de mi escritorio y, obviamente, procedí a contestar la llamada.

**C.S.I.-II Gerardo Bloise**: Departamento Forense, al habla Gerardo.
**Alguacil del Sheriff, FBI Steve McElya**: Hola Gerardo, soy McElya del F.B.I.
**C.S.I.-II Gerardo Bloise**: Hola McElya.
**Alguacil del Sheriff, FBI Steve McElya**: Gerardo, te comunico que la reunión se llevará a cabo entre las 16:00 y las 16:30 horas.
**C.S.I.-II Gerardo Bloise**: Ok, perfecto, allí estaré.

Volví al Laboratorio donde tenía la cubierta de la goma de repuesto que había extraído del maletero del vehículo. Tras haber concluido con varias anotaciones pendientes relacionadas con el caso, consulté mi reloj; eran casi las 23:45

horas, esperemos que lo poco que me queda de servicio transcurra en calma.

Acabé de poner orden en mi escritorio, después me dirigí al laboratorio; previamente, tomé los sobres color manila, debidamente identificados y sellados personalmente por mí para asegurarlos en mi armario de evidencias. Sin embargo, algo en mi interior me decía *ora por esos sobres.*

Eran ya las 00:00 horas, me dirigí al garaje y abrí la puerta; observé mi entorno y me cercioré de que no había nadie, todo estaba tranquilo.

Levanté los mencionados sobres hacia el Cielo y pronuncié esta oración:

*(Hashem, Eterno del Universo, te muestro estos sobres que contienen evidencias, en este caso, sobre una niña* inocente *que, aparentemente, está desaparecida o presuntamente* muerta. Hashem, no tenemos confirmación ni de una cosa *ni de otra, pero Tú eres la Verdad y eres Justo. Te pido que se esclarezca este caso, basado en la evidencia y que se sepa la verdad y se haga Justicia. En el nombre de Yeshua El Mesías. Amén)*

Ya es media noche, a mi salida, y como es reglamentario me corresponderán los tres días de descanso y, en verdad esta semana los necesito para aminorar la presión que viene adicionada a este caso verdaderamente complejo y enrevesado.

Nuevamente me dirigí a la habitación/dependencia donde se almacenan las evidencias para asegurarme que los sobres que contenían los primeros cabellos detectados y recogidos en la alfombrilla del maletero; en esa misma dependencia se encontraba igualmente la cubierta de repuesto; no obstante, realicé una nueva inspección visual.

Al examinar la parte de atrás de la mencionada cubierta, me fijé en la existencia de una mancha, cuando menos para mí sospechosa, me serví de un post-it amarillo para notas y escribí c*olectar muestra de hisopo de la mancha que observé el 28 de Junio de 2.008*, de esta forma, evito omisiones no deseadas ni deseables; esto es obvio, ya que es muy abultado el volumen de asuntos que se están tratando y una simple distracción daría al traste con muchas horas de trabajo de investigación Forense.

Tomé la cubierta en cuestión y la coloqué en el laboratorio y, de esta forma, tenerla dispuesta para la operación de colección de muestras con el hisopo.

Para el buen desarrollo de cualquier tipo de gestión en una investigación Forense, es muy importante [en este caso para mí] la recopilación y/o recolección de las piezas de las evidencias ya que, como es obvio, estas piezas, tanto en este caso, como en cualquier otro, equivalen a la verdad.

CASO#: 08-069208

# Capítulo Ocho

## Hombre de Evidencia

Pilato preguntó, *"Quid es veritas?"*—¿Qué es la verdad? (Juan 18:38)

**Lunes, 28 de Julio de 2008**

Tras haber ocupado la pieza de evidencia, procedí al cumplimentado de los impresos/documentos para efectuar la transferencia de las evidencias al F.B.I.

Del Documento de Evidencias y Propiedad, elegí las piezas de evidencia más importantes y que eran susceptibles de ser remitidas al Laboratorio del F.B.I. Coloqué todas las piezas de evidencias en el lugar idóneo de mi Vehículo/Unidad Forense 0054, se trataba de las primeras 13 piezas de evidencia.

No puedo, ni siquiera imaginarme que en el examen de laboratorio no aparezca nada o que su resultado sea negativo. Si esas piezas de evidencia no arrojan nada positivo, significaría, obviamente, que no tenemos nada en contra de Casey.

| REGISTRO DE EVIDENCIA | | | | |
|---|---|---|---|---|
| **Art. #** | **Artículos** | **Descripción de la Evidencia** | **Ubicación** | **Día / Hora** |
| 27 | H-52025 | Dos muestras de hisopo | Desde la parte de alfrente y de atrás de la cobertura de la rueda de repuesto | 7/28/08<br>A las 13:00 horas |

Abandoné el estacionamiento de las Oficinas del Sheriff's para dirigirme hacia la East Colonial Drive, no encontré tráfico excesivo, así que continué mi marcha hacia la Autopista I-4 East, en la que también me encontré con un tráfico bastante fluido. Enciendo el aparato de radio, casualmente estaban dando una noticia relacionada con el Caso de Caylee, por lo que la escuché con atención. Decían lo siguiente:

*"... más información sobre el Caso de Caylee. El abogado José Báez se reunirá nuevamente con su cliente que, a día de hoy, se encuentra en la Cárcel del Condado de Orange. Por otra parte, la Oficina del Sheriff's, y más exactamente su Departamento de Investigación Forense, está trabajando concienzudamente con el vehículo que tuvo Casey Anthony, aunque todavía no ha trascendido información por parte del Sheriff's sobre el tipo de evidencias se han colectadas en el referido automóvil."*

**C.S.I.-II Gerardo Bloise**: Por lo menos se le está facilitando información a la ciudadanía sobre nuestro trabajo en tan complicado Caso.

Mientras sigo conduciendo, me acerco a la salida 92-A, que es la que me dirigirá a las Oficinas del F.B.I.

Habían transcurrido unos 20 minutos cuando hice mi entrada en el estacionamiento de la Sede de las Oficinas del F.B.I., en ese mismo momento suena el teléfono móvil.

**C.S.I.-II Gerardo Bloise**: Hola.

**F.B.I.**: Si, soy Karen Cowan del F.B.I. Hola

**C.S.I.-II Gerardo Bloise**: Hola Karen, buenas tardes.

**Karen Cowan**: Si, me asignaron como enlace del F.B.I. y Sheriff's, para someter las piezas de evidencia a nuestro laboratorio.

**C.S.I.-II Gerardo Bloise**: Si, Karen estoy aquí en el estacionamiento.

**Karen Cowan**: ¡Oh!, estas aquí ya, bien voy bajando para reunirnos.

**C.S.I.-II Gerardo Bloise**: Ok, perfecto.

A los 10 minutos veo una dama elegante, rubia, que se va acercando a mi vehículo.

**Karen Cowan**: Hola soy Karen.

**C.S.I.-II Gerardo Bloise**: Hola Karen, soy Gerardo de la Oficina del Sheriff's.

**Karen Cowan**: Si, sé quién eres, te he visto en varias ocasiones por TV.

**C.S.I.-II Gerardo Bloise**: ¡Oh sí!, la prensa está pendiente de este Caso, ellos no descansan, casi todos los días dicen algo. Así que, ¡Karen bienvenida al Caso!

Karen esbozó una sonrisa cuando le di la *bienvenida* al Caso.

**Karen Cowan**: Ok, ¿Cuántas piezas de evidencia tienes?
**C.S.I.-II Gerardo Bloise**: Ok, estas son las piezas, trece en total.
**Karen Cowan**: Ok, muy bien, subamos a la oficina.
**C.S.I.-II Gerardo Bloise**: Karen y yo nos dirigimos hacia donde se encontraba el lobby del edificio donde se ubicaba el ascensor y esperamos unos minutos. Se abre la puerta del ascensor y Karen marcó el #4.

Subimos sin entablar conversación alguna, el silencio era sepulcral. Se abrió la puerta del ascensor. Llegamos a una recepción.

**Karen Cowan**: Hola, vamos a pasar a la oficina, él es el C.S.I.-II Gerardo Bloise de la Oficina del Sheriff's.
**Recepcionista**: Buenas tardes, señor Bloise ¿me puede mostrar su identificación?
**C.S.I.-II Gerardo Bloise**: Si aquí está.

La recepcionista registró mi nombre.

**Recepcionista**: Ok, aquí está su identificación profesional, y su identificación provisional que le da acceso a la oficina, por favor llévela puesta en todo momento en un lugar visible.
**C.S.I.-II Gerardo Bloise**: Recogí la identificación provisional, en la que podía leerse *LAW ENFORCEMENT VISITOR.*

Acto seguido, la recepcionista pulsó el dispositivo de seguridad que abría la puerta. Karen y yo caminamos por un largo pasillo donde podían verse a numerosas personas concentradas en sus tareas respectivas. Accedimos al área de trabajo de Karen, se trataba de un cubículo donde se encontraba su escritorio, su computadora y gran número de papeles, lo normal que puede verse en cualquier agencia de la Ley y el Orden.

**Karen Cowan**: Esta es mi oficina, voy a buscar los documentos que necesitamos cumplimentar como justificante de la recepción de las piezas de evidencias.
**C.S.I.-II Gerardo Bloise**: Ok, perfecto.

Posteriormente, nos dirigimos a la oficina contigua que era un salón de conferencias, ya que lo presidia una enorme mesa.

De la caja que contenía las evidencias, extraje las siguientes piezas:

**Evidencia Enviada al FBI:**

**Nota:** Cuando se envia evidencia al FBI, las piezas se categorizan como "Q" por "Question (pregunta)" si su origen es desconocido y "K" por "known (conocido)" si es que ya ha sido identificado.

1. Un sobre amarillo sellado, conteniendo un envase circular plástico con un cabello. (Art #1, Id#H-52025, F.B.I. sometida como Q-1).
2. Un sobre amarillo sellado, conteniendo un envase circular plástico con residuos de tierra y cabello. (Art #4, Id#H-52025, F.B.I. sometida como Q-2).
3. Un sobre amarillo sellado, conteniendo un envase circular plástico con residuos de tierra y cabello. (Art #5, Id#H-52025, F.B.I. sometida como Q-3).
4. Un sobre amarillo sellado, conteniendo un envase circular plástico con un cabello. (Art #7, Id#H-52025, F.B.I. sometida como Q-4).
5. Un sobre amarillo sellado, conteniendo un envase circular plástico con un cabello. (Art #8, Id#H-52025, F.B.I. sometida como Q-5).
6. Un sobre amarillo sellado, conteniendo un envase circular plástico con un cabello. (Art #14, Id#H-52025, F.B.I. sometida como Q-6).
7. Un sobre amarillo sellado, conteniendo un envase circular plástico con un cabello. (Art#16, Id#H-52025, F.B.I. sometida como Q-7).
8. Un sobre amarillo sellado, conteniendo un envase circular plástico con un cabello. (Art#17, Id#H-52025, F.B.I. sometida como Q-8).
9. Un sobre amarillo sellado, conteniendo un envase circular plástico con un cabello. (Art#18, Id#H-52025, F.B.I. sometida como Q-9).
10. Un sobre amarillo sellado, conteniendo un envase circular plástico con un cabello. (Art#19, Id#H-52025, F.B.I. sometida como Q-10).
11. Un envase circular plástico con un cabello. (Art#20, Id#H-52025, F.B.I. sometida como Q-11).
12. Un sobre amarillo sellado, conteniendo un envase circular plástico con un cabello. (Art#21, Id#H-52025, F.B.I. sometida como Q-12).
13. Un sobre amarillo sellado, conteniendo un envase

circular plástico conteniendo un cabello. (Art#27, Id#H-52025, F.B.I. sometida como Q-13).

14. Un informe de A.D.N. de Paternidad expedido por *D.N.A. Parentage Test D.N.A. DIiagnostics Center.* (Art#1, Id#H-52043, F.B.I. sometido como conocido K-1).

**Form Submitted to FBI (Full Version on Archive)**

**ORANGE COUNTY SHERIFF'S OFFICE**
**Property Form**

CASE #: 08-069208
TAG #: H-52025

Zone: ______ Unit: F-27
Date: 7-17-08
Time Received: 1447
Check One: ☒ Report Receipt ☐ Receipt Only
Page 1 of 6

EVIDENCE CATEGORY — Type of Case: Missing person
☒ Evidence (EVD) ☐ Found (FOU) ☐ Safekeeping (SFK) ☐ Stolen & Recovered (SAR) ☐ Other ______

RELEASE AUTHORIZATION — Can property be released to owner(s) at this time? Yes ☐ No ☒ — Can property be destroyed I.A.W. F.S.S. at this time? Yes ☐ No ☒

Location Where Property Impounded: Vehicle bearing Fl tag # G 63 XV

LIST INVOLVEMENT CODE & NAME — VIC - Victim, ARR - Arrested, OWN - Owner, REP - Reporter, SUS - Suspect

| Involvement Code | Name / Address / City / State / Zip | Phone | DOB | Sex | Race |
|---|---|---|---|---|---|
| V | Anthony, Caylee Marie 4937 Hope Spring Dr | | 8/9/05 | F | W |
| S | Anthony, Casey Marie 4937 Hope Spring Dr | | 3/19/86 | F | W |

| Item # | Qty | Name or Type | Mfr. | Description (Color, Size, Weight, Currency, Denomination, Serial #, Etc.) | For Evidence Staff Only |
|---|---|---|---|---|---|
| 1 | 1 | | | Sealed yellow envelope containing hair collected from front edge of the trunk veh Fl tag # G63 XV. Q-1 | FBI F-4W055 |
| 2 | 1 | | | Sealed yellow envelope containing one sheet of air freshner collected from inside the the trunk Veh Fl tag # G63 XV | F4W001 |
| 3 | 1 | | | Sealed yellow envelope containing a petri dish with dirt residues. Q-15 | FBI F4W055 |

Details: Art # 1,2,3,4 collected on 7-17-08. Art # 5,6 collected on 7-18-08. Art # 7,8, collected on 7-22-08. Art # 9,10,11,12 collected on 7-23-08.

Other Agency Information/Case #/TT Information:

LABORATORY ANALYSIS: Yes - ☐ No - ☐ | Narcotics - List Article #s: | Latent Articles: | Firearms: | Others:

I hereby acknowledge that the above list represents all property taken from me and that I have received a copy of this receipt.
Signature: Address: Phone:

RECEIVED BY (If Released at Scene by D/S or Det.) Signature: Date and Time Received:

IMPOUNDING OFFICER — I hereby acknowledge that the above list represents all property impounded by me in the official performance of duty as Deputy Sheriff.
Impounding Officer Signature: [signature] Print Name: CSI-IIGerardo Bloise Emp ID #: 2333
District or Division: Forensics — Current Assignment/Sector: CID
Supervisor/Reviewer: Ronald Murdock II — Detective Assigned (if known): Yuri Melich

Transported By (if different from original officer) Signature: Print Name:

FOR USE BY EVIDENCE SQUAD — Intake Officer: | Pkgs: | Section/Squad: | Date/Time Received:
Data Entry Initials: JC | Money Verification Art #: | Amt Verified $ c | Witness Initials: | Located By Initials: | Money Log Page #:
Arrested ☐ FSAO ☐ Pending ☐

**C.S.I.-II Gerardo Bloise**: Karen, estas son las trece piezas de evidencias que creo son las más importantes.

**Karen Cowan**: Ok perfecto, ahora tienes que firmar este documento para adjuntarlo a la Cadena de Custodia de Evidencias.

**C.S.I.-II Gerardo Bloise**: Firmé el documento del F.B.I. que justifica la transferencia de las evidencias a su Agencia... Karen, ahora debes firmarme este documento de Custodia de Evidencias, como justificante hacia mi Agencia.

Karen Cowan estampó su firma en el documento; al tiempo me formuló la siguiente pregunta:

**Karen Cowan**: ¿Gerardo todas estas evidencias son para analizar el A.D.N.?

**C.S.I.-II Gerardo Bloise**: Si.

**Karen Cowan**: Estas evidencias van a ser remitidas inmediatamente al Laboratorio que se encuentra en Quántico en Virginia.

**C.S.I.-II Gerardo Bloise**: Gracias Karen, agradeceré que se haga lo antes posible.

**Karen Cowan**: Si los técnicos del Laboratorio tuviesen alguna duda, ellos te contactarán de inmediato.

**Letter Included w/ Form (See Archive)**

**Sheriff Kevin Beary**

**ORANGE COUNTY SHERIFF'S OFFICE**

*Telephone:* 407-254-7000

P.O. Box 1440, Orlando, Florida 32802-1440
*Visit us on the Internet:* http://www.ocso.com

TOTAL 22

**July 28, 2008**

**FBI Evidence Control Unit**
**2501 Investigation Parkway**
**Quantico, VA 22135**

**CASE NUMBER: 08-069208**
**Missing Person (Child)**
**Victim:** Anthony, **Caylee Marie**
**W/F D.O.B. 8 / 9 / 05**

**Suspect:** Anthony, **Casey Marie**
**W/F D.O.B. 3/19/86**

**Vehicle Description**
**1998 /Pontiac/Sunfire GT/white**
**Two doors/Fl tag # G63 XV**
**VIN#: 1G2JB1243W7596648.**

**I- Synopsis:**

On **July 16, 2008** at approximately 19:46 hours Detective Beasley arrived at the Forensics Unit (garage area). Detective Beasley stated she impounded the vehicle mentioned above from 4937 Hope Spring Dr., Orlando, Florida. According to Detective Beasley the vehicle was related to a missing child. The vehicle was transported by Johnson's Wrecker to Forensics garage for further examination. I observed that the vehicle doors as well as the trunk were sealed. After photographing the exterior and the vehicle the following pieces of evidence were collected:

**II- Evidence submitted here with:**

**Property form # H- 52025**
**Art # 1** One sealed yellow envelope containing a petri dish with hair. Q-1
**Art # 4** One sealed yellow containing petri dish with dirt residues and hair.Q-2
**Art # 5** One sealed yellow envelope containing a petri dish with dirt residues and hair. Q-3

Karen y yo abandonamos la Sala de Conferencias y nos dirigimos por el pasillo hacia la Recepción de las Oficinas del F.B.I., allí entregué la identificación temporal a la recepcionista.

Karen Cowan me acompañó a la entrada de los ascensores, allí le extendí la mano, manifestándole mi sincero agradecimiento por la ayuda del F.B.I. en este caso. Su contestación fue un lacónico *de nada.*

Mientras bajaba en el ascensor pensaba demasiadas cosas que abrían muchas interrogantes que se agolpaban en mi mente. Si las evidencias que colecté darían resultados. ¿Qué importancia tendrían para dilucidar el caso? ¿Cuánto tiempo tardarían los resultados? ¿Qué impacto tendrían esas piezas de evidencias ante la Corte de Justicia?

Salí del edificio y fui golpeado por el fuerte calor de este verano. Me dirigí hacia mi vehículo oficial y partí rumbo a mi oficina. A diferencia del trayecto de ida hacia la Oficina del F.B.I., el tráfico ahora estaba más denso, debido al elevado número de vehículos, pero pude dirigirme de nuevo hacia la ruta de la I1 Oeste.

A mi llegada a la oficina, al primero que vi fue a Mike.

**A.S.L.- Michael Vincent:** Hola G, me han dicho que estabas en el F.B.I. ¿Cómo fue todo?

**C.S.I.-II Gerardo Bloise:** Todo bien Mike, todo bien.

Me dirigí a mi escritorio, donde me aguardaban más papeles y contestaciones a la Fiscalía de los *«voice mails»* que me enviaban de otros casos que tenía pendientes con el Tribunal. Estando trabajando en mi escritorio, llegó la C.S.I.-II Christine Narkiewicz, que me trajo más evidencias relacionadas con el caso.

**C.S.I.-II Christine Narkiewicz:** Hola Gerardo.

**C.S.I.-II Gerardo Bloise:** Saludos Christine, ¿Cómo estás?

**C.S.I.-II Christine Narkiewicz:** Gerardo, aquí te traigo estas piezas de evidencia que colecté en la residencia de los Anthony.

**C.S.I.-II Gerardo Bloise:** Gracias Christine, déjame firmar la Custodia de Evidencias. Estas piezas serán relacionadas con las primeras piezas de evidencia que sometí anteriormente.

Recibí de la C.S.I.-II Christine Narkiewicz las siguientes piezas de evidencia:

1. Un sobre sellado, conteniendo un cepillo de dientes. (Art#1, Id#H-52051).
2. Un sobre sellado, conteniendo un cepillo de cabello. (Art#2, Id#H-52051).
3. Un sobre sellado, conteniendo una peinilla. (Art#2, Id#H-52051).
4. Un sobre sellado conteniendo un termómetro. (Art#3, Id#H-52051).
5. Un sobre sellado, conteniendo dos muestras bucales del lado izquierdo de Casey Marie Anthony. (Art#1, Id#H-52050).
6. Un sobre sellado, conteniendo dos muestras bucales del lado derecho de Casey Marie Anthony. (Art#2, Id#H-52050).
7. Un sobre sellado, conteniendo muestra de cabello de Casey Marie Anthony. (Art#3, Id#H-52050).
8. Un sobre sellado, conteniendo pelo halado de Casey Marie Anthony. (Art#4, Id#H-52050).

Tras haber recibido las piezas de evidencia de la C.S.I.-II Christine Narkiewicz, inmediatamente las aseguré en mi armario de evidencias #13.

Proseguí entonces, realizando los trabajos administrativos inherentes a distintas piezas de evidencias que había recibido sobre este caso.

Transcurridos unos instantes, se acercó a mi escritorio el Detective Edwards.

**Detective Edwards**: Hey G, ¿Cómo estás?

**C.S.I.-II Gerardo Bloise**: Aquí, mira Edwards todo el trabajo que tengo, y todavía tengo una reunión con el F.B.I.

**Detective Edwards**: ¿Tienes otra reunión con el F.B.I.?

**C.S.I.-II Gerardo Bloise**: Si, tengo otras piezas de evidencia que entregarles.

**Detective Edwards**: Ok, pero recuerda que las otras piezas de evidencia tienes que someterlas a los otros laboratorios.

**C.S.I.-II Gerardo Bloise**: Si Edwards, estate tranquilo, en eso trabajaré también. Pero debes tener presente de la presión a la que estoy sometido, de todas partes me vienen peticiones de distintos tipos y en gran número; yo prefiero trabajar los asuntos de uno en uno Edwards, es la única forma de evitar todo tipo de errores y/o confusiones.

**Detective Edwards**: Si entiendo, no hay prisa, tómalo con calma; tómate tu tiempo; lo menos deseable en este caso son los errores.

Abandoné mi escritorio para dirigirme al Laboratorio, donde tenía la alfombrilla del maletero del vehículo. Procedí a tomar más fotos adicionales de la citada alfombrilla. Una vez terminada la operación de toma de fotos, inmediatamente las envié al *Crime Scene Data Work Server* que es el lugar de remisión de las fotos realizadas de todos los casos electrónicamente.

## FBI Return Response (See Archive)

**FEDERAL BUREAU OF INVESTIGATION**

**Precedence:** ROUTINE **Date:** 07/28/2008

**To:** Laboratory **Attn:** Evidence Control Center
Michael Vanarsdale

**From:** Tampa
**Contact:** IA Karen B. Cowan (ERT), 407-838-2689

**Approved By:** Hopper, Ronald

**Drafted By:** Cowan Karen B:kbc

**Case ID #:** 7A-TP-71176 (Pending)

**Title:** CAYLEE MARIE ANTHONY - VICTIM
MISSING/ ABDUCTED MINOR
ORANGE COUNTY, FLORIDA

**Synopsis:** Set lead for laboratory examinations.

**Package Copy:** Submitted with this EC are items of evidence as listed on enclosed letter dated 07/28/2008 from the Orange County Sheriff's Office, and property forms H-52025 and H-52043.

**Details:** On 07/16/2008, the Orange County Sheriff's Office (OCSO) opened an investigation into the mysterious disappearance of the above listed two year old minor who was allegedly last seen on 06/09/2008, by her mother, CASEY MARIE ANTHONY.

During their investigation, the Orange County Sheriff's Office arrested CASEY MARIE ANTHONY for obstruction, providing a false official statement, and child neglect.

While in communication with the Orange County Sheriff's Office it was discussed that the FBI will assist with all out of state leads and with any physical evidence obtained from this investigation.

OCSO CSI-II Gerardo Bloise collected the evidence listed below. It was collected on 07/16/2008 from a vehicle related to the missing child. Bloise's report is enclosed and dated 07/28/2008.

One sealed yellow envelope containing petri dish with hair. Q-1

One sealed yellow envelope containing petri dish with dirt residues and hair. Q-2

Ya son las 16:00 horas, debo continuar con otros informes de diversos casos en los que estaba trabajando simultáneamente.

Los tres días libres que me corresponden, será bien merecidos, pues ésta ha sido una semana realmente fuerte; espero que la semana entrante sea más tranquila y no tenga que salir a la calle a prestar atención a otros casos y poder seguir centrado en el vehículo.

Al dirigirme de nuevo a mi escritorio, noté que se abría la puerta y escuché unos pasos; se trataba de Yuri Melich.

**C.S.I.-II Gerardo Bloise**: Hola Melich, ¿Qué te trae por aquí?

**Detective Yuri Melich**: Hola Gerardo, vine a ver como estaban las cosas con relación a las evidencias que has colectado en el vehículo.

**C.S.I.-II Gerardo Bloise**: Pues como puedes ver Melich, observa mi escritorio, ya no cabe nada más entre papeles y archivos; como puedes imaginar he estado muy ocupado y no he tenido ni siquiera tiempo de llamarte. Pero si puedo decirte que continúo buscando más indicios de cabellos, me estoy concentrando en el maletero, ya que, como sabes, ahí es donde colocaron a Caylee, y como ya te comenté con anterioridad lo que olí en el maletero era indicativo de putrefacción, y tú sabes que Caylee está muerta, solo es cuestión de tiempo el saber donde Casey enterró o tiró a su hija.

**Detective Yuri Melich**: Así es Gerardo, pienso lo mismo que tú.

**C.S.I.-II Gerardo Bloise**: Yuri ¿Qué te ha dicho Casey?

**Detective Yuri Melich**: Ella se ha limitado a mentir y mentir en los primeros interrogatorios y ahora, lamentablemente, ya no tenemos acceso a ella, debido a que está en la cárcel y contrató un abogado de nombre José Báez ... ¿has escuchado ese nombre?

**C.S.I.-II Gerardo Bloise**: ¿José Báez? ... no me suena ese nombre, de hecho, es la primera vez que lo oigo como abogado.

**C.S.I.-II Gerardo Bloise**: Te comunico que en breve tendré otra reunión con el F.B.I. para entregarle otras piezas de evidencias que me solicitaron.

**Detective Yuri Melich**: ¿Qué te ha pedido el F.B.I.?

**C.S.I.-II Gerardo Bloise**: Me han pedido artículos de Caylee, tales como el cepillo de dientes, cepillo de cabello, termómetro...

**Detective Yuri Melich**: ¿Qué crees?
**C.S.I.-II Gerardo Bloise**: Desde luego son para comparar, cabe la posibilidad de que alguna de las piezas de evidencia que entregué dieran algún positivo.
**Detective Yuri Melich**: Wow Gerardo, ¿tú crees eso? Si es así, entonces probaremos que Caylee nunca estuvo secuestrada, sino que estaba muerta.
**C.S.I.-II Gerardo Bloise**: Correcto, muerta y en el maletero del vehículo.

CASO#: 08-069208

## *Capítulo Nueve*

# Manzana de mi FBI

**Martes, 29 de Julio de 2008**

Volví de nuevo al trabajo, comenzando por hacer una concienzuda revisión de todas y cada una de las evidencias entregadas por la C.S.I.-II Christine Narkiewicz, para después trasladarlas a mi unidad móvil forense #0054, seguidamente me dirigí hacia la Oficina del F.B.I.

Mi llegada a la Oficina del F.B.I. se produjo a las 08:30 horas. Me dirigí al lobby y tomé el ascensor hasta la 4ª planta, donde se ubican las oficinas. Se abre la puerta del ascensor, vi a la recepcionista, que me reconoció inmediatamente.

**Recepcionista**: Buenos días C.S.I.-Bloise.

**C.S.I.-II Gerardo Bloise**: Buenos días, señorita *(sonrisa de cumplido)*.

**Recepcionista**: Ya viene Karen a buscarle.

**C.S.I.-II Gerardo Bloise**: Ok gracias.

Inmediatamente noté el sonido del dispositivo de seguridad de la puerta, apareció Karen Cowan, enlace del F.B.I. con el Sheriff's.

**Karen Cowan**: Buenos días, Gerardo.

**C.S.I.-II Gerardo Bloise**: Buenos días, Karen, aquí traje las otras piezas de evidencias.

**Karen Cowan**: ¡Qué bien!, pasemos a la Sala de Conferencias, voy a presentarte al Agente Especial a cargo y a Steve.

**C.S.I.-II Gerardo Bloise**: Ok, perfecto.

Caminamos de nuevo por el largo pasillo con dirección a la Sala de Conferencias; cuando Karen abrió la puerta, los dos caballeros que estaban sentados se pusieron en pie.

**Karen Cowan**: Gerardo, te presento al Agente Especial a cargo, Ron Hopper y al Diputado de la Oficina del Sheriff's de Seminole Steve McElyea, que está asignado a nuestra oficina.

**C.S.I.-II Gerardo Bloise**: Saludos, buenos días, caballeros es un placer conocerlos y debo darles las gracias por prestarnos su ayuda en este caso.
**Steve McElyea**: Para eso estamos, para ayudarnos; Gerardo, puedes poner la caja aquí, en este lado del escritorio.
**C.S.I.-II Gerardo Bloise**: Gracias.

Coloqué la caja con las evidencias en lugar que me indicó.

**Agente Especial Hopper**: Karen, ¿Qué tenemos hoy sobre el caso de Caylee?
**Karen Cowan**: Ron, el C.S.I.-Bloise nos trajo varias piezas de evidencias de distintos artículos utilizados por la niña.
**Agente Especial Hopper**: De acuerdo, déjame llamar al Laboratorio de Quántico para informarle sobre el tipo de evidencias que tienes para remitírselo a ellos.

El Agente Especial a cargo Hopper levantó el auricular del teléfono y encendió los altavoces del aparato.

Suenan las señales de llamada telefónica ...

**Laboratorio del F.B.I.**: ¡Buenos días, Laboratorio del F.B.I.! contestaron.
**Agente Especial Hopper**: ¡Buenos días! Soy el Agente Especial Hopper a cargo de la Oficina de Florida ¿podrías comunicarme con el Supervisor Encargado de la Unidad de Trazas de Evidencia?
**Laboratorio del F.B.I.**: Un momento le transfiero.

Nuevamente suenan señales de llamada telefónica...

**Unidad de Trazas de Evidencia**: Buenos días.
**Agente Especial Hopper**: ¡Buenos días!, le habla el Agente Especial Hopper de la Oficina de Orlando-Florida.
**Unidad de Trazas de Evidencia**: Hola Agente Hopper ¿en qué podemos ayudarte?
**Agente Especial Hopper**: Tengo aquí al C.S.I.-Gerardo Bloise de la Oficina del Sheriff's del Condado de Orange, con varias piezas de evidencia.
**Laboratorio del F.B.I.**: ¡Ah sí!, él nos envió otras piezas de evidencia con anterioridad, con las que estamos trabajando actualmente, pero necesitamos algo para comparar; le pedimos artículos personales que hayan sido utilizados por la niña.
**Agente Especial Hopper**: Aquí tengo a Bloise, él te explicará lo que tiene.
**C.S.I.-II Gerardo Bloise**: ¡Buenos días!

**Laboratorio del F.B.I.**: ¡Buenos días Bloise!... ¿Puedes decirme lo que tienes para enviarnos?
**C.S.I.-II Gerardo Bloise**: Si, tengo un cepillo de dientes, un cepillo para el cabello, una peinilla y un termómetro, ¡ah! Se me olvidaba, también pruebas bucales y pruebas de cabellos de Casey Marie Anthony. Por el momento, esas son las piezas de evidencia que puedes utilizar para comparación en tus análisis.
**Laboratorio del F.B.I.**: Perfecto, esas piezas son excelentes para comparación.
**C.S.I.-II Gerardo Bloise**: ¿Cuándo podemos enviarte las evidencias?
**Laboratorio del F.B.I.**: Si quieres, puedes enviármelas mañana.
**C.S.I.-II Gerardo Bloise**: Ok, perfecto.
**Agente Especial Hopper**: Gracias, te enviaremos las evidencias mañana, ya que este caso ha llamado la atención a nivel nacional.
**Laboratorio del F.B.I.**: Claro Hopper, sé que la prensa está continuamente dando noticias sobre el caso.
**C.S.I.-II Gerardo Bloise**: Gracias Karen por tu ayuda en este caso.
**Karen Cowan**: De nada Gerardo, en el F.B.I. estamos a tu disposición.

Concluida la conversación telefónica con el Laboratorio del F.B.I., Karen Cowan se dedicó a localizar los documentos para el Traspaso de Evidencias del Sheriff's al F.B.I.

1. Un sobre amarillo sellado, conteniendo cuatro cepillos de dientes. (Art#1, Id#H-52051, F.B.I. sometida como K-2)
2. Un sobre amarillo sellado, conteniendo un pincel. (Art#2, Id#H-52051, F.B.I. sometida como K-3)
3. Un sobre amarillo sellado, conteniendo un (1) peine. (Art#3, Id#H-52051, F.B.I. sometida como K-4).
4. Un sobre amarillo sellado, conteniendo un termómetro. (Art#4, Id#H-52051, F.B.I. sometida como K-5).
5. Un sobre amarillo sellado, conteniendo dos hisopos bucales de la mejilla Izquierda de Marie Casey Anthony. (Art#1, Id#H-52050, F.B.I sometida como K-6).
6. Un sobre amarillo sellado, conteniendo dos hisopos bucales de la mejilla Derecha de Marie Casey Anthony.

(Art#2, Id#H-52050, F.B.I. sometida como K-7).
7. Un sobre amarillo sellado, conteniendo un cabello de la cabeza de Marie Casey Anthony. (Art#3, Id#H-52050, F.B.I. sometida como K-8).
8. Un sobre amarillo sellado, conteniendo cabello arrancado de Marie Casey Anthony. (Art#4, Id#H-52050, F.B.I. sometida como K-9).

Una vez transferidas las evidencias, Karen Cowan y el Agente Especial Hopper, me acompañaron por el largo pasillo que conducía a la salida de las Oficinas del F.B.I. y llamaron el ascensor.

**C.S.I.-II Gerardo Bloise**: Gracias Karen y Agente Hopper por su ayuda en este caso.

**Karen Cowan**: De nada Gerardo, el F.B.I. está para ayudarte.

Desde que contacté con la Oficina del F.B.I. en Maitland, han sido muy cooperadores en nuestra investigación. Rápidamente accedí a mi Unidad Móvil Forense #0054, y puse rumbo a la Oficina del Sheriff, Unidad C.S.I. Forense, para continuar con la coordinación con otros laboratorios con el objeto de presentar más piezas de evidencia relacionadas con las hojas secas que colecte en los bajos del vehículo de Casey, ya que esta disciplina en el área de Botánica Forense, determinará qué tipo de hoja y de qué zona era originarias, teniendo en cuenta de que el cuerpo de la pobre Caylee no se había encontrado todavía, y esas hojas podrían ser importantes para compararlas con las de la ubicación donde pudieran encontrarse su cuerpo.

Tras haber conducido desde la Oficina del F.B.I., y llegar a mi escritorio, tomé otras pruebas que iba a ser remitidas a otros laboratorios. Me dirigí al Cuarto de Evidencias, hice uso de mi Tarjeta de Identificación que me daba acceso a la misma y abrí la puerta, es un área restringida, únicamente puede ser utilizada por los C.S.I.'s que trabajamos en la Unidad Forense.

Accedí a mi Casillero de Evidencias #13, donde almacenaba las otras piezas de evidencia, donde recogí las piezas de evidencias siguientes:

1. Una caja sellada, conteniendo un trozo de la cubierta del neumático. (Art#31, Id#H-52025)
2. Una caja sellada, conteniendo un contenedor metálico

y en su interior una pieza de la cubierta del neumático con una mancha. (Art#2, Id#H-51977)

Verifiqué los números de serie de las pruebas con las etiquetas de las piezas de evidencia y las comparé, comprobando que todas coincidían.

Abandoné las instalaciones de la Sala-Almacén de Evidencias para dirigirme al estacionamiento y ocupar mi Unidad Móvil Forense 0054. A mi salida por la entrada principal de la Oficina del Sheriff tuve que esperar unos instantes, ya que, el semáforo estaba en rojo; al cambiar a color verde, doblé a la derecha en *West Colonial Drive*, seguí conduciendo hasta llegar al semáforo de *Tampa Avenue*, doblé a la derecha con dirección a *Washington Avenue*, seguí conduciendo durante unos veinte minutos aproximadamente, hasta llegar al *Laboratorio de Criminalística del Estado de la Florida (F.D.L.E.)*, marqué la numeración de seguridad en la entrada en el aparato de acceso, el portón se abrió. Estacioné mi Unidad Móvil y me dirigí hacia la zona donde los investigadores que sometemos las evidencias. De nuevo otro dispositivo de seguridad, pulsé el botón rojo y al oír el chasquido de la puerta, me indicó que podía abrirla.

Miré mi reloj, eran las 12:46 horas; tuve suerte de que continuaran trabajando ya que era hora de almuerzo, me encontré con David Perry que salió a recibirme.

**C.S.I.-II Gerardo Bloise**: Hola David.

**Técnico de Pruebas David Perry**: Hola Gerardo ¿Qué tienes?

**C.S.I.-II Gerardo Bloise**: Aquí tengo una parte de la cubierta de la llanta para su análisis químico.

**Técnico de Pruebas David Perry**: ¿Cuál es el caso?

**C.S.I.-II Gerardo Bloise**: El Caso Caylee.

**Técnico de Pruebas David Perry**: ¿eso es todo?, ¿no más evidencias en un caso como este?

**C.S.I.-II Gerardo Bloise**: Si, eso es todo para el F.D.L.E., ya que la mayoría de las piezas de evidencia están en poder del F.B.I.

**Técnico de Pruebas David Perry**: Ok, perfecto.

**C.S.I.-II Gerardo Bloise**: Te veo más tarde.

**Técnico de Pruebas David Perry**: Buenas suerte con el caso.

**C.S.I.-II Gerardo Bloise**: Gracias.

Tras haber firmado todos los documentos en el F.D.L.E., me despedí de David y salí del establecimiento del mencionado laboratorio y me dirigí hacia las instalaciones de FEDEX, con el objeto de remitir la otra evidencia por correo. Llegué a Bennett Road para efectuar el envío de la segunda evidencia al Laboratorio de Wuesthoff; (Art#2, Id#H-51997); FEDEX #8619041267.

CASO#: 08-069208

## *Capítulo Diez*

## Orden de Registro

**Martes, 29 de Julio de 2008**

Una vez concluidas las paradas en los lugares de remisión de las piezas de evidencia, salí del Edificio de FEDEX y me dirigí a mi vehículo forense móvil #0054 ... ¡wow! El calor es infernal, por lo que inmediatamente puse en marcha el automóvil y el aire acondicionado en «full blast» por el calor que hacía, comencé a tomar mis apuntes con el objeto de controlar todas las gestiones que había realizado en el caso, así que tarde unos minutos en salir del estacionamiento, una vez concluida esta operación, me puse en marcha, circulando por la Bennett Street, doblando a la derecha en la West Colonial Drive para tomar dirección a los cuarteles generales del Sheriff. Regresé a la Unidad Forense y ocupé mi escritorio para seguir reflejando en mi computadora todas las gestiones realizadas, tanto anteriores como recientes relacionadas con este caso. Tras reflejar todos los datos mencionados pulse el *save* a todo desconectando posteriormente la computadora . Mañana será otro día, ahora es tiempo de regresar a casa.

**Oficina Central del OCSO**

**Miércoles, 30 de Julio de 2008**

Hoy salí de mi domicilio de nuevo a trabajar en horario ordinario, es decir, de 07:00 horas a 17:00 horas, tras haber disfrutado de un buen desayuno. Salí conduciendo mi Unidad

Móvil Forense, con la fortuna de que no hay muchos vehículos que circulen por la autopista.

Encendí el aparato de radio y parece que todo está tranquilo, no dan noticias del Caso Caylee, únicamente noticias cotidianas; accedo a la salida de la John Young Parkway y tomando la dirección izquierda, pasé dos semáforos y doblé en los aparcamientos del Shopping Hall, prosiguiendo directo, ya que las Oficinas Centrales están contiguas al Shopping Center; continúo conduciendo en paralelo a la verja que rodea la parte trasera de las Oficinas del Sheriff. En la parte de la verja se encuentra el dispositivo que da acceso al interior de la Oficina del Sheriff, previa utilización de la tarjeta individual que abre el portón de la misma automáticamente.

Una vez dentro, estacioné mi Unidad Móvil Forense #0054 en la parte trasera del Edificio Central de Operaciones del Sheriff.

Entré por la puerta trasera que da acceso a los dos garajes forenses; de nuevo me encuentro con mi realidad profesional desde que a principios del mes de julio recibí el automóvil al que denominé la escena móvil del crimen.

Accedí a mi escritorio, allí me encontré con más documentos sobre el caso; continúo comparando los mencionados documentos con las evidencias que he ido colectando hasta este momento. Seguidamente, me dirijo al Laboratorio, con el objeto de dejar debidamente dispuestas las siguientes piezas de evidencia para su procesamiento.

Regresé a mi escritorio para continuar trabajando y organizando todos los apuntes que había ido tomando con respecto a la investigación del caso y comencé a transferirlas a mi computadora , procediendo a la destrucción de las notas escritas a mano, ya que la Ley del Estado de Florida lo permite, así como el Protocolo de la Oficina del Sheriff del Condado de Orange.

Tras permanecer toda la mañana trabajando en la oficina, se hacen las 12:00 horas de mediodía, es hora de almorzar, esta vez iré al restaurante *En mi Viejo San Juan*; allí preparan los auténticos platos puertorriqueños.

Salí de la oficina para dirigirme en mi Unidad Móvil Forense #0054, dirigiéndome a la Zona Este de Orlando, allí se ubica el mencionado restaurante; llegué al establecimiento rápidamente, al abrir la puerta, Doña Irma me recibió con un ¿Cómo estás Gerardo?, a lo que le respondí, «muy bien con mucho trabajo»; rápidamente me entregó la carta-menú y no dudé en seleccionar el primer plato compuesto por carne guisada, arroz blanco, habichuelas rosadas y aguacate, de bebida pedí un zumo de parcha; esto es la real comida puertorriqueña.

En una de las paredes del establecimiento, pueden distinguirse numerosas fotografías de diferentes oficiales de la Ley y el Orden, tales como el Sheriff Kevin Beary y oficiales electos del Condado de Orange.

Tras haber disfrutado del abundante y delicioso almuerzo, Doña Irma y Don Martin se unieron a mi mesa y, lógicamente, comenzaron a formularme preguntas sobre el Caso de Caylee Anthony, obviamente y por ética profesional, no hablé ni comenté nada sobre el caso al estar la investigación en curso. Pero sí los escuche atentamente y les deje muy claro que la Oficina del Sheriff estaba trabajando muy duro y que estábamos poniendo toda nuestra atención y profesionalidad para resolverlo lo antes posible.

Doña Irma y Don Martin, tan sólo me dieron a entender en nombre de nuestra Comunidad que estaban muy preocupados por este caso y otros que la prensa estaba divulgando.

No obstante, les dejé muy bien sentado que debían mantener la esperanza, ya que nuestra Agencia trabaja muy duro en pro de una comunidad segura y que juntos podemos conseguir que ésta goce de una seguridad tangible. Esta es la finalidad primordial de la Agencia de la Ley y el Orden, motivo esencial de todo nuestro trabajo y dedicación, sencillamente, el trabajar para la seguridad de toda nuestra comunidad, así de simple.

Doña Irma y Don Martin me dijeron: *"algún día tendremos tu fotografía en esta pared"*, comenzamos a reírnos y yo me despedí de tan agradable compañía con un simple *adiós*.

Salí del establecimiento y ocupé mi Unidad Móvil Forense #0054 para volver a mi oficina y continuar con el Informe de Caylee. La experiencia y escueta conversación llevada a cabo en el restaurante, no era más que el vivo ejemplo de que la población seguía con atención e interés tan macabro caso.

Debo reconocer que, casos como el presente te convierten sin advertirlo, en un magnífico investigador, y tratas de hacerlo lo mejor posible para su resolución; pues mi intención primordial es, ante todo no consentir que este caso se convierta en un *cold case* o caso frio, mi deseo más ferviente es que se resuelva, por ello voy a poner toda mi capacidad profesional y humana en hacerlo, siempre con la ayuda inestimable del Señor Arquitecto del Universo.

Una vez en el estacionamiento de la Oficina del Sheriff, me dirigí directamente a mi escritorio, allí comencé a comprobar mis notas escritas a mano con los que ya había incluido en la computadora . Del mismo modo comprobé todos los formularios de evidencias contra las evidencias que menciono en el informe que estoy construyendo ya que, cualquier error, por ínfimo que sea, en una letra o un simple número, se positivamente que se transformaría en una excusa para la defensa, porque se dedicarían a potenciarlos en sobremanera y sacarlos arteramente de contexto. También es muy cierto que, a los abogados criminalistas, a muchos de ellos no les interesa dilucidar la verdad, a ellos lo que les interesa es tergiversar el caso para intentar conseguir que su cliente sea declarado no culpable o, en su defecto tratar de conseguir una sentencia mínima. De ahí que trate con ahínco evitar ese tipo de errores.

De nuevo ocupé mi escritorio, cuando escuché un ... *hola, Gerardo*, se trataba del Detective Yuri Melich; me giré para darle frente y le dije ... ¡oh no!, tú de nuevo. El Detective me respondió con una mirada inquisidora, a lo que yo le dije *es una broma.*

**Detective Yuri Melich**: Gerardo, tengo que revisar contigo las siguientes piezas de evidencia: Art#3 al 10, Id#H-51975.

**C.S.I.-II Gerardo Bloise**: ¿Me estás hablando de las piezas de evidencia que recibí de la Detective Beasley?

**Detective Yuri Melich**: Correcto.

**C.S.I.-II Gerardo Bloise**: Debemos ir a la Sala de Evidencias, allí las tengo debidamente aseguradas.

Nos dirigimos a la citada dependencia, la misma puerta daba acceso a los laboratorios donde se procesaban las evidencias, así como la Sala de Evidencias.

Haciendo uso de mi identificación que al tiempo posee un dispositivo electrónico que sirve de llave para la apertura de la puerta que facilita el acceso a la *Zona de Laboratorios* donde se procesan las evidencias, en la misma existe otra puerta que sirve para acceder a la *Sala de Evidencias*; llegados a la misma, utilizo la misma identificación-llave para su apertura.

El Detective Melich esperó a que yo, una vez dentro, me dirigiese al lugar donde estaban emplazados los armarios que se utilizan para asegurar las evidencias; en este caso el mío es el #13, utilicé mi llave para la apertura del mismo. Tenía bajo protección diversos artículos, todos relacionados con el mismo caso, por lo que procedí a identificarlos y verificarlos, guiándome por las etiquetas de identificación ... ¡ah! Aquí está la que busco... Melich, aquí tienes las evidencias.

Una vez en nuestro poder las evidencias, nos sentamos en una mesa y coloqué los documentos relacionados al Art#7 que el Detective Melich quería inspeccionar; el Detective inició la verificación de las evidencias, cotejándolas con unas notas que portaba en su libreta.

**Detective Yuri Melich**: Gerardo, necesito hacer fotocopies de esos documentos.

**C.S.I.-II Gerardo Bloise**: De acuerdo. Seguidamente, hice las copias de los documentos que el Detective me había solicitado.

Saqué copia del Art#7, Id#H-51975.

1. Island of Adventure Special Information.
2. Island of Adventure, Mayo de 2.008.
3. Universal Studios, Mayo de 2.008.
4. Universal Studios, Junio de 2.008.
5. Universal Studios, Julio de 2.008.
6. Una página con escritos tachados.

Nos dirigimos juntos hacia la fotocopiadora y realice la operación de fotocopiar los documentos solicitados.

**C.S.I.-II Gerardo Bloise**: Aquí tienes las fotocopias ¿alguna otra cosa que necesites Mr.?

**Detective Yuri Melich**: Gracias Mr. Bloise.

**C.S.I.-II Gerardo Bloise**: ... ¡vamos! ... llámame *Gerardo, G o G-man...*

Juntos nos echamos a reír.

Tras haber concluido con los requerimientos del Detective Melich, aseguré debidamente las evidencias en mi armario y me dirigí de nuevo a mi escritorio, con la intención de

proseguir de nuevo con mi informe, pero a los pocos instantes alguien me llama *G*, era el A.S.L./C.S.I. Michael Vincent.
**C.S.I.-II Gerardo Bloise**: ¿Qué pasa Mike?
**A.S.L./C.S.I. Michel Vincent**: ¿Te acuerdas del Sr. Burner?
**C.S.I.-II Gerardo Bloise**: Si claro, fue la persona a la que le colecte la pala, que es vecino de la familia Anthony.
**A.S.L./C.S.I. Michel Vincent**: Conseguí de él las muestras bucales de A.D.N.
**C.S.I.-II Gerardo Bloise**: Ok, dámelas.

Sin pérdida de tiempo, confeccionamos rápidamente el Documento de Transferencia de Evidencias y recibí del A.S.L./ C.S.I. Michael Vincent, las piezas de evidencia siguientes:

1. Un sobre amarillo sellado, conteniendo dos muestras bucales de Mr. Brian Burner. (Art#1, Id#H-52073).
2. Un sobre amarillo sellado, conteniendo dos muestras bucales de Mr. Brian Burner. (Art#1, Id#H-52073).
3. Un sobre amarillo sellado, conteniendo dos muestras bucales de Mr. Brian Burner. (Art#1, Id#H-52073).

Seguidamente firmé el *Formulario de Transferencia de Evidencias*, con el objeto del mantenimiento óptimo de la *Cadena de Custodia* de las mismas. Como ya he señalado con anterioridad, quiero evitar cualquier clase de error o tropiezo administrativo, ya que pondrían en serio riesgo todo el trabajo realizado, el día que se comparezca ante la Corte.Hasta el momento, está en mi poder el A.D.N. de Mr. Burner, que fue la persona que prestó la pala a Casey Anthony; seguidamente procedo a tomas muestras de la pala, me dirigí al laboratorio y colecté las siguientes piezas de evidencia:

| REGISTRO DE EVIDENCIA | | | | |
|---|---|---|---|---|
| **Art. #** | **Artículos** | **Descripción de la Evidencia** | **Ubicación** | **Día / Hora** |
| **27** | **H-52025** | **Dos muestras de hisopo** | **Desde la parte de alfrente y de atrás de la cobertura de la rueda de repuesto** | **7/28/08**<br>**A las 13:00 horas** |

Llegadas aproximadamente las 15:57 horas, me personé en el Departamento de Florida, de Ley y Fuerza, exactamente en la Zona de Evidencias y registré las piezas de evidencia siguientes:

1. Un sobre amarillo sellado, conteniendo dos hisopos correspondientes a la empuñadura de la pala *Stanley.* (Art#1, Item#H-52077).
2. Un sobre amarillo sellado, conteniendo dos hisopos correspondientes a la punta de la empuñadura de la pala *Stanley.* (Art#2, Item#H-52077).
3. Un sobre amarillo sellado, conteniendo muestras bucales de Mr. Brian Burner. (Art#1, Item#H-52077).

Tras haber colectado las piezas de evidencia, me dirigí de nuevo a mi escritorio, con el objeto de formalizar el registro de todas las operaciones llevadas a cabo con la intervención de las mencionadas evidencias.

Una vez realizada la gestión de entrega y registro ante la F.D.L.E., regresé de nuevo a mi oficina, con el objeto de proseguir con la revisión de todos los documentos realizados y resultantes de distintas piezas de evidencia.

Quiero dejar muy claro que, mi labor principal consiste en controlar las evidencias y de cómo éstas pueden dilucidar el caso.

Me ha llegado información puntual y fidedigna que Casey Anthony, sigue sin decir nada del caso y que lo único que ha manifestado han sido todo embustes; yo por mi parte, se positivamente que, en este caso, todo lo revelaran las evidencias, pues son las únicas que nunca mienten.

Otro día más que ha concluido, es satisfactorio saber que ha sido con la misión cumplida.

**Viernes, 1 de Agosto de 2008**

De nuevo sigo con el caso; la investigación Forense es muy metódica y, por lo tanto, debe ser realizada concienzudamente y sin prisas, pero sin pausa; ya en mi escritorio, se personó el A.S.L./C.S.I. Michael Vincent que, por el *rictus* de su cara noté su preocupación.

**A.S.L./C.S.I. Michael Vincent**: *G*, ¿recuerdas la evidencia que sometiste al F.D.L.E. y al Laboratorio de Wuesthoff?

**C.S.I.-II Gerardo Bloise**: Lo recuerdo ¿Qué ha ocurrido?

**A.S.L./C.S.I. Michael Vincent**: Sencillamente que necesitamos obtenerlas de nuevo.

**C.S.I.-II Gerardo Bloise**: No lo entiendo, cuando tú y yo hablamos sobre la evidencia, estuvimos de acuerdo en que esas piezas fueran remitidas al *Laboratorio del F.D.L.E.*, y la otra al *Laboratorio de Wuesthoff*, de esta manera poseer análisis de distintos laboratorios además del de el F.B.I. Otra cosa muy distinta es que pensase que hubiese sido más lógico que todos los análisis se hubieran efectuado por un mismo laboratorio.

**A.S.L./C.S.I. Michael Vincent**: Correcto *G*, estamos pensando exactamente los mismo.

**C.S.I.-II Gerardo Bloise**: De acuerdo Mike, hoy voy a retirar esas piezas de evidencia al F.D.L.E. e igualmente voy a llamar al Laboratorio de Wuesthoff para que cuando FEDEX haga la entrega del paquete con las evidencias, no lo trabajen.

Alrededor de las 14:33 horas y tras haber mantenido una conversación con Michael Vincent, me dirigí al Laboratorio del F.D.L.E. y recuperé las evidencias que había depositado con anterioridad; ya de vuelta a mi oficina las aseguré debidamente en mi armario #13, a las 14:35 horas; Mike se aproximó a mi escritorio.

**A.S.L./C.S.I. Michael Vincent**: *G*, quiero que estés enterado de que me llamaron para que me persone en la residencia de los Anthony.

**C.S.I.-II Gerardo Bloise**: ¿Qué ha ocurrido?

**A.S.L./C.S.I. Michael Vincent**: Me reclamaron para que colectase unas piezas de evidencias; un contenedor rojo para gasolina, un contenedor negro para aceite y un contenedor de metal para gasolina. Las procesé para huellas latentes sin resultado; también colecté unos hisopos para detectar posible A.D.N.

**C.S.I.-II Gerardo Bloise**: No le veo lógica en nada que tengan que relacionarse esos objetos con Caylee; lo único que puedo pensar es en el auto que haya algo relacionado con la gasolina; pero, de todos modos, si tienes piezas de evidencias para mi transfiéremelas.

El A.S.L./C.S.I. Michael Vincent, se dirigió entonces a retirar las piezas de evidencia que había colectado de Mr. George Anthony; a las 17:21 horas, regreso Mike, haciéndome entrega de lo siguiente:

1. Dos hisopos del fondo del contenedor de gasolina nº 1 (Plástico rojo).

2. Dos hisopos del lado interior del contenedor de aceite.
3. Dos hisopos del fondo del contenedor de gasolina nº 2 (metal rojo).

Todas estas piezas de evidencia relacionadas fueron debidamente protegidas y aseguradas en mi correspondiente Armario de Evidencias.

Debo dejar meridianamente claro que, como profesional de la investigación Forense, al menos una vez por semana procedo a cotejar detenidamente todas y cada una de las piezas de evidencias protegidas y aseguradas en mi Armario de evidencias, comparándolas con el Documento de Registro de Evidencias; mi objetivo primigenio es que todo lo allí depositado, estuviese en perfecto orden con el objeto de erradicar cualquier tipo de error, por ínfimo que fuese, pues ya han existido precedentes tales como el caso de O.J. Simpson que, según comentaristas radiofónicos y televisivos; el Caso de Caylee Anthony, había llegado paralelamente o quizás con más cobertura informativa que el Caso O.J. Simpson, por el hecho de tratarse de una niña y que la misma madre fuese la principal sospechosa.

Estaba oscureciendo y entrando la noche, sobre las 21:56 horas, me dirigí de nuevo al garaje forense con el objeto de proseguir mi trabajo con el vehículo allí depositado; era muy consciente que debía dedicarle el grueso de mi investigación, por considerarlo, sin ninguna duda la Escena del Crimen.

En mi fuero interno, pienso en que, si el cuerpo de Caylee aparece en algún lugar de Orlando, se convertiría, lógicamente, en una Escena Secundaria. Hay que tener presente que, según los datos de la investigación Criminal, la desaparición de Caylee fue informada el 15 de julio, pero la última vez que vieron salir de su domicilio en Hopespring Drive, acompañada de su madre Casey Anthony fue el 16 de junio de 2.008 y que, según manifestaciones de ésta, la llevaba a una niñera conocida como Zenaida González, para que ésta la atendiera y cuidara. Pero tengamos en cuenta que del 16 de Junio al 16 de Julio al *[fecha esta última en la que recibí el automóvil PONTIAC SUNFIRE GRAND AM]* transcurrieron 31 días; el tiempo transcurre inexorable y, en toda investigación Criminal es sumamente importante.

Realicé nuevas fotografías de la zona de los limpia-parabrisas del vehículo matricula G63 XV y detecté la existencia de hojas secas, por lo que procedí a colectarlas.

| Art. # 11 | Artículos | Descripción de la Evidencia | Ubicación | Día / Hora |
|---|---|---|---|---|
| 28 | H-52025 | Platillo Petri conteniendo una hoja seca (Bandera #3) | Limpiaparabrisas de carcasa de plástico del vehículo | 8/1/08 A las 21 horas y 57 minutos |
| 29 | H-52025 | Platillo Petri conteniendo una hoja seca (Bandera #4) | Limpiaparabrisas de carcasa de plástico del vehículo | 8/1/08 A las 21 horas y 57 minutos |

| Art. # | Artículos | Descripción de la Evidencia | Ubicación | Día / Hora |
|---|---|---|---|---|
| 30 | H-52025 | Asiento de bebé para carros de Eddie Bauer | Asiento de atrás de la derecha en el vehículo | 8/1/08 A las 22:00 horas. |
| 31 | H-52025 | Pedazo de cobertura de la rueda de repuesto | Rueda de repuesto del vehículo | 8/1/08 A las 22 horas y 1 minuto. |

Detecté que esas hojas guardaban una enorme similitud, tanto en color como en textura con las hojas secas colectadas en los bajos del vehículo.

También observé en el interior del vehículo otras piezas de evidencia que también fueron colectadas.

Una vez colectadas las piezas de evidencia y como es preceptivo, estas piezas se embalaron en sobres amarillos, bolsas de estraza y seguidamente se aseguraron y protegieron en el correspondiente Armario de Evidencias. Esta zona de evidencias es primordial en la investigación y posterior acusación criminal ante la Corte de Justicia en contra de Casey Anthony, ya que tenía pleno conocimiento de que no había confesado absolutamente nada acerca de la desaparición de Caylee.

Así pues, las evidencias forenses eran las únicas que la Fiscalía iba a utilizar para fundamentar sus acusaciones.

Mañana será otro día, con nuevos retos y más evidencias que facilitaré para su examen a los Laboratorios del F.B.I.

**Lunes 3 de Agosto de 2008**

Una vez disfrutados mis tres días libres reglamentarios, volví a mi trabajo ya en el horario de servicio regular, es decir, de 07:00 horas a 17:00 horas; pero la realidad era exactamente la misma, lo que significaba proseguir con la investigación del Caso Caylee Anthony.

Accedí a mi escritorio, revisé mi calendario o agenda, entre mis anotaciones vi que Karen Cowan *[enlace del F.B.I. con nuestra agencia]*, tenía que llevar a cabo el proceso de transferencia de las evidencias a su Laboratorio.

Rápidamente busqué la evidencia que debía entregar para su examen en el Laboratorio y la cotejé detenidamente con el Documento de Transferencia de Evidencias; una vez revisado todo concienzudamente, sólo era cuestión de esperar la llegada de Karen Cowan, mientras tanto continué redactando mi informe, siempre relacionado con las últimas gestiones que llevé a cabo con el caso en cuestión.

Sobre las 10:15 horas, se personaron en la Oficina del Sheriff, el Agente del F.B.I. Nick Savage, Karen Cowan [enlace del F.B.I.] y el Alguacil del Sheriff del Condado Seminole, Steve McElya, como adscrito al F.B.I.

**F.B.I. Karen Cowan**: Hola Gerardo.

**C.S.I.-II Gerardo Bloise**: Saludos Karen.

**F.B.I. Karen Cowan**: ¿Tienes la evidencia?

**C.S.I.-II Gerardo Bloise**: Por supuesto, vamos al Laboratorio para hacer el inventario para transferírtelo, aquí está la lista, solamente tienes que firmar estos documentos para recibir la evidencia.

Mientras Karen revisaba detenidamente los documentos y la evidencia, mantuve una conversación con el Agente Savage.

**C.S.I.-II Gerardo Bloise**: Nick ¿Cómo está todo?

**F.B.I. Nick Savage**: Todo bien Gerardo, tú sabes perfectamente que estoy asignado a este caso.

**C.S.I.-II Gerardo Bloise**: Entrevistaste a Casey Anthony, vi el video en el Nancy Grace.

**F.B.I. Nick Savage**: ¡Ah sí! Nancy Grace.

**C.S.I.-II Gerardo Bloise**: ¿Casey ha dicho algo relevante sobre el caso? ¿algún tipo de indicio de confesión?

**F.B.I. Nick Savage**: Nada, no ha confesado nada, todo lo que ha manifestado son puros inventos y mentiras.

Estando ya consciente por la información facilitada por el Detective Yuri Melich en su investigación, que me había manifestado exactamente lo mismo y que Nick Savage me lo había confirmado por segunda vez, vi que la investigación Criminal no estaba dando los resultados esperados, era patente que la evidencia forense era la única que estaba ofreciendo resultados para poder incoar una acusación en firme a Casey Anthony ante la Corte de Justicia.

La traducción más lógica sobre este asunto es que, ya no se trata de una investigación sobre una niña desaparecida, sino que, se ha transformado en la investigación de un homicidio; solo era cuestión de que el cuerpo de Caylee apareciese en algún lugar y así concluir el rompecabezas que supone este caso.

Nuestra conversación se interrumpió con la presencia de Karen.

**F.B.I. Karen Cowan**: Gerardo, ya firmé y todo está en orden.

Entonces le entregué las siguientes piezas de evidencia.

1. Un sobre amarillo sellado, conteniendo una muestra de tierra. (Art#1, Id#H-51977, envío al F.B.I. Q-14).
2. Un sobre amarillo sellado, conteniendo una placa de Petri con muestra de debris. (Art#3, Id#H-52025, envío al F.B.I. Q-15).
3. Una caja amarilla sellada, conteniendo una placa de Petri con muestra de debris. (Art#6, Id#H-52025, envío al F.B.I. Q-17).
4. Una caja amarilla sellada, conteniendo una pieza de cubierta de llanta de refacción. (Art#22, Id#H-52025, envío al F.B.I. Q-18).
5. Una caja amarilla sellada, conteniendo el lado derecho del revestimiento del maletero. (Art#24, Id#52025, envío al F.B.I. Q-19).
6. Una caja amarilla sellada, conteniendo el lado izquierdo del revestimiento del maletero. (Art#25, Id#H-52025, envío al F.B.I. Q-20).
7. Una caja amarilla sellada, conteniendo la cubierta de la llanta de repuesto del vehículo. (Art#26, Id#H-52025, envío al F.B.I. Q-21).

8. Un sobre amarillo sellado, conteniendo dos muestras de hisopos del mango de la pala «Stanley Classic». (Art#1, Id#H-52077, envío al F.B.I. Q-22).
9. Un sobre amarillo sellado, conteniendo dos muestras de hisopos de la punta de la pala Stanley Classic. (Art#1, Id#H-52077, envío al F.B.I. Q-23).
10. Un sobre amarillo sellado, conteniendo dos muestras de hisopos de muestras bucales. (Art#1, Id#H-52073, envío al F.B.I. K-10).

**C.S.I.-II Gerardo Bloise:** Bueno, Karen, Nick y Steve, gracias por venir, espero y deseo que todas estas evidencias den unos resultados positivos.

**F.B.I. Nick Savage:** Así esperamos; les acompañé a la puerta de salida que está localizada en el lado oeste de la Oficina Forense; acceso únicamente utilizable por personal autorizado.

De nuevo, multitud de preguntas se agolpaban en mi mente sobre las evidencias que había transferido al F.B.I. y las que ya había entregado con anterioridad, la pregunta era ¿darán los resultados esperados?

*Todo estaba por verse y/o demostrarse, solo necesitaba saber con seguridad si la niña estuvo en el maletero del automóvil.*

**Martes 4 de Agosto de 2008**

Me dirigí de nuevo a mi escritorio para incluir en mi computadora todas y cada una de las gestiones que había realizado en ese día con relación al caso.

Esta etapa de la investigación Forense, reviste una gran importancia, ya que son multitud de gestiones y detalles los que hay que mantener siempre disponibles, y de esta forma, mantener un perfecto control de las evidencias procesadas y de las sometidas, al mismo tiempo me es de gran utilidad para la construcción del informe final.

Recibí la siempre agradable visita del Detective Brian Cross de la División de Homicidios; Brian es una persona muy amable y humilde, he tenido la fortuna de trabajar con él en numerosas escenas y siempre me ha permitido desarrollar mi trabajo bajo mi criterio profesional sin objetar nunca nada sobre mi forma de trabajo.

**Detective Brian Cross**: Hola Gerardo

**C.S.I.-II Gerardo Bloise**: Hola Brian ¿Qué pasa?

**Brian Cross**

**Detective Brian Cross**: He venido a tu Oficina porque tengo una evidencia para entregarte, ya que por algún error la recibí yo en el Departamento de Homicidios, viene de un Laboratorio.
**C.S.I.-II Gerardo Bloise**: Entiendo, tiene que ser la evidencia que remití al Laboratorio Wuesthoff; voy a localizar el documento de Cadena de Custodia de Evidencias en el archivo que corresponde a esta evidencia.

Tras dar con el referido documento, se lo entregué al Detective Brian Cross para que lo cumplimentase, haciendo constar cuando y a qué hora recibió la evidencia, una vez hecho esto, estampo su firma; yo por mi parte, hice exactamente lo mismo, se trataba del Art#2, Id#H-51977, que era una caja sellada que contenía un envase de metal con un pedazo de alfombrilla con una mancha de la repuesta del maletero.
**C.S.I.-II Gerardo Bloise**: Gracias Brian, eso es todo.

Seguidamente incluí estas piezas de evidencia en la próxima lista para entregarlas al F.B.I.

Volví a mi escritorio para reflejar nuevamente todo en mi agenda donde incluía todas las gestiones que seguía llevando a cabo en el caso.

Cogí el teléfono y marqué el número de la Oficina del F.B.I. sonaron los tonos de llamada.
**Operadora del F.B.I.**: Buenas tardes.
**C.S.I.-II Gerardo Bloise**: Buenas tardes al habla el C.S.I. Bloise de la Oficina del Sheriff, ¿podría comunicarme con McElyea o Nick Savage?
**Operadora del F.B.I.**: Un momento, no se retire. [esperé unos instantes].
**Operadora del F.B.I.**: Me comunican que ambos están fuera, voy a transferir la llamada al móvil de Nick. ¿La llamada está relacionada con ...?
**C.S.I.-II Gerardo Bloise**: Caso de Caylee Anthony.

**Operadora del F.B.I.**: Ok.

Espere otros instantes y escuche los tonos telefónicos...

**Agente F.B.I. Nick Savage**: Agente Savage, buenas tardes.

**C.S.I.-II Gerardo Bloise**: Agente Savage, al habla el C.S.I. Bloise, de la Oficina del Sheriff.

**Agente F.B.I. Nick Savage**: ¡Ah sí! Gerardo. Dime, ¿en qué puedo ayudarte?

**C.S.I.-II Gerardo Bloise**: Si, es que me han llegado unas piezas de evidencia que quiero enviar al Laboratorio; son pedazos de la alfombrilla del maletero que tienen unas manchas sospechosas.

**Agente F.B.I. Nick Savage**: No hay problema, de hecho, estaré en la Oficina del sheriff para asistir a una reunión que tengo, tan pronto concluya la misma, pasaré por tu oficina a recoger la evidencia.

**C.S.I.-II Gerardo Bloise**: Gracias Nick, me ahorraste desplazarme a tu oficina.

**Agente F.B.I. Nick Savage**: Ok, te veo mañana.

Concluida la conversación con Nick, me dediqué a verificar que los documentos de Transferencia de Evidencias estén conformes, además tengo que documentar más evidencias. Y no pude evitar el pensar *¿Por qué el K-9 de nuestra agencia y el K-9 del Condado de Osceola, marcaron determinadas zonas en el patio de la familia Anthony? Aun es más ¿Por qué le pidió la pala prestada al Sr. Burner?*

Cuando los K-9 marcaron determinadas zonas del patio-jardín, fue porque objetivamente detectaron en el referido terreno el olor inconfundible de descomposición humana, ya que estos perros están especialmente entrenados para la búsqueda de cadáveres humanos. Además, Casey Anthony, había pedido prestada una pala a su vecino el Sr. Burner.

Todo esto, hace llegar a la conclusión lógica que Casey llevó a Caylee ya muerta en su vehículo, la extrajo del maletero con la intención de sepultarla en el mencionado patio-jardín; pero inteligentemente cambió de intención al figurarse, y no sin razón, que el primer sitio donde la Policía iniciaría su búsqueda sería en su domicilio y alrededores, por lo que se retractó y volvió a colocar el cuerpo de la niña Caylee en el maletero.

En fin, llegó el final de mi turno y este caso es un cumulo de sorpresas, a ver cuál me depara mañana.

**Martes, 5 de Agosto de 2008**

Sonó el despertador a las 05:55 horas como de costumbre; tomé un buen baño con agua tibia, pues reconforta en sobremanera y ayuda al cuerpo a ponerse en funcionamiento escalonadamente e influye positivamente en el estado de ánimo; y por supuesto un buen café, que es el ritual de cada mañana. Salí de mi domicilio y ocupé mi Unidad Forense Movil#0054, tomé la ruta habitual, el Florida Turnpike en conexión con la autopista 408. Tuve suerte, pues al tráfico estaba bastante fluido, encendí la radio para escuchar las noticias que se dan en Orlando; enseguida escuché noticias sobre el abogado de Casey, es decir, de José Báez.

*"El abogado José Báez es la primera vez que tiene un Caso de Alto Nivel y un gran número de abogados han planteado que no posee la experiencia necesaria y que solamente ha defendido casos menores. El abogado Báez ha visitado a su cliente en la Cárcel del Condado de Orange, estaremos informando puntualmente si hay nuevas noticias sobre el Caso de la supuesta desaparición de Caylee Anthony."*

OCSO Unidad #0054

Yo ya era conocedor de esta circunstancia y de la escasa experiencia del abogado en cuestión, para casos de este calibre, de hecho, como C.S.I. he realizado investigaciones sobre robos, agresiones graves, delitos sexuales, entre otros y lógicamente he tenido que personarme en deposiciones y declaraciones ante la Corte de Justicia y jamás había visto ni oído nombrar al tal abogado José Báez.

Ya me estoy acercando a la salida de la John Parkway, me toca esperar a que el semáforo se ponga en verde, ya con el paso libre doblo a la izquierda y continuo mi marcha hasta llegar al estacionamiento de la Oficina del Sheriff por la parte posterior. Accedí por el portón que franquea la entrada al garaje forense utilizando previamente mi identificación en el sistema electrónico de seguridad instalado en el citado portón.

Al abrirse la puerta me encuentro de nuevo con la Escena del Crimen, es decir, el automóvil PONTIAC GRAND AM SUN FIRE; no obstante, me dirigí a la otra puerta por la que se accede a las oficinas de los C.S.I., una vez dentro me dirijo al lugar donde está mi escritorio y los archivos del Caso de Caylee, clasificado en sub-archivos de fotos, documentaciones de evidencias, documentos transferidos al F.B.I., documentos relacionados con la prensa y demás medios y los sub-archivos de los informes del C.S.I.

Extraje del archivo el Documento de Transferencia de Evidencias del Art#2, Id#H-51977, ya que iba a ser entregada al Agente Especial del F.B.I. Nick Savage; acto seguido fui a la Sala de Evidencias y tomé de mi armario #13, las dos cajas selladas que contenían cada una un contenedor de metal que en su interior estaba depositado un trozo de la tapa del neumático de repuesto colectado del maletero del PONTIAC GRAND AM SUN FIRE; me dirigí a mi escritorio con la finalidad de comparar el Documento de Transferencia de Evidencia con las etiquetas de identificación que tenía cada una de las cajas y de esta forma efectuar la verificación de que todos los números coincidieran.

Sonó el teléfono de mi extensión.

**C.S.I.-II Gerardo Bloise**: Buenos días, al habla el C.S.I. Bloise.

**Recepcionista Ileana Torres.**: Gerardo, tengo aquí en la entrada al Agente Especial del F.B.I. Nick Savage.

**C.S.I.-II Gerardo Bloise**: Si, hazlo pasar.

Esperé unos instantes y la Recepcionista se acerca con el Agente Especial del F.B.I. Nick Savage y el Alguacil del Sheriff del Condado Seminole, Steve McElya.

**Agente Especial del F.B.I. Nick Savage**: Saludos Gerardo.

**C.S.I.-II Gerardo Bloise**: Hola, aquí están las dos cajas de evidencias y el documento que tienes que firmar recibiendo las evidencias.

Aproximadamente a las 10:15 horas, le transferí al Agente Especial del F.B.I. Nick Savage, por medio del Documento de Evidencia y Propiedad las piezas siguientes:

1. Una caja sellada, conteniendo un recipiente metálico con un trozo de la tapa del neumático de repuesto en su interior. (Art#2, Id#H-51977, F.B.I. evidencia Q-10)
2. Una caja sellada, conteniendo un recipiente metálico con un trozo de la tapa del neumático de repuesto en su

interior. (Art#31, Id#H-51977, F.B.I. evidencia Q-24)

**C.S.I.-II Gerardo Bloise**: Ok Agente Savage, eso es todo y gracias por venir a buscar la evidencia.
**Agente Especial del F.B.I. Nick Savage**: ¿Qué procesamiento quieres del Laboratorio?
**C.S.I.-II Gerardo Bloise**: Figura en la Carta de Requerimiento que está dentro de una de las cajas en un sobre, pido la búsqueda de trazas de fluidos corporales o algún tipo de agente químico.
**Agente Especial del F.B.I. Nick Savage**: Perfecto Gerardo, hasta luego.
**C.S.I.-II Gerardo Bloise**: Gracias de nuevo.

Seguidamente, acompañé al Agente Especial Savage a la salida de nuestra Oficina. Regresé a mi escritorio para continuar anotando y detallando las actividades realizadas y que aún estaban pendientes de documentar en el caso, por tratarse ya en si un *CASO DE ALTO PERFIL*, teniendo a la prensa y otros medios de comunicación muy pendientes de cada una de las eventualidades que pudieran producirse en el transcurso de la investigación.

**Miércoles, 6 de Agosto de 2008**

Este día es de una calma casi total, llevo toda la jornada reflejando por escrito las incidencias, de forma que, los almuerzos y breaks los tengo que tomar en la oficina, de esta manera no pierdo ni un ápice de tiempo al acumularse gran cantidad de información nueva sobre el caso y que por añadidura aparecen piezas de evidencia que precisan de su procesamiento.

En este momento suena mi extensión telefónica.

**Orden de Allanamiento**

**C.S.I.-II Gerardo Bloise**: Buenas tardes.
**Detective Yuri Melich**: Hola Gerardo, vamos a ejecutar una ***Orden de Allanamiento*** en el domicilio de los Anthony. ¿Sabes la dirección?
**C.S.I.-II Gerardo Bloise**: Si, sé dónde es, te veo allá ¿tienes la Orden del Juez?
**C.S.I. Alina Burroughs**: ¿Orden de Allanamiento? ... ¿Puedo ir contigo?

**C.S.I.-II Gerardo Bloise**: Si no estás ocupada claro. Esta es la dirección. Te veo allá.

La C.S.I. Alina Burroughs, estaba *loca* por entrar en este caso desde hace tiempo, ¡cómo es la vida! Y yo loco por salir del caso y otros C.S.I. locos por entrar en él. Pero en realidad necesitaba ayuda, ya tenía un plan de trabajo que estaba pensando ejecutar. Me dirigí a ocupar mi Unidad Móvil Forense #54, y me puse en marchas.

**C.S.I.-II Gerardo Bloise**: Condado, Unidad Forense 27.

**C.S.I.-II Gerardo Bloise**: Condado, esta Unidad, Forense 27 y C.S.I. Burroughs, estamos cable 51 hacia Hopespring Drive, estaremos allá en 20 minutos.

**Condado de Orange**: 10-4 (entendido).

Tuvimos suerte porque la carretera estaba despejada y el movimiento de vehículos era bastante fluido; cuando llegamos a la Hopespring Drive, eran aproximadamente las 14:38 horas; y como era de esperar ya teníamos allí a la prensa, ¿Quién le había filtrado lo de la Orden de Allanamiento?

**C.S.I.-II Gerardo Bloise**: Condado de Orange de Forense 27.

**Condado de Orange**: Adelante.

**C.S.I.-II Gerardo Bloise**: Forense 27, esta Unidad está señal 97.

**Condado de Orange**:10-4.

En el momento que me apeé de mi Unidad Móvil y Alina de la suya, los reporteros se abalanzaron sobre nosotros de inmediato; nos gritaban como posesos: *¡C.S.I., C.S.I.! ¿Qué buscan ahora?, ¿Encontraron a Caylee?, ¿Quién los llamó aquí?*

La C.S.I. Burroughs y yo comenzamos a abrirnos paso entre los periodistas que nos impedían caminar hacia la residencia, nosotros seguimos caminando a empujones, mientras ellos nos ponían los micrófonos en la boca.

Al llegar a la puerta llamamos e inmediatamente el Detective Yuri Melich abrió la misma.

**C.S.I.-II Gerardo Bloise**: Un poco más y no nos dejan llegar a la puerta.

**Detective Yuri Melich**: Así me pasó a mí también.

Yuri Melich me informó que una Orden de Allanamiento en el caso de comisión de un Delito Grave, contemplada en las Leyes del Estado de Florida, exactamente en: Estatutos del Estado de Florida 827 03 (3) (C) 837 055, 837.06. La citada Orden de Allanamiento fue instruida por el Honorable Ronald

Legendre, Juez del Tribunal del Circuito del Noveno Tribunal del Circuito Judicial, y debía ser ejecutada en el 4937 Hopespring Drive, Orlando, Florida, exactamente en el Condado de Orange, Florida.

Mientras tanto, el Detective Yuri Melich, explicaba a los Sres. Anthony que estaba en posesión de una Orden de Allanamiento, con el objeto de localizar posibles evidencias en el domicilio y recopilarlas para incluirlas en el caso.

Yo por mi parte comencé a fotografiar el interior del referido domicilio para ampliar la documentación del caso. La C.S.I. Alina Burroughs, yo mismo, el Detective Yuri Melich y la señora Cindy Anthony, nos dirigimos a la habitación que había ocupado Casey, situada en el ala este de la residencia; una vez en la mencionada habitación, preguntamos a la Sra. Anthony sobre la ropa que usó Casey Marie Anthony cuando desapareció su nieta. La Sra. Anthony, nos indicó que Casey utilizaba unos pantalones grises de color carbón.

La Sra. Anthony nos abrió el armario. Y extrajo del mismo el pantalón color gris carbón y los colocó sobre la cama.

Como es lógico fotografié el interior de la habitación, al igual que los pantalones para adjuntar dichas fotos a la documentación del caso.

Al tiempo, le pregunté a la Sra. Anthony sobre los zapatos que Casey llevaba en el momento de la desaparición de su nieta; la Sra. Anthony me informó que los zapatos que Casey usó estaban en el automóvil y me describió un par de botas negras y un par de zapatos negros. Una vez que la Sra. Anthony nos facilitó la información requerida, salió de la habitación; dentro de la misma, comenzamos a cubrir la ventana con papel negro, con el objeto de inspeccionar la estancia con A.L.S. *(Fuente de Luz Alternativa).* Utilizando el A.L.S., Alina Burroughs y yo mismo inspeccionamos varias piezas de la ropa que se encontraba colgada dentro del armario.

Tras revisar varias piezas de ropa, detectamos que algunas de ellas tenían lo que aparentaban ser unas manchas sospechosas. Tan pronto concluí con mi inspección solicité la presencia del Detective Yuri Melich.

**C.S.I.-II Gerardo Bloise**: Yuri, ¿puedes venir un momento?

El Detective Yuri Melich y el Sargento Allen estaban conversando con George y Cindy, los abuelos de Caylee.

**Detective Yuri Melich**: Si, Gerardo.

**C.S.I.-II Gerardo Bloise**: Yuri, en varias de las piezas de ropa he podido observar manchas sospechosas, voy a colectar esas piezas para fotografiar las manchas en el Laboratorio y someterlas al Laboratorio del F.B.I.

Armario de Anthony

**Detective Yuri Melich**: Excelente. ¿Tú de qué crees que son esas manchas?

**C.S.I.-II Gerardo Bloise**: Realmente no lo sé, podrían corresponder a una reacción de los detergentes para lavar la ropa, podrían ser fluidos corporales. Pero voy a limitarme a fotografiarlas únicamente, no voy a ejecutar ninguna prueba a esas manchas, voy a dejar que el Laboratorio del F.B.I. haga esas pruebas, por la sencilla razón de que no quiero que haya ningún tipo de controversia en este caso. Por ejemplo, si yo le realizo la prueba de detección de sangre y me da un resultado negativo y las envío al F.B.I. y ellos hacen la prueba y da un resultado positivo, ya nos encontramos con discrepancias en las pruebas.

Pantalones Grises Colgados

**Detective Yuri Melich**: Entiendo, suena razonable y lógico.

**C.S.I.-II Gerardo Bloise**: Comunica a George y a Cindy que voy a llevarme esas piezas de ropa, yo me encargo del Documento de Propiedad y Evidencia. El Detective abandonó el lugar donde habíamos tenido esta conversación y se dirigió a informar a los abuelos de mis hallazgos. Volví de nuevo al

dormitorio para comunicar a mi ayudante, la C.S.I. Burroughs, que iba a ocupar la ropa en la que vimos las mencionadas manchas sospechosas.
**C.S.I.-II Gerardo Bloise**: Alina, voy a colectar las ropas en las que detectamos manchas, por favor, colócalas dentro de las bolsas de papel por separado, mientras yo preparo el Recibo de Propiedad.
**C.S.I. Alina Burroughs**: De acuerdo *G.*
Yo por mi parte, comencé a preparar el Documento.
**C.S.I.-II Gerardo Bloise**: Alina ... ¿está lista? ¿tiene todas las evidencias embaladas?
**C.S.I. Alina Burroughs**: Si *G*, está todo listo.

Ambos salimos del dormitorio, Yuri Melich y el Sargento Allen, estaban sentados con Cindy y George, Yuri me presentó a los abuelos de Caylee.
**Detective Yuri Melich**: Cindy y George, este el C.S.I. Gerardo Bloise, él está a cargo de la investigación Forense y como les dije, va a llevarse unas piezas de ropa como parte de la investigación.
**Cindy Anthony**: No hay problema, estamos de acuerdo *(en ese momento George interrumpió las palabras de Cindy)*
**George Anthony**: Todo lo que ayude a aclarar toda esta situación es bien venido.
**C.S.I.-II Gerardo Bloise**: Este es el Documento de Evidencia y Propiedad donde anoto cada una de las piezas de ropa que me llevo. Entregué a George Anthony una copia del documento de la propiedad que me estaba llevando.
**C.S.I.-II Gerardo Bloise**: Yuri, necesito que nos ayuden a salir de aquí, la prensa está ahí fuera y quisiera entrar lo más rápido posible a mi Unidad Móvil con las evidencias. Inmediatamente, el Sargento John Allen interrumpió la conversación.
**Sargento John Allen**: Gerardo, yo les ayudo a salir.

Le di las gracias al Sargento Allen, procedió abrir la puerta. Salimos y acto seguido la prensa comenzó a gritar haciendo preguntas, mientras el Sargento Allen nos abría paso ante la marabunta de periodistas.

La C.S.I. Burroughs me entregó rápidamente las bolsas de papel conteniendo las diferentes piezas de ropa y las aseguré en mi Unidad Forense Móvil #0054, ocupé la unidad y seguidamente, le puse la marcha rápida saliendo de Hopespring Drive.

Me dirigí al 408 Easwest Expressway, por ser esta ruta la que me lleva directo a la salida de la John Young Parkway y West Colonial Drive, que es donde está emplazado el Cuartel General del Sheriff.

Una vez en la Oficina, estacioné mi vehículo en la parte posterior del aparcamiento de las Oficinas del Sheriff, extraje de mi Unidad Móvil todas las bolsas de papel que servían de contenedores de las evidencias.

La C.S.I. Burroughs aparcó a mi lado y salió de su Unidad Móvil.

**C.S.I. Alina Burroughs**: ¡Que tarde *G*!

Mientras iba colocando las piezas de evidencia en el carrito, contesté a la C.S.I. Burroughs ...

**C.S.I.-II Gerardo Bloise**: Ni me lo digas, esto seguirá así hasta que este caso no se resuelva, la prensa seguirá presionando, es su trabajo.

**C.S.I. Alina Burroughs**: Te voy a abrir la puerta.

**C.S.I.-II Gerardo Bloise**: Ok, muchas gracias.

Inmediatamente abrí la puerta que da acceso al Laboratorio Forense y coloqué todas las bolsas sobre la mesa donde examinamos las piezas de evidencia. Previamente rocié con spray desinfectante gran parte de la citada mesa, además puse papel blanco donde iba a colocar cada una de las piezas de ropa. Así por cada pieza de ropa se ponía un trozo de papel blanco sin usar.

Tras haber inspeccionado visualmente las piezas de ropa por separado, las coloqué en el lugar existente para fotografiar las prendas.

Este es el pantalón que, según Cindy Anthony, llevaba puesto su hija Casey el día que salió de su domicilio con su nieta Caylee.

CASO#: 08-069208

## Capítulo Once

## Luz Alternativa

**Jueves, 7 de Agosto de 2008**

Tras haberlas fotografiado, inicié una revisión meticulosa, una por una, utilizando la Luz Alterna y detecté manchas en cada una de las prendas de ropa.

Una vez fotografiadas, proseguí con el embalaje individual de cada pieza en bolsas de papel y sellarlas con cinta adhesiva en la que podía leerse *EVIDENCIA*. Les coloque las correspondientes etiquetas identificándolas cada una por artículo y su obligada descripción. Me puse en comunicación con el Detective Yuri Melich y le informé de mis hallazgos, al tiempo que le indicaba que iban a ponerse a disposición de los Laboratorios del F.B.I.

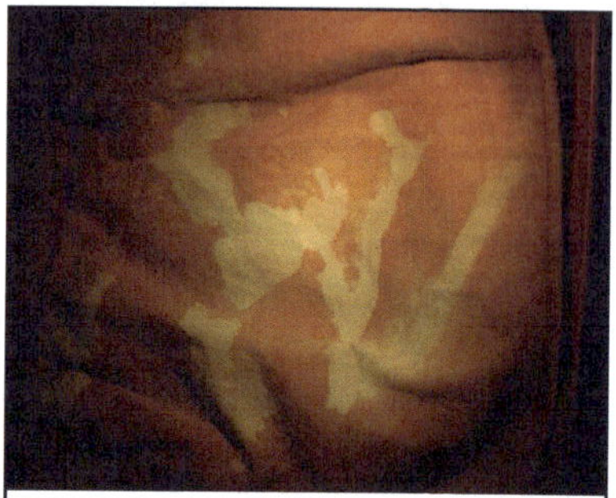

**Mancha en la Ropa de Casey**

Luego de haber examinado las prendas de ropa y fotografiarlas debidamente; me dirigí al garaje forense y procesé el vehículo, con la finalidad de detectar posibles huellas latentes, tanto en el interior, como en el exterior. Una vez procesado el automóvil, localicé una huella latente en la zona del exterior del maletero.

Después como es obvio, fotografié la huella valiéndome de un *Testigo Métrico (escala con medidas)*, para que, posteriormente sea analizada en la Sección de Huellas Latentes 1:1.

Me incorporé de nuevo a mi escritorio, tras haber sometido la huella latente a la Sección de Identificación.

**Viernes, 8 de Agosto de 2008**

Una vez que todas las prendas de ropa de Casey Anthony estaban debidamente fotografiadas y embaladas por separado. De nuevo me dirijo a la Sala de Evidencias para cotejar el Documento de Evidencia y Propiedad, con las 11 prendas de ropa para comprobar que coinciden en todos sus puntos.

Este proceso investigativo es de vital importancia, ya que por experiencia de otros casos este detalle es de auténtica trascendencia, ya que en Tribunales en los que he estado presente, el abogado defensor puede tumbar la evidencia por un número o letra mal escrito o que ofrezca la más leve duda, y como es lógico, yo no quiero que eso ocurra en este caso.

Estas piezas de evidencia hoy mismo serán puestas a disposición del F.B.I.

Una vez todo verificado, tomé todas las evidencias y colocarlas debidamente en mi Unidad Móvil Forense #0054.

Salí rápidamente de la Oficina del Sheriff tomando la West Colonial Drive, me encontré con un tránsito bastante saturado, pues son las 12:30 horas p.m., que es la hora que la gente sale a almorzar de sus puestos de trabajo. Llegué a la salida del I-4 West, cuando llegué a esta autopista tuve que acelerar ya que es una interestatal con una importante saturación de vehículos que circulan a alta velocidad.

Tomo el teléfono móvil con el "head set" y marco el número del F.B.I.

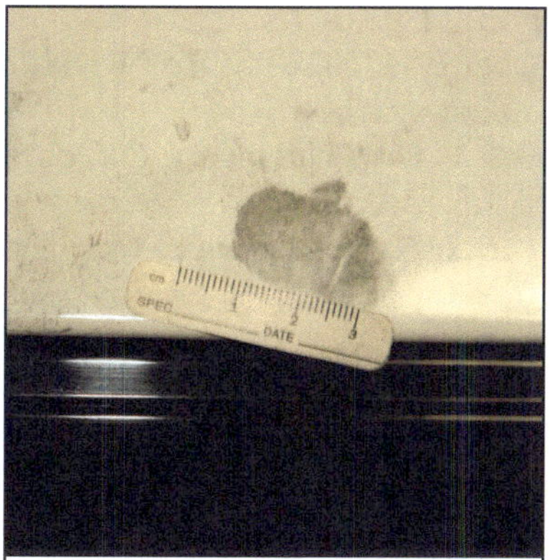

Huella Digital

**Operadora del F.B.I.**: F.B.I. buenos días.

**C.S.I.-II Gerardo Bloise**: Buenas días, al habla el C.S.I. Gerardo Bloise de la Oficina del Sheriff ¿podría comunicarme con Karen?

**Operadora del F.B.I.**: Si, un momento.

Vuelven a sonar tonos de llamada telefónica.

**F.B.I. Karen Cowan**: Buenos días, al habla Karen.

**C.S.I.-II Gerardo Bloise**: Hola Karen, al habla Gerardo ¿Cómo estás?

**F.B.I. Karen Cowan**: Hola Gerardo, estoy bien, dime ¿en qué puedo ayudarte?

**C.S.I.-II Gerardo Bloise**: Karen, estoy en camino con más evidencias del Caso de Caylee, esta vez con 13 prendas de ropa que pertenecen a Casey y quiero someterlas al Laboratorio; cuando llegue a tu oficina te amplio más detalles, estoy ahora mismo conduciendo por la I-4, estaré allá en 25 minutos.

**F.B.I. Karen Cowan**: Ok, no hay problema, cuando llegues al estacionamiento me llamas para bajar a buscarte. Llámame a mi teléfono móvil.

**C.S.I.-II Gerardo Bloise**: Perfecto, muchas gracias, Karen.

Una vez concluida la comunicación con Karen; tuve el pensamiento más que lógico sobre los resultados que podían arrojar estas piezas de evidencias con el análisis del Laboratorio. Me encuentro muy cerca de la salida de la Maintland Boulevard, únicamente me queda rebasar el semáforo en verde que queda a la izquierda y en pocos minutos estaré en el estacionamiento donde se encuentra la Oficina del F.B.I.

Ya he llegado a mi destino, existen dos estacionamientos cerca de las escaleras de la entrada del Edificio Federal. Voy a llamar a Karen, para avisarle que ya llegué.

Suenan los tonos de llamada telefónica, enseguida contesta Karen.

**C.S.I.-II Gerardo Bloise**: Karen, estoy aquí en el estacionamiento.

**F.B.I. Karen Cowan**: Ok, estoy bajando.

Esperé unos minutos y veo a Karen salir del Edificio.

**F.B.I. Karen Cowan**: Wow Gerardo ¡que calor!

**C.S.I.-II Gerardo Bloise**: Así es Karen, ya sabes que aquí en Florida el sol pega fuerte este verano.

**F.B.I. Karen Cowan**: Voy a ayudarte con estas bolsas.

**C.S.I.-II Gerardo Bloise**: Gracias Karen.

Nos dirigimos los dos hacia la entrada principal, donde tomamos el ascensor; mientras subíamos al piso donde se encontraban las oficinas de Karen, se me quedó en la memoria el comentario que ella me hizo sobre el calor, inmediatamente rompí el silencio.

**C.S.I.-II Gerardo Bloise**: Ese comentario que me hiciste sobre el calor.

**C.S.I.-II Gerardo Bloise**: Si, estaba pensando en que Caylee estaba desaparecida en el mes junio ¿recuerdas?
**F.B.I. Karen Cowan**: Si, eso es lo que reflejó la investigación.
**C.S.I.- II Gerardo Bloise**: ¿Tú te imaginas a esa podre niña dentro de ese maletero, con este calor? ¿sabes cómo está la temperatura dentro?, estaría a más de 100 grados Fahrenheit.
**F.B.I. Karen Cowan**: Gerardo es muy fuerte.

Se interrumpió momentáneamente la conversación al sonar la señal de llegada al piso de destino del elevador.

Continuamos caminando por el pasillo, hicimos nuestra entrada por otra puerta, recibiendo el saludo de la recepcionista con la mirada y continuamos caminando hasta llegar a una puerta que se abrió mediante un dispositivo de seguridad. Accedimos al escritorio de Karen.

**C.S.I.-II Gerardo Bloise**: Ok, Karen aquí está el Inventario de Propiedad y Evidencia, así como la carta que preparé solicitando el correspondiente análisis.
**F.B.I. Karen Cowan**: De acuerdo, voy a verificarlos.

Mientras Karen revisa los documentos, en mi mente bullía la idea de que todo estuviera conforme y que lo números y la identificación de las Evidencias concordaran debidamente y no existieran discrepancias, porque de haberlas tendrá que arreglarlo, gracias Dios estamos en el Siglo XXI y ya nada se ejecuta a mano, todo se refleja en la computadora, por lo que sería únicamente abrir el documento y buscar el error y rectificarlo, pero esa operación llevaría tiempo y, en un caso como éste considerado de *ALTO PERFIL* el tiempo es muy valioso.

Existe un postulado en la investigación Criminal que reza: *"Tiempo que pasa, verdad que huye"*

Durante la espera, se oía el silencio, hasta que en un instante quedó interrumpido por la voz de Karen.

**F.B.I. Karen Cowan**: Gerardo todo está bien y orden, voy a firmarlo para recepcionar las evidencias.
**C.S.I.-II Gerardo Bloise**: Gracias Karen, por toda la ayuda que me estas prestando en este caso.
**F.B.I. Karen Cowan**: De nada Gerardo, estamos para servirte. Si no hay nada más, Gerardo te acompaño a la puerta.

# FBI Correspondence (See Archive)

**Sheriff Kevin Beary**

**ORANGE COUNTY SHERIFF'S OFFICE**

*Telephone: 407-254-7000*

P.O. Box 1440, Orlando, Florida 32802-1440
*Visit us on the Internet:* http://www.ocso.com

**August 8, 2008**

TOTAL. 11

**FBI Evidence Control Unit**
**2501 Investigation Parkway**
**Quantico, VA 22135**

**FBI Lab Submission # 4**

**CASE NUMBER: 08-069208**
**Missing Person (Child)**

**Victim:** Anthony, **Caylee Marie**
**W/F D.O.B. 8 / 9 / 05**

**Suspect:** Anthony, **Casey Marie**
**W/F D.O.B. 3/19/86**

**I- Synopsis:**

On August 6, 2008 at approximately 1438 hours the Orange County Sheriff's Office executed a search warrant at 4937 Hope Spring Drive, Orlando, Florida. Search warrant was issued by Honorable Ronald Legendre, Circuit Court Judge of the Circuit Court of the Ninth Judicial Circuit, in Orange County Florida and in the matter of felony violation of the laws of State of Florida, to wit: Florida *States Statues 827.03(3)(C) 837.055, 837.06.* The reason of this search warrant is to search for any trace of evidence to include DNA, blood, or other bodily fluid on any clothing which was worn by the suspect Casey Marie Anthony the day the child Caylee Marie Anthony went missing. This investigator checked all the clothing located in the closet using a ALS in order to find any suspected stain. On (11) pieces of clothing I observed what appeared to be suspected stains. From Casey Marie Anthony's closet's this investigator collected the following pieces of evidence:

**II- Evidence submitted here with:**

**Art # 1** Sealed paper bag containing pants brand name "Zinc" size 5. Q-25
**(Item # H-52175)**

Note: Art # 1 was inspected using ALS. No suspected stain was found, however I would like you to check this piece of evidence for any trace of evidence. According

1

Caminamos por el largo pasillo con dirección a la puerta. **C.S.I.-II Gerardo Bloise**: De toda la ropa que se envió al Laboratorio, quiero que examinen bien el Articulo#1, ya que según Cindy Anthony se me informó que ese fue el pantalón que usó Casey cuando salió con su nieta Caylee por última vez de su casa.

**F.B.I. Karen Cowan**: Ok, haré la anotación de lo que me indicas en los documentos que enviaré al laboratorio, junto a las evidencias.

Salí rápidamente por el pasillo que da acceso al ascensor, esperando que se abriera para llegar a lobby y después a la salida del edificio, sonó la señal acústica de llegada del ascensor y me encuentro de frente al Agente Maldonado, habíamos trabajado juntos en Puerto Rico.

**F.B.I. Agente Especial Maldonado:** ¡Muchacho!, Gerardo te veo a cada momento en televisión.

**C.S.I.-II Gerardo Bloise:** Este caso cada día se complica más, tú sabes perfectamente cómo es este negocio.

**F.B.I. Agente Especial Maldonado:** Tú eres bueno en lo que haces, Gerardo todo saldrá bien.

**C.S.I.-II Gerardo Bloise:** Gracias por tus palabras, me he dedicado en cuerpo y alma a este caso, y gracias al F.B.I. que nos está echando una mano con su Laboratorio. ¿y tú cómo estás?

**F.B.I. Agente Especial Maldonado:** Todo bien, aquí terminando unos cuantos casos que tengo, ya estoy en vías de retiro dentro de tres meses.

**C.S.I.-II Gerardo Bloise:** Excelente brother, eso es una buena noticia, ya sabes que este tipo de trabajo es muy estresante, y siempre he dicho que este trabajo debe ser de 20 a 25 años máximo.

**F.B.I. Agente Especial Maldonado:** Así es Gerardo Bloise.

**C.S.I.-II Gerardo Bloise:** ¿Y qué es de la vida de Rodríguez?

**F.B.I. Agente Especial Maldonado:** Él no está en Orlando, le salió una plaza de Supervisor y está ahora en Washington DC.

**C.S.I.-II Gerardo Bloise:** ¡Que buenas noticias!, tú te retiras y Rodríguez de Supervisor en DC, ¡qué bueno! Okay, hasta la próxima, cuídate.

**F.B.I. Agente Especial Maldonado:** Vamos a ver si nos vamos a almorzar a *Mi Viejo San Juan.*

**C.S.I.-II Gerardo Bloise:** Claro, estuve allá almorzando hace varias semanas y estuve hablando con Don Martín y Doña Irma.

CASO#: 08-069208

# *Capítulo Doce*

## Respuesta Retornada

Salí del estacionamiento del F.B.I. para dirigirme a la autopista I-4, después tomé la salida del West Colonial Drive, para tomas dirección hacia las Oficinas Centrales del Sheriff.

Mientras iba conduciendo, recibí en mi móvil un mensaje de texto en el que se me indicaba «verifica tu e-mail».

Llegué a la Oficina del C.S.I., y ocupé mi lugar de trabajo. Todavía con el escritorio repleto de documentos, ya con el archivo del Caso de Caylee Anthony.

Encendí mi computadora y veo el e-mail-informe del Laboratorio del F.B.I. de uno de los cabellos que sometí al Laboratorio. Wow, del examen A.D.N mitocondrial.

Ese cabello vino a demostrar que la niña no estuvo nunca secuestrada, sino que por desgracia estaba muerta. El A.D.N.-Mitocondrial se transmite únicamente a través de la madre, o lo que es lo mismo por descendencia directa del examen del A.D.N.-Mitocondrial uno de ellos era del resultado que se obtuvo. El caso se esclareció. Ese cabello vino a demostrar que la niña no estuvo nunca secuestrada, sino que por desgracia estaba muerta. El A.D.N.- Mitocondrial se transmite únicamente a través de la madre, o lo que es lo mismo por descendencia directa. O sea, Cindy, la madre de Casey transfirió su A.D.N. (mt) y a su hermano Lee, lógicamente Casey transfirió su A.D.N. (mt) a su hija Caylee.

Tras de dar lectura al informe del Laboratorio del F.B.I. sobre el cabello Q-12, sonó el teléfono de mi extensión.

**C.S.I.-II Gerardo Bloise**: C.S.I. Bloise, buenas tardes.

**A.S.L. Michael Vincent**: Me dijo Melich que te envió un e-mail, pero no me dio detalles me dijo que hablase contigo.

**C.S.I.-II Gerardo Bloise**: Si, así es, ven está en mi pantalla.

**A.S.L. Michel Vincent**: Voy ahora.

No sé, pero Mike debió venir volando a mi escritorio, aún no había terminado de girar mi silla y ya estaba a mi lado.

Me echó hacia un lado y Mike comenzó a leer el e-mail. (se hizo el silencio). Se rompió el silencio al terminar de leer el e-mail.

**A.S.L. Michael Vincent**: ¡Maldita sea, *G*!, el caso se resolvió.

**C.S.I.-II Gerardo Bloise**: Así es Mike, el caso se resolvió. Ahí está la respuesta, aunque lamentablemente es la verdad.

FBI Laboratory

2501 Investigation Parkway
Quantico, Virginia 22135

**REPORT OF EXAMINATION**

To: Tampa
Orlando RA
TFO John Steven McElyea

Date: August 8, 2008

Case ID No.: 7A-TP-71176

Lab No.: 080730003 TO MQ

Reference: Communication dated July 28, 2008

Your No.:

Title: CAYLEE MARIE ANTHONY - VICTIM
MISSING / ABDUCTED MINOR
ORANGE COUNTY, FLORIDA

Date specimens received: July 30, 2008

The items listed below were examined in the DNA Analysis Unit II:

Q12.1 Hair from specimen Q12 debris from left side of trunk liner

K1 Buccal sample from CASEY ANTHONY (Items K-6 and K-7)

This report contains the results of the mitochondrial DNA (mtDNA) examinations.

**Results of Examinations:**

Mitochondrial DNA (mtDNA) sequences were obtained from the Q12.1 from the hair from the Q12 debris from the left side of the trunk liner and the K1 buccal sample identified as coming from CASEY ANTHONY, identified as the mother of CAYLEE MARIE ANTHONY. The mtDNA sequences obtained from items Q12.1 and K1 are the same. Therefore, neither CASEY ANTHONY nor CAYLEE MARIE ANTHONY can be excluded as the source of the Q12.1 hair.

**Respuesta del Laboratorio**

Casey es responsable de la muerte de su hija. Ya las piezas de la rompecabeza estaban cayendo en su lugar, los puntos, en lo que a las evidencias forenses se refiere, estaban comenzando a conectarse. Esa prueba del cabello Q-12 es crucial y por ende fundamental en este caso. Ahora hay que esperar los resultados de los restantes análisis de las otras piezas de evidencia que se remitieron al Laboratorio del F.B.I. y al Laboratorio de Oakridge – Tennessee.

Las otras piezas de evidencia serian, obviamente, las que iban a corroborar la evidencia Q-12, cabello del que el informe del F.B.I. nos dice lo siguiente:

Muestras fechadas recibidas: 30 de Julio de 2.008

**Muestras Recibidas en Julio 30 del 2008:**

1.Q-12.1 Pelo de la muestra Q-12 colectado del lado izquierdo de la alfombrilla del maletero.

2. K-1 Muestra bucal de Casey Anthony (Artículos K-6 y K-7).

Este informe contiene los resultados de los exámenes de A.D.N. Mitocondrial (A.D.N. mt). Se encontraron los siguientes resultados: Secuencias de A.D.N. Mitocondrial (A.D.N. mt) del Q-12.1 del cabello de los restos Q-12 del lado izquierdo de la alfombrilla del maletero y la muestra bucal K-1 identificada como de Casey Anthony, reconocida como la madre biológica de Caylee Marie Anthony.

Las secuencias de A.D.N. (mt) obtenidas de los ítems Q-12 y K-1 son idénticas. Por lo tanto, ni Casey Anthony, ni Caylee Marie Anthony pueden ser excluidas como la fuente del cabello Q-12.1.

Las muestras se examinaron visualmente mediante microscopia, estereoscópica y microscopia de comparación.

Tras haber recibido esa noticia, a la que catalogué como agria y dulce a la vez; Agria porque desde el principio de mi investigación Forense mi deseo más profundo era que el análisis diese resultado negativo, porque mi olfato profesional me decía todo lo contrario, es decir que la pobre Caylee estaba muerta; Dulce porque el caso se demostró científicamente, desbaratando las mentiras con las que Casey, Cindy y George, habían montado el show mediático, absolutamente falso con el que afirmaban que la niña Caylee había sido secuestrada y que estaba con vida.

Al instante, me dirigí a la zona del Garaje Forense, con la intención de inspeccionar la bolsa de basura que me había facilitado la Investigadora Awilda McBryde. Cuando recibí la basura presentaba un alto grado de humedad, por lo que la coloqué en un cuarto especial para cuando se reciben evidencias con estas características (mojadas o con sangre fresca) para dejarlas que se produzca su secado.

Ya en el Garaje Forense abrí el compartimento de secado #2 donde tenía colocada la bolsa de basura relacionada con el Art#1, Item#H-51976.

La papelera contenía los siguientes elementos:

1. Caja de pizza rota.
2. Una lata vacía de *Pepsi* #34, 35.
3. Dos latas vacías de *Sprite*
4. Dos latas vacías de *Coca-Cola.*
5. Una lata vacía de *Dr. Pepper.*
6. Una botella vacía de *Arm Hammer (ingredientes: aniónicos, no iónicos)* 80 oz.
7. Una botella de limpiador *Kiwi Sport.* 5.05 oz
8. Una botella vacía de *Mountain Dew.*
9. Artículos varios.

Observé en varios de los artículos la existencia de cabellos. Esta caja de pizza que según Cindy tenía sobrantes de pizza y de ahí el mal olor del vehículo.

En el artículo #17 (envase negro, observé que aparentaba tener gusanos, algunos de ellos secos y otros húmedos,

**Artículo #17, Envase Plástico**

**Evidencia de la Basura**

muchos de ellos se movían. Como no sabía si provenían del cuerpecito de Caylee en estado de descomposición *(animales necrófagos)* opté por preservarlos para su examen Entomológico Forense. El total de todos los artículos examinados de la basura fueron un total de 37. Ya eran las 16:29 horas, y mi vista acusaba el cansancio de estar buscando cabellos o cualquier otra traza de evidencia que, en no pocas ocasiones son muy difíciles de detectar ya que, debe utilizarse la lupa con luz integrada y la combinación de esta luz te cansa la vista. Cuando me estaba quitando el cubrecabeza, el jumper y los guantes, sonó mi teléfono.

**C.S.I.-II Gerardo Bloise**: Buenas tardes.

**Detective Yuri Melich**: Gerardo ¿Cómo estás?

**C.S.I.-II Gerardo Bloise**: Bien, acabando de examinar los artículos de la basura en el laboratorio.

**C.S.I.-II Gerardo Bloise**: Debo informarte que encontré cabellos en algunos de los artículos tales como la caja de pizza, en las latas de refrescos y, como te había mencionado el primer día que te mostré el envase negro de plástico el 16 de julio y pudiste observar la presencia de gusanos.

**Detective Yuri Melich**: Si me acuerdo.

**C.S.I.-II Gerardo Bloise**: Fueron colectados para ser preservados y eventualmente ser enviados a algún laboratorio para ser examinados por algún Entomólogo Forense. ¿Ahora en que te puedo ayudar?

**Detective Yuri Melich**: Si estamos sincronizados, te pregunto ¿En los artículos de la basura hay algún producto que sea detergente? La razón por la cual te pregunto, es porque recibí una llamada del Dr. Vass de la finca de los cadáveres preguntándome.

**C.S.I.-II Gerardo Bloise**: Yuri, si encontré un recipiente vacío, se trata de una botella de *Arm Hammer.*

**Detective Yuri Melich**: Gerardo, cuando tengas oportunidad llama al Dr. Vass a Tennessee e infórmale de lo que encontraste en cuanto a la botella de detergente.

**C.S.I.-II Gerardo Bloise**: Perfecto Yuri le llamaré.

En cuanto terminé la conversación telefónica con Yuri, hice la llamada en el mismo momento, ya que con tanta cantidad de asuntos pendientes podría olvidárseme.

Me dirigí de nuevo a mi escritorio con el objeto de realizar la llamada directa; una vez en mi escritorio, tomé la extensión exterior, es decir la numero 9 y marqué los números del Dr. Vass, inmediatamente escuché los tonos de llamada, al tercero de ellos cogió el teléfono.

**C.S.I.-II Gerardo Bloise**: Buenas tardes Dr. Vass, al habla el C.S.I. Gerardo Bloise, a cargo de la investigación forense del caso de Caylee Anthony, aquí en Orlando – Florida. El Detective Yuri Melich me comunicó que usted necesitaba información sobre si en los artículos de basura se encontraba había alguna pieza relacionada con detergentes.

**Dr. Avard Vass**: Así es C.S.I. Bloise, ¿me podrías indicar si encontraste en la basura algo relacionado con un detergente?

**C.S.I.-II Gerardo Bloise**: Así es Dr. Vass, encontré una botella de «Arm Hammer», así como otra botella de «Kiwi Sport Cleaner».

**Dr. Avard Vass**: ¿me puedes decir los ingredientes del «Arm Hammer».

**C.S.I.-II Gerardo Bloise**: Los ingredientes son: aniónicos y no iónicos (80 oz), en cuanto a la botella de *Kiwi Sport Cleaner* no hay ninguna indicación en la parte posterior acerca de los ingredientes, pero lo manufactura *SC JOHNSON.*

**Dr. Avard Vass**: ¿Me puedes indicar quien manufactura la marca *Arm Hammer?*

**C.S.I.-II Gerardo Bloise**: Permítame revisar la parte posterior de la botella Doctor; si, la empresa que lo manufactura es *Church & Dwight.*

**Dr. Avard Vass**: Muchas gracias por tu ayuda Gerardo.

Tras haberle facilitado la mencionada información al Dr. Vass, registre en mi bitácora de actividades la gestión, con el objeto de mantener perfectamente controlados los pasos de mi investigación.

Mañana será otro día.

### Martes 12 de Agosto de 2008

Me reincorporo tras cumplir con mis días libres con ánimos renovados, debido a la noticia del informe emitido por el F.B.I. en lo referente al cabello con A.D.N. (mt) que correspondía a Casey Anthony y que había aclarado el caso, ya de nuevo en mi oficina C.S.I., verifiqué los e-mails y buzones de voz de mi teléfono, al tener todavía casos pendientes en los Tribunales y que tengo que ir a prestar declaración; estando en mi escritorio apareció de improviso Michael Vincent.

**A.S.L.-C.S.I.-Michael Vincent**: *G*, fui a atender una llamada con relación a una gorra que fue hallada y posiblemente sea de Caylee.

**C.S.I.-II Gerardo Bloise**: ¿Dónde está?

**A.S.L.-C.S.I.- Michael Vincent**: Está en mi armario de evidencias.

**C.S.I.- II Gerardo Bloise**: Ok, te espero acá en el escritorio.

Mientras Mike salía a recoger de su armario de evidencias la mencionada prenda, yo continué revisando mi correo electrónico.

Sobre las 18:11 horas, el A.S.L./C.S.I. Michael Vincent llegó de nuevo a mi escritorio de trabajo en la Oficina Forense y mostró una gorra con la siguiente descripción:

-100% algodón.

-Color blanco.

-Posiblemente su color primigenio fuese rosa.

-Mojado.

En la parte frontal podía leerse: *"CARTA V.I.P. Princesa muy importante"*.

Pude detectar que la prenda tenía adherida tierra y varias hojas secas de un color muy similar al de las que colecté del vehículo *(supuesta Escena del Crimen)*.

Inmediatamente incorporé la gorra al Cuarto de Secado, ya que estaba mojada cuando me fue entregada. Tras asegurar debidamente la evidencia, retorné a mi escritorio para reflejar por escrito mis gestiones en el caso.

Dispongo ya de una completísima información, por lo que ya he iniciado a redactar mi informe en la computadora; seguro que me ocupará toda la jornada transcribiendo todo lo anotado manualmente a la computadora.

Sonó la extensión del teléfono que tengo sobre mi mesa de trabajo.

**C.S.I.-II Gerardo Bloise**: Buenas tardes C.S.I. Bloise.

**Oficial de la Corte de Justicia**: C.S.I. Bloise, es para recordarle que tiene una declaración hoy a las 15:00 horas.

**C.S.I.-II Gerardo Bloise**: Si, por favor, ¿me puede indicar de que caso se trata?

**Oficial de la Corte de Justicia**: El caso se trata de una *agresión agravada.*

**C.S.I.-II Gerardo Bloise**: Allí estaré, además tengo delante de mí el número de caso y el expediente.

Tras mantener la conversación con el Oficial de la Corte de Justicia, comencé a revisar el expediente del caso, con el fin de refrescar mi memoria sobre el mismo. Se trataba de un caso de un apuñalamiento, en el que procesé el cuchillo y esclarecimiento, levantando la huella del sospechoso.

Ya es la hora idónea para dirigirme a la Corte de Justicia; tomo el expediente y salgo de la Oficina por la parte posterior de la misma, es decir por la del C.S.I.

Ocupo y doy contacto para el encendido de mi Unidad Forense Móvil # 0054, y ya en marcha me dirijo a la salida del estacionamiento de la Oficina del Sheriff, haciendo un giro a la derecha en la West Colonial Drive, sigo hasta acceder a la Avenida Orange, que es donde se emplaza el Edificio de la Corte de Justicia.

Estacioné mi Unidad Móvil y me dirigí a la entrada posterior del Edificio que es por donde entramos los funcionarios de la Ley y el Orden.

Pasé por el lado del detector de metales con mi identificación puesta y visible. Los funcionarios de Seguridad me saludaron. Accedo al pasillo hasta llegar a una sección en la que puede leerse DEPOSICIONES [Declaraciones].

**Katherine Hernández**: C.S.I. Bloise ¿Cómo estás?

**C.S.I.-II Gerardo Bloise**: Hola Katherine, estoy bien ¿y tú?

**Katherine Hernández**: Ya están listos el abogado y el fiscal, te están esperando en la *Sala A.* Continué caminando por el pasillo, doblé a la izquierda en el siguiente pasillo, vi la puerta entreabierta y toqué en la misma hasta escuchar un *ADELANTE* que me autorizaba a entrar en el Despacho. Al abrir la puerta se levantaron el Fiscal y el Abogado y me saludaron; soy el Fiscal Greenback y yo el abogado Brown. Soy el C.S.I. Gerardo Bloise, es un placer conocerlo; cerré la puerta y ocupé mi asiento, me acercaron un micrófono y el abogado me indica que levante la mano derecha y que diga: *"… testifico jurar o afirmar declarar la verdad, toda la verdad y nada más que la verdad con la ayuda de Dios …"*

**C.S.I.-II Gerardo Bloise**: Si, lo afirmo.

Me encuentro en la etapa de preguntas y respuestas sobre el mencionado caso; estuve más de dos horas contestando preguntas, en su mayoría formuladas por el abogado Brown.

Tras haber concluido mi declaración, salí de la sala despidiéndome del Fiscal y del Letrado.

Abandoné el Edificio de la Corte de Justicia para poner dirección a la Oficina del C.S.I. del Sheriff con la intención de seguir con el informe del caso. Paré en una farmacia y vi una serie de revistas que hablaban del Caso de Caylee Anthony; ya había superado la atención que prestaban tanto la Radio como la Televisión, para pasar a la prensa escrita.

Tras haber comprado en la farmacia continué con mi ruta hacia la Oficina del Sheriff División del C.S.I.

Llegué, por fin, a mi zona de trabajo y me dirigí directamente a la sala donde se encuentran todos los expedientes de los casos. Haciendo uso de mi tarjeta de identificación abrí la puerta y me dirijo a la zona de los estantes donde se encuentran archivados por años todos los expedientes; coloqué el expediente en su lugar y salí de la sala. Accedí por la puerta del pasillo que da acceso a los lugares de trabajo de los C.S.I., y ocupé mi escritorio para dar continuidad al informe del caso.

Sonó el teléfono de mi escritorio.

**Detective Yuri Melich**: Hola Gerardo, ¿Viste el informe del F.B.I.?

**C.S.I.-II Gerardo Bloise**: Sí lo vi, y ya sabemos lo que le paso a Caylee y también sabemos que fue bajo la custodia de Casey.

**Detective Yuri Melich**: Así es Gerardo.

**C.S.I.-II Gerardo Bloise**: La prensa escrita ha comenzado a hacer correr tinta sobre el caso, incluso la Revista *PEOPLE* escribió un artículo sobre Caylee. Del mismo modo, el *ORLANDO SENTINEL* ya ha editado varios artículos que, de hecho, los he archivado como parte de la investigación.

Revista explica lo ocurrido

**Llamada de Cindy y el 911**

Enseñé mi archivo al Detective Melich y le puse al día sobre los artículos de prensa que guardaba en el archivo. Este artículo fue editado por el *ORLANDO SENTINEL* el 20 de Julio de 2008 y te aseguro que me molestó mucho porque la familia Anthony, tomaron a los ciudadanos por estúpidos, incitándolos a buscar a Caylee, sabiendo, tanto George como Cindy que su hija Casey era la responsable de la desaparición y muerte de su nieta Caylee.

Este artículo está fechado el 17 de Julio de 2.008. El día 16 de Julio, llevé a cabo una búsqueda en el patio-jardín y yo sabía positivamente que Caylee no se encontraba sepultada allí.

**C.S.I.-II Gerardo Bloise**: Mira Melich, este artículo está fechado el 25 de Julio de 2008. Casey admitió finalmente que, supuestamente Caylee llevaba un mes perdida, y Cindy admitió que en el vehículo emanaba un olor como si hubiera un cuerpo muerto.

**Detective Yuri Melich**: Eso ya lo sabíamos cuando recibimos el auto Gerardo.

**C.S.I.-II Gerardo Bloise**: Así es Yuri, lo verdaderamente interesante de ese artículo, fue que Casey admitió que se extravió su hija estando bajo su custodia y Cindy admitió que el auto desprendía olor a ser humano muerto, esa es la

| REGISTRO DE EVIDENCIA | | | | |
|---|---|---|---|---|
| **Art. #** | **Artículos** | **Descripción de la Evidencia** | **Ubicación** | **Día / Hora** |
| 1 | H-52268 | Gorra opaca, blanca o rosada de baseball (femenina) con una pequeña corona rosada al frente que dice "V.I.P Princesa Importante" | Unidad Forense | 8/13/08<br>A las 16 horas y 49 minutos |
| 2 | H-52268 | Hojas secas y escombros | Unidad Forense | 8/13/08<br>A las 16 horas y 49 minutos |

confirmación del hecho. Sin embargo, tú sabes y yo sé que tristemente Caylee está muerta.

**Detective Yuri Melich**: Así es.

Una vez había mostrado al Detective Yuri Melich los artículos, nos despedimos para continuar con nuestro trabajo de investigación, Yuri en la Criminal y yo en la Forense.

En el canal 6, CSI Bloise investiga el baúl del auto

**Miércoles, 13 de Agosto de 2008**

Sigo en la mesa de mi puesto de trabajo redactando el informe del caso. Se acercó de nuevo el A.S.L./C.S.I.- Michael Vincent.

**A.S.L./C.S.I. Michael Vincent**: *G*, aquí tengo la gorra completamente seca para transferírtela.

**C.S.I.-II Gerardo Bloise**: ¿Separaste las hojas secas de la gorra?

**A.S.L./C.S.I. Michael Vincent**: Si, G.

Como es reglamentario, firmé el Documento de Transferencia y Recibo de Propiedad, de esta forma se mantiene la Cadena de Custodia de Evidencias. Rápidamente incluí la Entrada de Evidencias en mi informe.

Una vez recibida las evidencias, ya estaba listo para asegurarla en mi Armario de Evidencias #13, donde tengo protegidas la gran mayoría de piezas de evidencia de este caso.

Es ya la hora de marcharme una vez terminado mi turno, estaré tres días libres, que inexcusablemente necesito para distanciarme un poco del caso, así como de la presión adicional que adjudica el mismo.

CASO#: 08-069208

# *Capítulo Trece*

## Buscando en la Basura

**Lunes 25 de Agosto del 2008**

Volví de nuevo al trabajo y me reuní con Michael Vincent para conversar con relación a la bolsa de basura y su contenido.

**A.S.L./C.S.I. Michael Vincent**: *G*, ¿tu inspeccionaste la bolsa de basura?

**C.S.I.-II Gerardo Bloise**: Claro Mike, el mismo día que recibí la bolsa de basura cuando me la entregó la Investigadora Awilda McBryde, saqué todos los artículos y los coloqué sobre un papel de estraza y los inspeccioné en presencia de ella y el Detective Yuri Melich y no observamos ninguna pizza o pedazo de carne. ¿Cuál es el problema?

**A.S.L./C.S.I. Michel Vincent**: los jefes quieren verificar de nuevo que no hay nada de pizza o carne en esos artículos de basura.

**C.S.I.-II Gerardo Bloise**: Mike, tengo entre manos gran cantidad de asuntos pendientes y que tengo que hacer, en adicción esta gestión, sin contar que tengo otros casos en los que estoy trabajando, encima los jefes quieren que verifiquemos algo que ya está previamente verificado, no sólo por mí, sino por la Investigadora Awilda McBryde y el Detective Yuri Melich.

**A.S.L./C.S.I. Michael Vincent**: Hay que hacerlo *G*, así nos los quitamos de encima.

**C.S.I.-II Gerardo Bloise**: Ok Mike, voy a la sección de evidencia a sacar la dichosa maldita bolsa de basura.

Tras la conversación con Mike fui a mi escritorio nuevamente y tomé las llaves de mi Unidad Forense Móvil #0054 y puse dirección hacia el Edificio de la Unidad de Evidencias, un lugar que está separado de la Oficina Central del Sheriff del Condado de Orange. Conduje por la Avenida West Colonial, giré a la izquierda por la John Young Parkway, y seguí directo rumbo al citado edificio que dista unos 35 minutos de nuestra oficina.

Llegué al Edificio de la Unidad de Evidencias a las 11:53 a.m., que son los custodios de todas las evidencias que se someten en todo el Condado de Orange, y que pueden ser colectadas por personal uniformado, detectives o C.S.I.

Al llegar a la puerta principal, abrí la misma valiéndome de mi Tarjeta de identificación. Esa entrada hace las veces de una pequeña recepción donde se atiende a los ciudadanos cuando van a reclamar una propiedad que en su momento fue evidencia, pero que después de que el caso se ha visto en la Corte de Justicia, ya no es utilizada como tal o propiedad encontrada por algún ciudadano que llama a la Oficina del Sheriff para que sea colectada . El alguacil procede a someterla para ser custodiada en la Unidad de Evidencias hasta que aparezca el propietario a reclamarla.

En el momento que un ciudadano quiere acceder por esa puerta, el Técnico de Evidencias encargado de esa área, la abre pulsando el botón de seguridad desde dentro y el Técnico atiende debidamente al ciudadano que lo requiere. Hay que señalar que, mis compañeros de Evidencias ofrecen un servicio tan excelente como impecable.

En la entrada me encontré con el Técnico de Evidencias Terry Gorman, éste fue asignado exclusivamente para atender todas las piezas de evidencias que dimanasen del Caso de Caylee Anthony.

**C.S.I.-II Gerardo Bloise**: Hola Terry.

**Técnico en Evidencias Terry Gorman**: Hola Gerardo ¿en qué te puedo ayudar?

**C.S.I.-II Gerardo Bloise**: Terry, necesito la evidencia: Art#1, Item#H-51976, para llevarla a la Unidad C.S.I. De acuerdo, vamos a la oficina a buscarla en la computadora y ver donde está localizada.

Nos dirigimos desde el Área Principal de Evidencias, hacia la oficina de Terry para consultar la computadora; introdujo el número de artículo en el sistema e inmediatamente nos indicó el lugar exacto donde se hallaba depositada la referida pieza de evidencia.

**Técnico en Evidencias Terry Gorman**: Aquí está la localización, Gerardo espera unos minutos aquí en lo que consigo la evidencia.

**C.S.I.-II Gerardo Bloise**: Muchas gracias, Terry.

Hay que puntualizar que, el Sistema de Control de Evidencias, es excelente, ya que evita en sobremanera la pérdida de tiempo en el momento que quieres extraer cualquier tipo de evidencia para su examen pericial o para facilitársela a los Tribunales de Justicia como evidencia para ser valorada en el Juicio.

Esperé unos instantes y Terry Gorman, llegó con la caja que contenía la basura que colecté el día 16 de Julio de 2008.

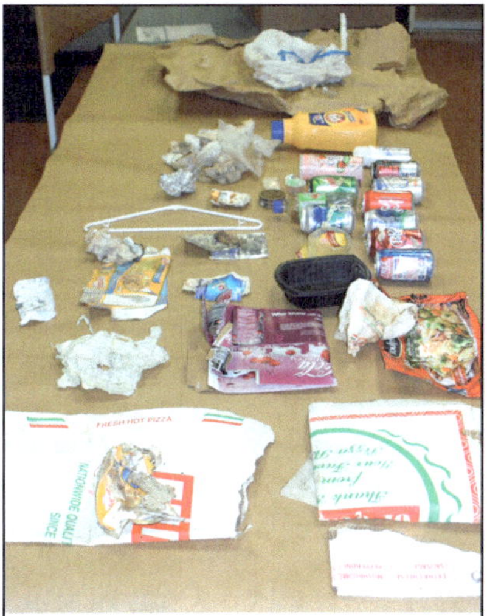

**Más Evidencia de la Basura**

Técnico en Evidencias Terry Gorman: Gerardo, aquí está la caja, tienes que firmarme detrás del Documento de Evidencia y Propiedad.

**C.S.I.-II Gerardo Bloise**: Terry yo tengo en mi poder la copia del Documento Forense, así que firmaré la tuya y yo pondré la misma hora y fecha en la copia del Documento Forense de Evidencia.

**Técnico en Evidencias Terry Gorman**: Gerardo, eso es sumamente importante que las fechas y horas coincidan exactamente en ambos documentos.

Debo puntualizar que, desde el primer día que este caso entró en la Oficina del Sheriff (Unidad Forense), recibiendo las primeras piezas de evidencia, se tuvo un especial cuidado en cuanto a la documentación que este caso generaba en lo que refiere a fechas, horas, momento de su recepción, instante de transferencia, etc. ... a esto se le denomina *Cadena de Custodia de Evidencias*; así pues, todo C.S.I., Detective o Policía experimentado, son plenamente conscientes que es el *Talón de Aquiles* preferente por los abogados de la defensa para atacar y denigrar la evidencia y dejarla sin valor jurídico en los Tribunales.

De esta forma el objetivo primigenio y principal es, que únicamente el C.S.I. PRINCIPAL del caso tuviese contacto exclusivo con la evidencia y exclusivamente un Técnico en Evidencias puntualmente en la acción de transferirla; eso redundaría a evitar que terceras personas estuviesen involucradas en la Cadena de Evidencias. Al mismo tiempo, evita en sobremanera que las evidencias sean atacadas *a posteriori* por los abogados de la Defensa, en el momento que éstos observen que hay una cantidad de personal limitada que estuvo relacionada con las evidencias.

El objetivo que se trata de conseguir es que todas las piezas de evidencias sean motivo de impugnación en el Juicio por los abogados de la defensa y, por lo tanto, su validez no sea motivo de discusión y sean acreedoras de una calificación positiva.

Una vez firmado el Documento de Transferencia de Evidencia, salí de la Unidad de Evidencias y asegurarla en la Unidad Forense Móvil #0054, puse dirección a la Unidad C.S.I. para, de nuevo, examinar la basura con Mike. Casi llegando a la Oficina Central del Sheriff, estacioné la Unidad Móvil en la parte posterior del aparcamiento, abrí la puerta del garaje donde todavía esta lo que denominé desde el primer momento de recepción del vehículo l*a escena del crimen móvil*, es decir, el PONTIAC GRAND. Abrí la otra puerta, también situada en el garaje y que daba acceso al Laboratorio Forense, donde coloqué la caja que contenía la basura. Preparé la mesa cubriéndola con papel de estraza, para examinar las evidencias que la caja contenía. Acto seguido, y desde la extensión de teléfono del Laboratorio, me puse en contacto con Mike notificándole que ya había llegado de la Unidad de Evidencias y que todo estaba listo para proceder al examen de los artículos de la basura. Transcurridos unos instantes, Mike llego al Laboratorio Forense.

**C.S.I.-II Gerardo Bloise**: Ahí están Mike, todos los artículos examínalos. Mike se puso los guantes y comenzó a examinar todos y cada uno de los artículos expuestos. Interrumpí el silencio para puntualizarle a Mike.

Mike, en algunos vas a ver cabellos y en el envase de plástico negro vas a ver algunos gusanos secos. Los cabellos los deje intencionadamente ahí, por si con posterioridad es preciso enviarlos al laboratorio, están preservados en su estado original.

**C.S.I.-II Gerardo Bloise:** ¿Terminaste de examinar todo y cada uno de los artículos?

**A.S.L./C.S.I. Michael Vincent:** Si.

**C.S.I.-II Gerardo Bloise:** Ahora voy a examinarlos yo.

Me puse los guantes y una redecilla en la cabeza e inicié el examen de todos y cada uno de los artículos. Habían transcurrido 10 minutos desde el inicio del examen de los artículos.

**C.S.I.-II Gerardo Bloise:** Mike, no encontré ni un solo pedazo de pizza, ni ningún pedazo de carne.

**A.S.L./C.S.I. Michael Vincent:** Ni yo, tampoco encontré ni pizza ni carne.

Me limité a colocar todos los artículos una vez examinados en la caja y la protegí en mi Armario de Evidencias #13, localizado en la Sala de Evidencias; seguidamente, fui hacia mi escritorio con el objeto de documentar debidamente el examen de evidencias llevado cabo de este día. Me detuve un instante en la oficina de Mike.

**C.S.I.-II Gerardo Bloise**: Mike, ponte en contacto con los jefes y comunícales que no encontramos nada.

**A.S.L./C.S.I. Michael Vincent**: *G*, es lo que voy a hacer ahora mismo.

**C.S.I.-II Gerardo Bloise**: De todos modos, Mike, la evidencia está en mi armario, por si quisieras verificar algo más, así que la dejaré ahí por dos días más.

No llego a comprender el por qué tanta preocupación con la dichosa basura, si ya sé que esa bolsa de basura se puso intencionadamente en el vehículo para justificar o disimular el hedor que despedía el vehículo, así como también sé que la que está detrás de esta acción es la sospechosa Casey Anthony.

Volví de nuevo a mi escritorio con la intención de continuar con mi informe del caso. Debo aclarar que, puntual y escrupulosamente, vengo cotejando lo reflejado en mi computadora con los Formularios de Propiedad y Evidencia, donde se hallan registrados los números de identificación de cada una de las piezas de las evidencias. Es primordial que todas coincidan hasta la última coma, pues no ha lugar al más mínimo error.

**Jueves, 26 de Agosto de 2008**

Ocupando mi escritorio tomando apuntes y examinando las fotografías del vehículo, en el momento que Mike Vincent se acercó a mi lugar de trabajo.

**A.S.L./C.S.I. Michael Vincent**: *G*, quiero examinar de nuevo la basura.

Ambos nos dirigimos a la Sala de Evidencias, abrí el armario #13 y le entregué la caja que contenía los objetos de la basura.

**C.S.I.-II Gerardo Bloise**: Aquí tienes Mike, no te olvides de firmar la parte de atrás del Documento de Propiedad y Evidencia.

**A.S.L./C.S.I. Michel Vincent**: De acuerdo Gerardo.

Mike se dirigió al laboratorio forense para revisar los objetos de la basura y yo me incorporé a mi escritorio para continuar con el examen de mis documentos.

Ya son casi las 11:00 horas de la mañana y suena el teléfono que tengo sobre mi escritorio.

**C.S.I.-II Gerardo Bloise**: Buenos días C.S.I. Bloise al aparato.

*[Se trataba de Michael Vincent]*

**C.S.I.-II Gerardo Bloise**: Dime Mike.

**A.S.L./C.S.I. Michel Vincent**: *G*, voy a colectar algunos gusanos de la zona del envase de plástico negro.

**C.S.I.-II Gerardo Bloise**: Déjame tomar buena nota de esa información. ¿Dime, qué tipo de gusanos?

**A.S.L./C.S.I. Michel Vincent**: Gusanos regulares y una pupa.

**C.S.I.-II Gerardo Bloise**: ¿Dónde vas a enviarlos?

**A.S.L./C.S.I. Michel Vincent**: al Dr. Neal Haskell, que es Entomólogo en Indiana.

**C.S.I.-II Gerardo Bloise**: Perfecto Mike ¿Cómo se llama el doctor de Botánica Forense?

**A.S.L./C.S.I. Michael Vincent**: Wow *G*, dame un momento para recordar el nombre ... se llama ... Dr. Hall, David Hall.

**C.S.I.-II Gerardo Bloise**: Ese mismo! Es el que si tienes evidencia de plantas, ya que colecté hojas secas del vehículo, se las enviaré todas juntas.

**A.S.L./C.S.I. Michael Vincent**: *G*, terminé la inspección por hoy, aunque no he concluido del todo; pero tengo que atender a otros casos, así que pondré la caja de evidencias en tu armario y pasaré por tu escritorio y te dejaré la llave.

**C.S.I.-II Gerardo Bloise**: De acuerdo Mike, aquí te espero.

De esta forma estábamos trabajando en este caso y atendiendo otros casos más; este caso de alto perfil , todas las noches era tratado con sumo interés en el espacio de noticias locales que conducía Nancy Grace y RobynWalensky de WDBO radio.

**Viernes 29 de Agosto de 2008**

Seguía trabajando en mi escritorio, anotando los últimos detalles del caso, cuando sonó la extensión de mi teléfono.

**C.S.I.-II Gerardo Bloise**: C.S.I. Bloise al habla, buenas tardes.

**A.S.L./C.S.I. Michael Vincent**: *G*, soy Mike, ven al garaje, ya me llegó la Máquina de Succionar Aire que me envió el Dr. Vass.

**C.S.I.-II Gerardo Bloise**: De acuerdo voy ahora mismo.

*Ipso Facto*, me dirigí hacia las instalaciones del Garaje Forense. Allí estaba Mike con la máquina especial.

**C.S.I.-II Gerardo Bloise**: Muy bien Mike, explícame cómo funciona la máquina.

**A.S.L./C.S.I. Michael Vincent**: Si, es algo sencillo.

**A.S.L./C.S.I. Michael Vincent**: La máquina trae unos tubos de cobre que se conectan con la máquina.

Conecto la máquina y la pongo dentro del maletero y dejo que succione el aire aproximadamente durante 60 minutos. Después, esos tubos de cobre los tapo con el terminal que viene ya con la rosca incorporada, de esta forma el aire queda encapsulado y después esos tubos de cobre que contienen el aire succionado los coloco dentro de un frasco de cristal. Ese es todo el proceso de colección de muestras de aire.

**A.S.L./C.S.I. Michael Vincent**: Así, que quiero que estés presente cuando comience a colectar el aire, ya que eres el C.S.I. PRINCIPAL del caso.

Mike comenzó a tomar muestras del aire del vehículo, así como de la caja que contenía la basura y tomó muestra de aire control fuera del garaje. Mientras él tomaba las muestras, yo comencé a confeccionar un informe completo donde deben figurar el día, hora, tiempo y de qué lugar se han obtenido las muestras.

Una vez tomadas las muestras, se le remitieron al Dr. Avard Vass, al Laboratorio de Oak Ridge en Tennessee para su correspondiente análisis.

El día 30 de Agosto de 2008, Michael Vincent, nueva mente examinó los artículos de la basura, ese mismo día y después de concluida la inspección, inmediatamente aseguré la evidencia en mi armario #13.

**Lunes, 8 de Septiembre de 2008**

Esa tarde extraje la evidencia Art#1, Item#H-51976 que contenía los objetos de basura de mi armario de evidencias, ya que era la única pieza de evidencia que tenía; todas las demás piezas de evidencias ya habían sido sometidas al Laboratorio del F.B.I. o a otros especialistas para su correspondiente análisis.

Obviamente, y sin pérdida de tiempo ocupé mi Unidad Forense Móvil y tomé rumbo a la Unidad de Evidencias, con el objeto de restituirle los objetos contenidos en la caja que días antes había retirado.

Llegué a la Unidad de Evidencias a las 15:25 horas y entregué mediante Recibo de Transferencia de Evidencia el Art#1, Item#H-51976, o sea, la caja contenedora de los referidos artículos. Mientras estaba en la Unidad de Evidencias, sonó mi teléfono móvil.

**C.S.I.-II Gerardo Bloise**: Buenas tardes, C.S.I. Bloise.

**F.B.I. Karen Cowan**: Hola Gerardo ¿Cómo estás?

**C.S.I.-II Gerardo Bloise**: Bien, muy bien, como ya sabes este Caso de Caylee me tiene bastante ocupado.

**F.B.I. Karen Cowan**: Así es Gerardo; precisamente te llamaba para informarte que el Laboratorio nuestro, está muy interesado en examinar la pala que tú colectaste .

**C.S.I.-II Gerardo Bloise**: Claro, no hay problema, además me has llamado en el momento correcto, ya que me encuentro en la Unidad de Evidencias entregando la caja con artículos de la basura, así que pediré la pala en cuestión y hoy mismo la llevaré a nuestra oficina para que cuando quieras pases a recogerla. ¿Cuándo pasarías a recogerla?

**F.B.I. Karen Cowan**: Mañana.

**C.S.I.-II Gerardo Bloise**: ¿Sobre qué hora?

**F.B.I. Karen Cowan**: Sobre las 10:30 a las 11:00 horas.

**C.S.I.-II Gerardo Bloise**: Perfecto, entonces te espero mañana en la Oficina.

Una vez terminada la conversación con Karen, me dirigí a Gil para que llamara a Terry Gorman ya que era él quien tenía que entregarme la pala.

**C.S.I.-II Gerardo Bloise:** Gil, llámame a Terry Gorman, pues necesito llevarme otra pieza de evidencia a la Oficina del C.S.I.

Gil tomó el teléfono, marcó el 0 y llamó a Terry Gorman por el intercomunicador: *"... Terry haz el favor de pasarte por el Frente de Evidencias para llevar..."*

Transcurrieron unos 10 minutos y apareció Terry Gorman.

**Técnico en Evidencias Terry Gorman**: ¿Qué necesitas Gerardo?

**C.S.I-II Gerardo Bloise**: Necesito ... ¡dame un momento para buscar en el Listado de Evidencias! ... Aquí tengo el Documento de Propiedad número Art#1, Item#H-52026, se trata de una pala.

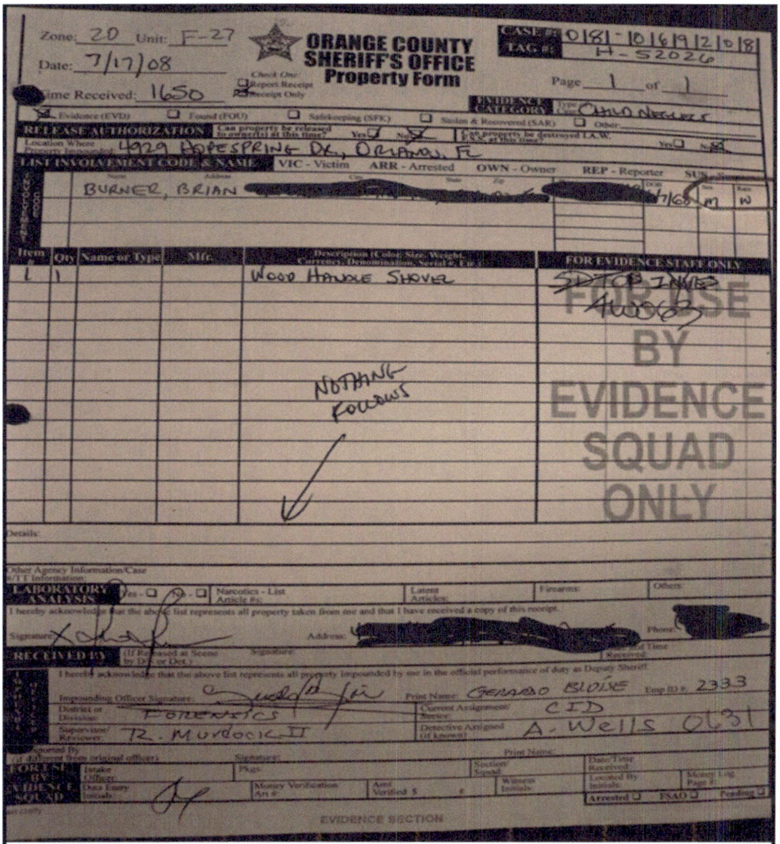

ORANGE COUNTY SHERIFF'S OFFICE
Property Form

Zone: 20 Unit: F-27
Date: 7/17/08
Time Received: 1650
Check One: Report Receipt / Receipt Only
CASE #: 0181-10-6-9-12-0-8
TAG #: H-52026
Page 1 of 1
EVIDENCE CATEGORY — Type Case: CHILD NEGLECT
Evidence (EVD) — Found (FOU) — Safekeeping (SFK) — Stolen & Recovered (SAR) — Other
RELEASE AUTHORIZATION — Can property be released to owner(s) at this time? Yes / No — Can property be destroyed I.A.W. F.S.S. at this time? Yes / No
Location Where Property Impounded: 4929 HOPESPRING DR, ORLANDO, FL
LIST INVOLVEMENT CODE & NAME — VIC - Victim — ARR - Arrested — OWN - Owner — REP - Reporter — SUS - Suspect

| Name | Address | City | State | Zip | DOB | Sex | Race |
|---|---|---|---|---|---|---|---|
| BURNER, BRIAN | [redacted] | | | | [redacted]/7/65 | M | W |

| Item # | Qty | Name or Type | Mfr. | Description (Color, Size, Weight, Currency, Denomination, Serial #, Etc.) | FOR EVIDENCE STAFF ONLY |
|---|---|---|---|---|---|
| 1 | 1 | | | WOOD HANDLE SHOVEL | SDTOP INVES 4W06B3 |
| | | | | NOTHING FOLLOWS | FOR USE BY EVIDENCE SQUAD ONLY |

Details:
Other Agency Information/Case #/TT Information:
LABORATORY ANALYSIS: Yes / No — Narcotics - List Article #s: — Latent Articles: — Firearms: — Others:
I hereby acknowledge that the above list represents all property taken from me and that I have received a copy of this receipt.
Signature: X — Address: [redacted] — Phone: [redacted]
RECEIVED BY (If Released at Scene by Dep. or Det.) — Signature: — Date and Time Received:
IMPOUNDING OFFICER — I hereby acknowledge that the above list represents all property impounded by me in the official performance of duty as Deputy Sheriff
Impounding Officer Signature: — Print Name: GERARDO BLOISE — Emp ID #: 2333
District or Division: FORENSICS — Current Assignment/Sector: CID
Supervisor/Reviewer: R. MURDOCK II — Detective Assigned (if known): A. Wells 0631
Transported By (if different from original officer): — Signature: — Print Name:
FOR USE BY EVIDENCE SQUAD — Intake Officer: — Pkgs: — Section/Squad: — Date/Time Received:
Data Entry Initials: — Money Verification Art #: — Amt Verified $ ¢ — Witness Initials: — Located By Initials: — Money Log Page #:
Arrested — FSAO — Pending
EVIDENCE SECTION

Documento de Propiedad

**Técnico en Evidencias Terry Gorman**: Perfecto, concédeme unos minutos mientras la consigo.

A los pocos minutos llegó Terry con una bolsa de papel de estraza, conteniendo la pala que le colecte al Sr. Burner, vecino de Casey Anthony.

**Técnico en Evidencias Terry Gorman**: Aquí está Gerardo, la evidencia y el Documento de Transferencia de Evidencia para que lo firmes.

Firmé el Documento de Transferencia de Evidencia y así mantener la Cadena de Custodia de Evidencias.

**C.S.I.-II Gerardo Bloise**: Terry, en el apartado de detalles, en la computadora haces constar que esta pieza de evidencia estará en el Laboratorio del F.B.I.

**Técnico en Evidencias Terry Gorman**: De acuerdo, así lo haré.

Una vez recibida la evidencia, puse rumbo a la Oficina del C.S.I. El tráfico rodado estaba bastante fluido, por lo general esta zona de Orlando, cuando accedo a la John Young Parkway el tránsito es más denso. Mientras conduzco, encendí el receptor de radio y escucho una nueva noticia en relación con el Caso Caylee Anthony: *"El abogado José Báez, está reuniéndose con la acusada Casey Anthony en la Cárcel 33, mientras la Oficina del Sheriff sigue a toda marcha la investigación."*

Llegué a la Oficina del C.S.I. tras haber pasado varios semáforos y entré por la parte posterior del edificio de la Oficina del Sheriff, ya que por esa puerta tengo acceso directo a la puerta de la Sala de Evidencias. Abrí la puerta con mi llave proxi, accedí al armario #13 y procedo a asegurar la pala. Me dirigí a mi escritorio para continuar el informe, ya he llegado a la etapa de la investigación en la que es preciso documentarlo todo por escrito.

**Martes, 9 de Septiembre de 2008**

Nueva jornada de oficina, prosigo con la confección del informe del caso y otros documentos que van adicionados al expediente, con tanta cantidad de documentos ahora son dos grandes archivadores.

Alrededor de las 11:00 horas, la Agente del F.B.I. Karen Cowan llegó a la Oficina Forense.

**C.S.I.-II Gerardo Bloise**: Saludos Karen, muchas gracias por venir.

**F.B.I. Karen Cowan**: Hola Gerardo.

**C.S.I.-II Gerardo Bloise**: Aquí está la otra pieza de evidencia que me pediste, la pala. Tienes que firmarme el Documento de Evidencia y Propiedad.

Karen comenzó a leer el Documento de Transferencia de Evidencia para comprobar que todo estuviese en orden y coincidiese con la descripción de la evidencia que figuraba en la etiqueta de la bolsa de estraza sellada que contenía la pala que fue intervenida en el domicilio del Sr. Burner, junto con la descripción de la evidencia: Una bolsa de papel de estraza sellada; conteniendo una pala marca *Stanley Classic*, identificada con las siguientes indicaciones Art#1, Item#H-52026, sometida al F.B.I. con la clave K-11.

Karen firmó el Recibo de Evidencia.

**F.B.I. Karen Cowan**: Ok, Gerardo está todo perfecto.

**C.S.I.-II Gerardo Bloise**: Ahora la evidencia es del F.B.I. Gracias de nuevo por la ayuda en este caso Karen.

Hasta el momento, ese era el ritmo de la investigación Forense que se estaba realizando. Yo sabía perfectamente que esa era la ruta correcta, debido a que Casey Anthony no había confesado nada al Detective Melich, ni al Agente del F.B.I. Nick Savage.

Cuando recibí el vehículo, fue con fecha 16 de Julio de 2008, la niña Caylee supuestamente desapareció el mes de Junio de 2008.

Según la fotografía que fue tomada el 2 de Junio de 2008 a las 16:52 horas, Caylee estaba todavía con vida, por el teléfono móvil del novio de Casey, Anthony Lazzaro, es decir, ya habían transcurrido tres meses y Casey no había confesado la verdad sobre la supuesta muerte de Caylee y en qué lugar habían depositado sus restos. Yo sabía perfectamente que ella no iba a confesar nada; por lo que este caso, claramente se iba a dilucidar por medio de las evidencias forenses y no por confesión del autor del crimen. Obviamente, la investigación Criminal, no iba a aclarar nada sobre la muerte de Caylee, y las circunstancias de su muerte y, mucho menos, sobre el lugar de su enterramiento, las entrevistas realizadas a amigos, conocidos y novios de Casey.

Casey únicamente podía o quería ofrecer la imagen única y lamentable de ser la protagonista de una gran cantidad de falsedades en sus manifestaciones. Si no, pongamos como ejemplo tangible los interrogatorios practicados tanto por el Detective Melich como por el Sargento Allen, a los que mintió constantemente. Así pues, los compañeros no tenían nada en contra de Casey; de esta forma, tanto ellos como los fiscales asignados al caso, Linda Burdick, Jeff Ashton y Frank George del Noveno Circuito de la Fiscalía del Condado de Orange, el único argumento del cual podían disponer era obviamente, las evidencias forenses; éstas probarían sin ninguna duda que: Caylee, nunca fue secuestrada, no estaba con vida y que había que descubrir dónde fue enterrada la niña.

Descubrir esta parte del enigma es, sencillamente, cuestión de tiempo. A partir de este razonamiento lógico, me daba que pensar sobre el triángulo resultado de la escena del crimen. La verdadera escena del crimen es el vehículo y, obviamente, el lugar donde la niña fue enterrada seria la Escena Secundaria. De lo que no tengo duda alguna es que, a estas alturas de mi investigación Forense, es que Caylee está muerta. Todo el mundo en la Ciudad de Orlando vió a Casey con ese auto circulando por toda la ciudad en compañía de su hija Caylee. Los padres de Casey entregaron o regalaron ese vehículo a ella, sin embargo, nunca fue denunciado como sustraído o robado. Así pues, el Triángulo de la Escena del Crimen, nos indica que la única responsable de la muerte de Caylee, fue su propia madre Casey Anthony.La función de la vinculación de la evidencia forense con el concepto del Triángulo de la Escena del Crimen, es recordarle al investigador que, para identificar la escena, la víctima y el sospechoso de alguna forma. En última instancia, cada pieza

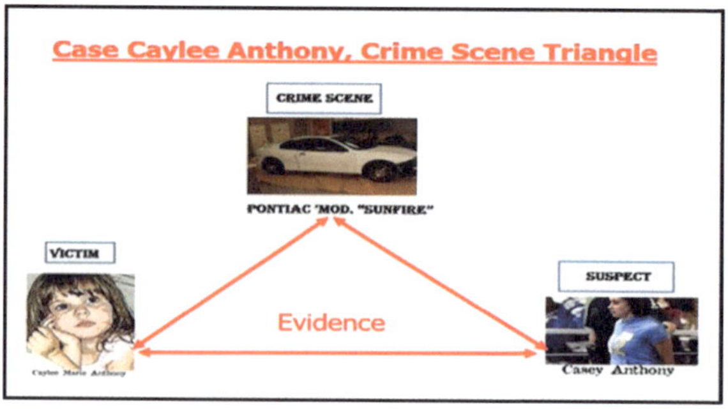

de evidencia se considera en contra de este concepto para determinar si existen vínculos y si tienen valor probatorio.

Dentro de esta investigación Forense y las evidencias que he ido colectando del maletero del vehículo, es crucial para establecer el tiempo de muerte de Caylee. Estas piezas de evidencia, son el resultado del arduo trabajo de colección y preservación de muestras de aire, de hojas secas, gusanos secos en la basura, y quizás la más importante la de cabellos. Un buen ejemplo es el que mostrarán las evidencias de aire tomadas del maletero del vehículo, éstas serán determinantes si el hedor provenía de un cuerpo humano en avanzado estado de descomposición o no.

Cuando un cuerpo humano, comienza su estado de descomposición, provoca una evolución de carácter químico compuesto por las etapas siguientes:

**1. CUERPO FRESCO**:

Durante las primeras 24 a 72 horas, el cuerpo humano sufre muy pocos cambios significativos. Los líquidos se depositan en los tejidos, creando la denominada lividez cadavérica o decoloración en cualquier parte del cuerpo que esté situada en las zonas bajas del mismo.

El rigor mortis bloquea los tendones y los músculos en su lugar, y las enzimas comienzan a provocar que las células mueran y se descompongan. Las bacterias aeróbicas dentro del cuerpo humano consumen el oxígeno disponible y crean un entorno ideal para la proliferación de bacterias anacróbicas que no requieren oxígeno. Los insectos necrófagos también comenzarán a poner sus huevos dentro y sobre el cadáver.

**2. INFLADO:**

Una vez que las bacterias anaeróbicas comienzan a propagarse desenfrenadamente en el tracto intestinal, producen gases olorosos que inflaman los órganos internos. La hinchazón se nota con más incidencia en la cara. La piel también comienza a oscurecerse y decolorarse, adquiriendo un tono verdoso, y los gases en expansión pueden romper la piel y los órganos. Esto permite que los líquidos y olores escapen y facilita a los insectos necrófagos su acceso al interior del cadáver. Esta etapa suele manifestarse entre los 4 y 10 días tras el óbito.

**3. DESCOMPOSICIÓN ACTIVA:**

Durante la Fase Activa de Descomposición, los insectos y gusanos necrófagos se alimentan del cuerpo, lo que contribuye a acelerar el proceso de putrefacción. La piel se ennegrece. La mayor parte de los fluidos y líquidos corporales salen del cuerpo, creando un charco o siendo succionados por la tierra. El hedor de la descomposición sigue siendo peculiarmente fuerte. Esta etapa suele manifestarse entre los 10 a 25 días tras la muerte.

**4. DESCOMPOSICIÓN AVANZADA:**

Etapa que se desarrolla entre los 25 y 50 días tras la muerte, los gusanos y otros insectos necrófagos completan la descomposición de los tejidos blandos, la piel y el cabello, así como los músculos y el tejido conectivo dentro del cuerpo. La cohesión del cuerpo se rompe, exponiendo los huesos al medio ambiente y posiblemente permitiendo su dispersión. La actividad de los insectos necrófagos comienza a disminuir, así como la de los grupos de coleópteros que ya han consumido los últimos nutrientes.

**5. HUESOS SECOS:**

Transcurridos aproximadamente unos 50 días, el cadáver pasa a ser un esqueleto. Huesos, dientes, cabello y piel seca *[saponificación]* pueden estar presentes, pero con la rotura de músculos y tejido conectivo, es muy posible que todavía tengan una configuración humana identificable. Con el tiempo, los huesos se secarán y se tornarán quebradizos, aunque pueden durar siglos e incluso milenios si se hallan protegidos de los elementos. Cuando examiné el maletero del *PONTIAC SUNFIRE*, no observé ningún tipo de insecto dentro del mismo. Lo único que detecté fue la mancha blanquecina en forma de un posible cuerpo pequeño en postura fetal. Esa mancha y los pelos encontrados señalan con cierta claridad que la niña Caylee estuvo en contacto directo con la alfombrilla del maletero, y más exactamente con la tapa que cubría la rueda de repuesto. Lo que nos indica que Caylee fue colocada en el maletero del vehículo en la primera etapa, es decir, un cuerpo muerto, pero fresco, o lo que es lo mismo dentro de las 24/72 horas a partir de la muerte.

Como ya se ha señalado, la etapa 2 se da cuando el cuerpo comienza a hincharse produciendo gases y fluidos que tienden a escaparse, esto viene ocurriendo entre los 4 y 10 días tras la muerte. Como el hedor a muerte era muy persistente,

Casey decide colocar a su hija Caylee dentro de una bolsa de plástico con la intención de mitigar el mal olor que impregnaba el interior del vehículo, ya que ésta seguía utilizándolo para moverse por la Ciudad de Orlando.

Aun colocándola en el interior de una bolsa de plástico, el hedor era muy persistente ya que se encontraba en Estado #2 de descomposición; Casey decide en ese momento remover a Caylee muerta, del maletero del vehículo y colocarla en otro lugar, de ahí que la única evidencia que detecté en el vehículo fue el mal olor que, inmediatamente identifiqué con el de un cuerpo en avanzado estado de descomposición.

Puede llegarse a la conclusión de que el cuerpo muerto de Caylee Anthony estuvo en el maletero del vehículo, entre 4 y 11 días tras su fallecimiento. Con esto, ya teníamos la primera pieza del rompecabezas, que era el cabello-evidencia Q-12 que fue remitido al F.B.I., cuyo análisis científico reveló que el cabello era portador de A.D.N. (mt) y con la banda oscura de muerte, eso figura en el informe del Laboratorio del F.B.I.

La segunda pieza del rompecabezas, eran las muestras de aire que fueron tomadas por el Dr. Michael Sigman, sin embargo, la primera colección de muestra de aire del maletero que el Dr. Sigman coleccionó fue utilizando una gran jeringuilla conectada a una manguera que se introdujo en el maletero quedando una minúscula apertura para que el aire penetrase por la manguera, el Dr. Sigman comenzó a succionar con la jeringuilla y de esta manera extraer el máximo de aire del maletero. Una vez realizada esta operación, se procedió a encapsular el aire obtenido, que, tras colocar el extremo de la manguera dentro de una bolsa de plástico, vació la jeringa, así el aire obtenido quedó depositado dentro de la mencionada bolsa de plástico. Si bien, por desgracia, esta operación falló, dado que no había cantidad suficiente de aire para la obtención de resultados óptimos; tras este inesperado contratiempo el propio Dr. Sigman, optó por colocar unas pequeñas fibras sintéticas que denominó S.P.M.I. en el interior del maletero, estas fibras que eran adhesivas capturan los compuestos en las fibras. Si bien para que esta técnica de los resultados óptimos tiene que haber circulación del aire, sin embargo y debido a que el maletero se hallaba cerrado, la cantidad de aire que circulaba por los filtros era mínima y la cantidad de compuestos adheridos en los filtros casi insignificante; obviamente los resultados fueron negativos. Posteriormente el Dr. Avard Vass, envió a nuestra oficina una máquina de succión para tomar muestras de aire que fueron colectadas por el A.S.L./C.S.I. Michael Vincent, de la zona del pasajero y del maletero del vehículo, como complemento a las muestras de la alfombrilla del maletero que ya se habían enviado.

**Viernes 12 de Septiembre de 2008**

Serian sobre las 12:30 horas p.m. cuando sonó el teléfono, se trataba de Mike Vincent.

**A.S.L./C.S.I. Michael Vincent**: *G*, necesito de nuevo la caja de la basura.

**C.S.I.-II Gerardo Bloise**: ¿Cuál es la obsesión con esa basura? ¡Ya la examinaste!, yo estaba presente.

**A.S.L./C.S.I. Michael Vincent**: Es que quiero asegurarme de que no haya más gusanos de los que se veían vivos todavía.

**C.S.I.-II Gerardo Bloise**: Ok, iré a la Unidad de Evidencias de nuevo a recogerla.

Terminé la conversación con Mike, y aprovechando que ya estaba en la calle me dirigí a la Unidad de Evidencias a recoger la caja de basura.

Mi llegada a la Unidad de Evidencias se produjo a las 13:40 horas; me encontré con el aparcamiento casi saturado de vehículos de todo tipo, es decir, de Detectives y de policías uniformados. Yo no era el único que se personaba en la Unidad de Evidencias a requerir sus servicios o retirar evidencias. Hice mi entrada por la puerta principal y obedeciendo al protocolo dictado, la segunda puerta se abrió por el compañero de evidencias, pues ésta se abre desde adentro por medio de un sistema de seguridad electrónico, al momento se oyó el zumbido de apertura, ya que Gil oprimió el pulsador para franquearme la entrada.

**C.S.I.-II Gerardo Bloise**: Hola Gil.

**Técnico en Evidencias Gilberto González**: Gerardo saludos, estamos muy ocupados hoy.

**C.S.I.-II Gerardo Bloise**: Si ya lo veo. ¿Dónde está Terry?

**Técnico en Evidencias Gilberto González**: Está ocupado con dos Detectives que están buscando evidencias. Y tú sabes muy bien que yo no puedo tocar las evidencias del Caso de

Caylee ya que es él la única persona autorizada para llevar a cabo todas las transacciones de entrega y transferencia.
**C.S.I.-II Gerardo Bloise**: Si, lo sé, yo esperaré a que él termine con los otros compañeros.
**Técnico en Evidencias Gilberto González**: Si quieres lo llamo y le informo que estás aquí para que busque la evidencia de una vez y la traiga cuando termine con los detectives. ¿Cuál es la evidencia?
**C.S.I.-II Gerardo Bloise**: La basura, Art#1, Item#H-51976.
**Técnico en Evidencias Gilberto González**: De nuevo, ¿otra vez?
**C.S.I.-II Gerardo Bloise**: Así es Gil, de nuevo otra vez la dichosa basura esa. Pero es el trabajo y hay que hacerlo cuantas veces sea necesario. Gil tomó el teléfono con la intención de llamar a Terry, pero en ese mismo instante apareció el Director Ramiro Núñez, Jefe de la Unidad de Evidencias.
**Director Ramiro Núñez**: Gerardo ¿Cómo estás? ¿Qué te trae por aquí?
**C.S.I.-II Gerardo Bloise**: Hola, estoy muy bien, se trata de una pieza de evidencia del Caso de Caylee, pero ya Gil va a llamar a Terry.
**Director Ramiro Núñez**: Gil, no llames a Terry, yo estaba ayudándole a buscar las evidencias de los detectives y son muchas que van para la Corte de Justicia y ahora estaban con la gestión de firma del Documento de Transferencia de Evidencias. Gil, dame el número y yo mismo me encargo de conseguirle la evidencia.

Ramiro Nuñez

Gil le entregó la nota con la información a Ramiro y éste se dirigió hacia el área restringida donde está emplazado el almacén donde se encuentran todas las piezas de evidencias de todo el Condado de Orange. Me senté en la Zona de Espera que es una pequeña área de recepción y transcurridos unos 15 minutos aparece Ramiro con la caja que contenía la basura.

**Director Ramiro Núñez**: Aquí está la evidencia.

Saqué del expediente del Caso el Documento de Evidencia, lo firmé por la parte de atrás señalando la fecha, hora y hacia donde iba dirigida la evidencia y Ramiro me entregó el Documento de Transferencia de la Evidencia para firmarlo señalando también fecha, hora y hacia donde iba dirigida la evidencia, así como la razón por la que era retirada de la Unidad de Evidencias.

Debo puntualizar que, esta etapa de la investigación es sumamente delicada e importante, ya que, en este Caso, todas las evidencias deben figurar sin un solo fallo en la Cadena de Custodia; yo era muy consciente de que todo lo que tenía, iba a ser el auténtico soporte de este Caso, es decir, las Evidencias Forenses, lo único con lo que contaba la Fiscalía, por lo que la protección de las mismas tenía que ser muy escrupulosa.

Como marca el Protocolo, firmé el Documento de Transferencia de Evidencias, así como la copia de evidencia y copia forense, por este sistema, toda la información sobre día, hora y lugar hacia donde iba, el motivo o razón sobre la obtención de la evidencia, era la misma en los documentos.

Ocupé mi escritorio luego de asegurar la evidencia en el armario de evidencia en la oficna, seguidamente llamé a Mike Vincent para informarle que la evidencia ya se encontraba en mi armario y que podía ir a recogerla para su análisis.

**Sábado 27 de Septiembre del 2008**

Mike Vincent me informó que tuvo una reunión con la. Karen Cowan del F.B.I., la cual le hizo saber que ellos necesitaban más evidencias. Le contesté a Mike que estaría colectando más evidencias del vehículo y que eventualmente entraría en contacto con ella.

Una vez concluida la colección de las piezas de evidencia del maletero, Mike Vincent me hizo entrega de un sobre sellado que contenía los residuos del raspado que hizo de la cubierta de repuesto de la goma, así que le asigne el número de evidencia artículo Item#H-60004.

Mientras mi investigación forense sigue su avance, aún no había sido informado sobre las gestiones de la investigación Criminal, se hacía necesario entrar en comunicación con el

| Art. # | Artículos | Descripción de la Evidencia | Ubicación | Día / Hora |
|---|---|---|---|---|
| 1 | H-60003 | Un platillo Petri con polvo de la aspiradora | El lado del conductor adelante Registro de FI #G63XV | 9/27/08 A las 14 horas y 08 minutos |
| 2 | H-60003 | Un platillo Petri con polvo de la aspiradora | Lado del pasajero Registro de FI #G63X | 9/27/08 A las 14 horas y 1 minutos |
| 3 | H-60003 | Un platillo Petri con polvo de la aspiradora | Lado del conductor atrás Registro de FI #G63XV | 9/27/08 A las 14 horas y 17 minutos |
| 4 | H-60003 | Un platillo Petri con polvo de la aspiradora | Lado del pasajero Registro de FI #G63X | 9/27/08 A las 14 horas y 22 minutos |
| 5 | H-60003 | Un platillo Petri con polvo de la aspiradora | Alrededor del tablero trasero Registro de FI #G63XV | 9/27/08 A las 14 horas y 27 minutos |

| Art # | Artículos | Descripción de la Evidencia | Ubicación | Día / Hora |
|---|---|---|---|---|
| 6 | H-60003 | Bolsa plástica sellada conteniendo cobertura del volante | Volante Registro de FI #G63XV | 9/27/08 A las 14 horas y minutos |
| 7 | H-60003 | Un contenedor plástico con polvo de la aspiradora | LLanta de repuesto Registro de FI #G63XV | 9/27/08 A las 14 horas y minutos |
| 8 | H-60003 | Un contenedor plástico conteniendo raspaduras | LLanta de repuesto Registro de FI #G63XV | 9/27/08 A las 14 horas y minutos |
| 9 | H-60003 | Hisopo | LLanta de repuesto Registro de FI #G63XV | 9/27/08 A las 14 horas y minutos |
| 30 | H-52025 | Caja sellada conteniendo el asiento de bebé de Eddie Bauer | Asiento de atrás de derecha Registro de FI #G63XV | 8/1/08 A las 22:00 horas |

Detective Yuri Melich, para que me pusiese al día de su investigación y de las opiniones de la Fiscalía.

Si bien nuestra investigación marchaba en grado óptimo, según lo previsto, toda la comunidad del Condado se unía cada vez en más número para dar con el paradero de Caylee, entre ellos se adhirió la Organización *TEXAS EQUU-SEARCH*, lo cual me entristeció en sobremanera, porque tanto este investigador, como los demás, incluyendo la Fiscalía, sabíamos del resultado del cabello Q-12, que la podre niña Caylee estaba muerta, pero por razones éticas y profesionales no podíamos divulgar esa información.

**Lunes, 29 de Septiembre de 2008**

Hoy fue el día que se había acordado con Karen Cowan, para entregarle nuevas piezas de evidencia. Por lo que respecta a nuestra gestión forense, ya casi todas las piezas de evidencia han sido sometidas al F.B.I. y al Laboratorio de Oak Ridge de Tennessee, tan solo era cuestión de esperar los resultados de los mismos.

Continúo trabajando en mi escritorio cuando suena el teléfono.

**C.S.I.-II Gerardo Bloise**: Buena tardes C.S.I. Bloise.

**F.B.I. Karen Cowan**: Buenas tardes, Gerardo, soy Karen, te comunico que estoy en mi oficina para cuando quieras pasar a transferirme las evidencias.

**C.S.I.-II Gerardo Bloise**: Perfecto, ahora mismo estoy trabajando con el Listado de Evidencias y cotejando que todo esté conforme y saldré para tu oficina en cuestión de 20 minutos.

**F.B.I. Karen Cowan**: Perfecto ¿Cuántas piezas de evidencia son?

**C.S.I.-II Gerardo Bloise**: Son un total de 10 piezas.

**F.B.I. Karen Cowan**: Muy bien Gerardo, me llamas cuando estés en el estacionamiento.

**C.S.I.-II Gerardo Bloise**: De acuerdo Karen te llamaré en cuanto llegue.

Una vez concluida mi conversación telefónica con Karen Cowan; me dirigí a la sala de evidencias y extraje del armario #13 las 10 piezas de evidencia que serían transferidas al F.B.I. Empecé a dar lectura al listado y a comparar las descripciones que figuraban en las etiquetas de identificación adjuntas a las bolsas y sobres amarillos sellados. Comprobé con satisfacción que todo concordaba perfectamente; así que coloqué todas y cada una de las Piezas de Evidencia en una caja y las puse en el carrito que usamos para facilitarnos su transporte y las llevé a mi vehículo. Abrí la puerta de la Sala de Evidencias en el mismo momento que la C.S.I. Jenny Welch hacia su entrada.

**C.S.I Jenny Welch:** ¡wow, *G* tiene hoy las manos llenas!, permite que te ayude.

La C.S.I. Welch es una excelente compañera, humilde, muy trabajadora y fue ella quien me abrió la segunda puerta que es la que permite el acceso al estacionamiento ubicado en la parte de atrás de la Unidad del C.S.I., así que coloqué las evidencias en mi Unidad Móvil#0054, Jenny me ayudó llevándose el carrito.

**C.S.I.-II Gerardo Bloise**: Jenny muchas gracias por tu ayuda.

Salí rápidamente con dirección a la Oficina del F.B.I., circulando por la East Colonial Drive, para continuar por la autopista I-4 West hacia la zona de Maintland. El tráfico era bastante fluido y salí de mi ruta sobre las 12:00 horas p.m., llegando al estacionamiento alrededor de las 12:10 horas p.m.

Tal y como había acordado con la Karen Cowan, la llamé de inmediato.

**C.S.I.-II Gerardo Bloise**: Hola Karen ya estoy aquí en el estacionamiento.

**F.B.I. Karen Cowan**: Perfecto, bajo enseguida a buscarte.

Salí de mi Unidad Móvil y saqué la caja que contenía las evidencias. Deseo puntualizar que el trabajo de un C.S.I. es totalmente agotador y estresante, pues el agente asignado a un caso es absolutamente responsable de la Custodia de las Evidencias desde el mismo instante en que se procesa la Escena, hasta llevar el caso a la Corte de Justicia. Este es el auténtico C.S.I., y no el que nos muestran las múltiples series hechas Hollywood.

Transcurridos unos 10 minutos apareció Karen en el estacionamiento.

**C.S.I.-II Gerardo Bloise**: Hola Karen, de nuevo estoy por aquí.

**F.B.I. Karen Cowan**: Hola Gerardo, así es este *negocio.*

Karen y yo nos dirigimos con dirección a la entrada del lobby, me abrió la puerta y se adelantó para pulsar el botón del ascensor; llegamos al piso asignado al F.B.I., caminamos hasta llegar a la puerta que da acceso a su zona de trabajo; allí le hice entrega del Listado de Evidencias.

1. Un sobre amarillo sellado, que contiene un recipiente de plástico que contiene residuos de debris. (Art#1, Item#H-60003, presentación del F.B.I. Q-36)
2. Un sobre amarillo sellado, que contiene un recipiente de plástico que contiene residuos de debris. (Art#2, Item#H- 60003, presentación del F.B.I. Q-37)
3. Un sobre amarillo sellado, que contiene un recipiente de plástico que contiene residuos de debris. (Art#3, Item#H-60003, presentación del F.B.I. Q-38)

4. Un sobre amarillo sellado, que contiene un recipiente de plástico que contiene residuos de debris. (Art#4, Item#H-60003, presentación del F.B.I. Q-39)
5. Un sobre amarillo sellado, que contiene un recipiente de plástico que contiene residuos de debris. (Art#5, Item#H-60003, presentación del F.B.I. Q-40)
6. Una bolsa de papel sellada, que contiene una cubierta para el volante. (Art#6, Item#H-60003, presentación del F.B.I. Q-41)
7. Un sobre amarillo sellado, que contiene un recipiente de plástico que contiene residuos de suciedad. (Art#7, Item#H-60003, presentación del F.B.I. Q-42)
8. Un sobre amarillo sellado, que contiene un recipiente de plástico que contienen residuos de raspaduras. (Art#8, Item#H-60003, presentación del F.B.I. Q-43)
9. Un sobre amarillo sellado, que contiene hisopo. (Art#9, Item#H-60003, presentación F.B.I. Q-44)
10. Una caja sellada, que contiene un asiento de seguridad para bebé de la marca *EDDIE BAUER*. (Art#30, Item#H-52025, presentación del F.B.I. Q-45)

Karen leyó con detenimiento y en absoluto silencio.
**F.B.I. Karen Cowan**: Perfecto. Seguidamente, firmó el Documento de Transferencia de Evidencias de nuestra agencia. Ya las evidencias estaban en manos del F.B.I.
**F.B.I. Karen Cowan**: Bueno Gerardo, aquí está tu documento.
**C.S.I.-II Gerardo Bloise**: Karen, nuevamente gracias por la ayuda en este caso.

Me acompañó hasta la puerta que da acceso al lobby para llegar al ascensor. Tomé el ascensor llegando al lobby del primer piso, mientras bajaba pensaba en las piezas de evidencia que otra evidencia generaría, pero estaba satisfecho con el primer resultado del cabello Q-12.

Me puse al volante de mi Unidad Móvil Forense #0054 para ponerme en dirección a la Oficina del C.S.I. Conduciendo por el trayecto de la I-4, me llamó Mike Vincent para informarme que ya había examinado la basura y que no detectó ningún gusano vivo y que había asegurado las evidencias en mi armario #13. Por mi parte puse en conocimiento de Mike que enseguida estaría en la oficina y de ahí recogería la caja de basura para devolverla a la Unidad de Evidencias.

Llegué en unos 45 minutos a la Oficina del C.S.I., entré por la puerta trasera que da acceso a la Sala de Evidencias, recogí la caja de la basura y la llevé rápidamente a la Unidad de Evidencias; todo agente/CSI debe ser muy precavido, sobre todo en casos considerados de alto perfil, en no tener por tiempo muy dilatado las evidencias bajo su custodia.

Un día a la semana nos reuníamos Mike Vincent y yo con el objeto de comunicarnos qué tipo de evidencia o procesamiento se colectó de alguna pieza en particular.

Hoy sobre las 16:30 horas, mantuvimos la citada reunión para mantener nuestra información actualizada, Mike Vincent me informó que el día 27 de Septiembre de 2008 envió los residuos de un raspado a la tapa del repuesto del maletero al Dr. Vass a su Laboratorio de Oak Ridge Tennessee, para ser analizados. Al mismo tiempo le pregunté sobre los filtros T.S.T., y éste me indicó que algunas muestras no revelaron mucha información. Estaba preocupado por la colección de muestras de aire que llevó a cabo el Dr. Sigman, ya que se habían colectado utilizando la máquina que nos facilitó el Dr. Vass y eso lo podría utilizar el abogado Báez con la intención de desvirtuar los resultados de la máquina E.T.S.P. *[Environmental Trace Sampler Pump]*. Eso estaría por verse en su momento, si iba a ocurrir en el Proceso de Descubrimiento de Prueba en el Proceso Judicial.

**Martes 7 de Octubre de 2008**

Hoy me dedicaré a revisar todas las piezas de evidencia que he ido colectando durante estos 5 meses de mi Investigación. Para ello se hace imprescindible dirigirme al expediente específico donde se encuentra el archivo de registro sobre las evidencias que están en los laboratorios y cuales están todavía bajo la custodia de la Unidad de Evidencias. Una vez revisado debidamente el expediente, debería desplazarme a la Unidad de Evidencias con el objeto de verificar personalmente que esas piezas de evidencias se encuentran en esa Unidad, es decir, llevar a cabo una inspección ocular.

Soy muy consciente de que toda la evidencia generada por este caso, será fundamental para dar soporte y probar con firmeza el Caso de Caylee ante la Corte de Justicia, esta es la razón básica por la que debo prestar mucha atención a toda evidencia física, ya que será la que se presente ante el Jurado en su momento. De esta forma, coloqué de nuevo los expedientes en su archivo correspondiente y seguidamente salí rápido hacia el auto y tomé rumbo hacia la Unidad de Evidencias.

Cuando me iba dirigiendo a la salida trasera del edificio, pasaba frente a la oficina de Mike Vincent, cuando éste me llamó.

**A.S.L./C.S.I. Mike Vincent**: ¡Hey, *G*!

**C.S.I.-II Gerardo Bloise**: Dime Mike.

**A.S.L./C.S.I. Mike Vincent**: Tengo unas piezas de evidencia que colecté de los padres de Casey y quiero transferirlas para que tu dispongas de ellas y las utilices como tu creas conveniente.

**C.S.I.-II Gerardo Bloise**: Muy bien Mike, has sido muy oportuno, ya que ahora me dirijo hacia la Unidad de Evidencias. ¿Qué tipo de evidencia es?

**A.S.L./C.S.I. Mike Vincent**: Es A.D.N. de ellos.

Ambos nos dirigimos hacia la sala de evidencias; Mike abrió la puerta de acceso y entramos, él se dirigió a su armario asignado para custodiar sus evidencias y me entregó las piezas siguientes:

1. Un sobre sellado, conteniendo cabello de Cindy Anthony. (Art#1, Tag#H-60061)
2. Un sobre sellado, conteniendo muestra bucal de Cindy Anthony. (Art#2, Tag#H-60061)
3. Un sobre sellado, conteniendo muestra bucal de Cindy Anthony. (Art#3, Tag#H-60061)
4. Un sobre sellado, conteniendo cabello de George Anthony. (Art#4, Tag#H-60061)
5. Un sobre sellado, conteniendo muestra bucal de George Anthony. (Art#5, Tag#H-60061)
6. Un sobre sellado, conteniendo muestra bucal de George Anthony. (Art#6, Tag#H-60061)

Una vez recibidas las evidencias que Mike me entregó, salí inmediatamente del estacionamiento de las Oficinas Centrales donde se ubica la División del C.S.I. Forense. Como acostumbraba, circulé hacia la West Colonial Drive y John Young Parkway para poner rumbo a la Unidad de Evidencias.

Ya en las instalaciones de la Unidad de Evidencias, siendo portador del expediente del Caso, para proceder a comparar los documentos de recibo de evidencias y propiedad que estaban en mi poder con los que estaban en posesión de la Unidad de Evidencias. Tras más de media hora revisando los mencionados documentos, sonó mi teléfono móvil; miré la pantalla y era Mike Vincent.

**C.S.I.-II Gerardo Bloise**: Dime Mike.

**A.S.L./C.S.I. Michael Vincent**: *G*, necesito la caja con la basura.

**C.S.I.-II Gerardo Bloise**: De acuerdo, tan pronto como concluya aquí le pediré a Terry Gorman de nuevo la caja.

Como es obvio, esta caja ha sido extraída en numerosas ocasiones de aquí, así que esta vez estaré con Mike durante su inspección de nuevo. Una vez concluida la inspección de documentos, salí con dirección a la Oficina Principal del Sheriff, exactamente a la Unidad del C.S.I., serían alrededor de las 16:15 horas, llevando conmigo la caja de basura, extraída nuevamente de la Unidad de Evidencias. Ya en la Unidad del C.S.I., me reuní con Mike Vincent y le entregué la famosa caja que contenía la basura.

**C.S.I.-II Gerardo Bloise**: Mike, aquí está la caja, así como el archivo donde se encuentra el Documento de Transferencia de la Evidencia (Art#1, Ítem #51976), fírmalo para mantener la Cadena de Custodia de Evidencia.

**A.S.L./C.S.I. Michael Vincent**: Perfecto.

Una vez entregada la evidencia a Mike, me dirigí a mi escritorio con el expediente del caso con la intención de documentar todas y cada una de las gestiones que había realizado durante el día; este mes ya estaba imbuido en la escritura de mi informe en la computadora ; una vez concluida la redacción del escrito me dirigí al laboratorio aproximadamente a las 16:35 horas, allí me reuní con Mike que estaba, cómo no, examinando la basura.

**C.S.I.-II Gerardo Bloise**: Mike ¿Cómo vas? ¿Qué has encontrado?

**A.S.L./C.S.I. Michel Vincent**: G, encontré más cabellos.

**C.S.I.-II Gerardo Bloise**: Mike, no sé si recuerdas que te mencioné que había visto los cabellos y los dejé en su lugar porque ya había colectado varios de ellos.

Ya el caso se esclareció con un solo cabello el Q-12 que figuraba en el informe del F.B.I. Pude detectar que uno de los cabellos estaba en una servilleta y observé lo que aparentaba ser una pupa. La pupa es el embrión o proyecto de crisálida, es decir, inmadura, sin alas y generalmente muy parecido a un gusano, forma de alimentación que nace del huevo de multitud de insectos, altera principalmente en tamaño mientras experimenta varias mudas, y finalmente se transforma en pupa o crisálida de donde emerge el adulto. Lógicamente y de inmediato hice la correspondiente fotografía.

Después, discutimos la importancia de la pupa y decidimos enviarle la pupa al Dr. Haskell y la bolsa plástica fue enviada al Dr. Vass para su preceptivo análisis.

Tras realizar las gestiones para el envío de las evidencias al Dr. Vass y Dr. Haskell, estaba con mi pensamiento en otras piezas de evidencia que ya se habían sometido y era cuestión de tiempo comprobar los resultados. Estando trabajando en mi escritorio, sonó mi teléfono.

**C.S.I.-II Gerardo Bloise**: C.S.I. Bloise, ¿Cómo le puedo ayudar?

**A.S.L./C.S.I. Michael Vincent**: *G*, me llegaron los resultados del Dr. Vass, te los voy a enviar a tu e-mail.

**C.S.I.-II Gerardo Bloise**: Ok, adelante.

Llegó el e-mail, lo abro y en el título del informe podía leerse: *"Orange County Sheriff Departament, case number # 08-069208, preliminary results of various test to determinate the possibility of a decompositional event."*

Comencé la lectura del informe y hubo un detalle que llamó poderosamente mi atención. La prueba del maletero sobre las muestras de la alfombrilla mostró evidencia de grasa y ácidos que son unos de los componentes que se desarrollan en el momento que un cadáver inicia su ciclo de descomposición. Además, los resultados del revestimiento de la alfombrilla mostraban indicios de Cloroformo. Los hallazgos del Dr. Vass nos indicaron que el nivel de Cloroformo estaba alarmantemente alto.

Rememorando mi experiencia como Investigador Forense, adscrito al Instituto de Ciencias Forenses de Puerto Rico, una parte de mis cometidos era el examen de cuerpos en completo estado de descomposición, por lo tanto, poseía pleno conocimiento de las grasas acidas que genera el cuerpo humano en su ciclo de putrefacción y su olor característico.

El olor a descomposición que he podido comprobar, lo describo como clorox, no resulta muy fuerte, sino más bien tenue. El informe emitido por el Dr. Vass, afirma categóricamente que la alta concentración de Cloroformo no es ni usual, ni normal en un cuerpo humano en estado de descomposición. Ese informe coincide plenamente con mi experiencia adquirida como Investigador Forense en Puerto Rico, cuando experimentaba el olor característico de los cuerpos en estado de descomposición.

Como C.S.I. e Investigador Forense, unido a mi experiencia policial, llegué a la conclusión indubitada que, ese alto nivel de Cloroformo provenía del cuerpo, pero porque fue añadido e impregnó el maletero del vehículo *PONTIAC SUNFIRE.*

El resultado contenido en el informe del Dr. Vass, debo confesar que no me causó ninguna extrañeza, ya que desde el primer momento que abrí la puerta del conductor detecté un olor característico. En segundo lugar, estaba el resultado de los análisis del Laboratorio del F.B.I., realizado sobre el cabello Q-12, que determinó que ese pelo procedía de un cuerpo humano en avanzado estado de descomposición. Entonces, puede afirmarse que este caso está bastante claro; ahora la cuestión era dilucidar ¿por qué esa alta e inusual concentración de Cloroformo?

La conclusión expuesta por el Dr. Vass lo aclara de la forma siguiente:

*"La correlación entre todas las técnicas, la comparación con qué se conoce sobre la descomposición de cuerpos humanos y/o animales, restos humanos, indicios de productos de descomposición temprana y la presencia de los cinco compuestos principales asociados a esta descomposición, en especial los que contienen azufre, nos indica que la marca química de olor total identificado en el maletero del vehículo de Florida es consistente y coincidente con un ciclo de descomposición de origen humano."*

En componentes adicionales que constituían una parte del total de la identificación del olor, incluía componentes de gasolina y una muy inusual y elevada concentración de Cloroformo, muy superior a lo que es usualmente característico en el ciclo de descomposición humana. Estos resultados aún no descartan la remota posibilidad de que, una variedad o productos inusuales, no presentes en el maletero en el momento del descubrimiento del vehículo, puede haber tenido algunas contribuciones a la identificación Química General.

Posteriormente, observé las gráficas que arrojó el examen de Espectroscopia de descomposición inducida por láser, que fue determinante para corroborar los resultados.

Ya solo faltaba el Análisis Entomológico para determinar si esos gusanos procedían de un ser humano y el rompecabezas estaba comenzando a ensamblarse.

CASO#: 08-069208

# *Capítulo Catorce*

## Deberes Maternales

**Jueves, 9 de Octubre de 2008**.

Haciendo mención al informe emitido por el Dr. Vass, venía a confirmar científica y contundentemente lo que el fino olfato del Sargento. Allen, Detective Yuri Melich y por esto investigador, confirmamos como olor característico de la descomposición humana. Opté por ponerme en contacto con el Detective Yuri Melich, con la finalidad de que me ofreciese su visión profesional de cómo se desarrollaba su investigación; así que marqué la extensión del Detective Yuri Melich.

**Detective Yuri Melich**: Buenos días.

**C.S.I.-II Gerardo Bloise**: Hola Melich, buenos días, te llamo para saber si ya te llegó el informe del Dr. Vass.

**Detective Yuri Melich**: Sí, lo leí y concluyentemente este caso está más que claro con referencia al vehículo, y como tú siempre afirmaste, esa era la verdadera Escena del Crimen.

**C.S.I.-II Gerardo Bloise**: Así es Melich. ¿qué opinas sobre el tema del Cloroformo?

**Detective Yuri Melich**: Ahora estoy investigando en — la computadora de Casey si alguien solicitó este tipo de sustancia vía e-mail. Estoy a la espera de la Unidad de Informática Forense, a ver si encuentran algo.

Mientras mantengo la conversación con Yuri Melich, hace su entrada el A.S.L./C.S.I. Michael Vincent; le levanté la mano para indicarle que esperase un instante mientras concluía mi conversación, así que optó por tomar una silla y sentarse a esperar.

**C.S.I.-II Gerardo Bloise**: Ok, Melich.

**Detective Yuri Melich**: Y tú, ¿Cómo vas?

**C.S.I.-II Gerardo Bloise**: Fundamentalmente recibiendo evidencias adicionales y ya prosiguiendo con mi informe del caso. Y creo que voy a recibir más evidencias porque aquí tengo a Mike.

Mike me mira y sonríe.

**Detective Yuri Melich**: Saluda a Mike de mi parte.
Mike, Melich te saluda.

Mike levantó la mano en señal de aceptación del saludo

**C.S.I.-II Gerardo Bloise**: Bueno Melich nos comunicamos luego.

**C.S.I.-II Gerardo Bloise**: ¡Ok Mike, dime!

**A.S.L./C.S.I. Michael Vincent**: Aquí tengo unas muestras bucales del hermano de Casey.

**C.S.I.-II Gerardo Bloise**: Perfecto, dame unos minutos para pensar algo que creo, pero no voy a mencionar.

**A.S.L./C.S.I. Michael Vincent**: Pues lo que estás pensando y que no quieres mencionar, amigo, eso es una posibilidad.

**C.S.I.-II Gerardo Bloise**: Entonces esta evidencia que voy a recibir de Lee Anthony, voy a someterla al F.B.I. junto a las evidencias de sus padres para que hagan un estudio del A.D.N. de ellos, incluyendo el resultado del A.D.N. [mt] de Caylee. Me dirigí a la oficina de Mike Vincent.

**Evidencia:**

1. Un sobre amarillo sellado, conteniendo un envase plástico con pelos de Lee Anthony. (Art#1, Item#H-60068).
2. Un sobre amarillo sellado, que contiene (2) dos hisopos bucales de Lee Anthony. (Art#2, Item#H-60068).
3. Un sobre amarillo sellado, que contiene (2) dos hisopos bucales de Lee Anthony. (Art#3, Item#H-60068)

Una vez recibidas, procedí a asegurarlas en mi armario de la Sala de Evidencias. Estas evidencias, al ser de carácter genético, estaría dirigida a ser comparada con el cabello Q-12 que sabemos que el A.D.N. [mt] es de Cindy Anthony y, como consecuencia biológica ese A.D.N. mitocondrial pasa a sus hijos Lee y Casey.

Por análoga secuencia genética, Casey se lo pasó a Caylee, luego ésta evidencia es de auténtica importancia, y se impone entrar en contacto con Karen Cowan del F.B.I, con el objeto de planificar su entrega inmediata al Laboratorio del F.B.I.

De esta forma, me dirigí a mi escritorio con el objeto de realizar esa llamada al F.B.I. y acordar la entrega de estas piezas de evidencia que Mike me entregó. No obstante, no podía dejar de pensar en el episodio del Cloroformo, así que busque información actualizada sobre el mismo, consiguiendo como resultado que se trata de un compuesto químico también conocido como *TRICLOROMETANO* o *TRICLORURO DE METILO.* Se trata de un líquido incoloro, de olor agradable y no irritante, así como con un sabor dulzón. La mayor parte del Cloroformo que se encuentra en el medio ambiente emana de la industria; fue uno de los primeros anestésicos inhalados que se usaron en operaciones quirúrgicas, pero actualmente ya no tiene esta aplicación.

Comencé obviamente, como profesional, a elevar mis hipótesis sobre cómo podía conectar el Cloroformo con Caylee. Según el informe emitido por el Dr. Vass, la elevada concentración de Cloroformo encontrada en la alfombrilla del maletero que le fue enviada al Dr. Vass, fue originada por el cuerpo de Caylee que estuvo dentro del maletero.

Según la meticulosa investigación llevada a cabo por el Detective Yuri Melich, los abuelos, Cindy y George, cuidaban asiduamente de Caylee, ya que su madre, Casey, andaba de fiesta en fiesta sin cumplir, lógicamente con sus deberes como madre; hasta que llegó el momento que Cindy puso en conocimiento de Casey que no iba a hacerse responsable en delante de Caylee. La seria amenaza lanzada por Cindy sobre el cuidado de Caylee, obviamente, le restaba toda la libertad a Casey para seguir con su vida de fiestas e irresponsabilidades, por lo que tendría que, obligatoriamente, cumplir con sus obligaciones como madre. Como era de esperar, esta amenaza a Casey no le agradó nada en absoluto. Es importante tener muy presente que el Cloroformo es dulce, y que puede aplicarse al cuerpo humano, bien por inhalación o mezclado con alimentos, pasando de forma rápida a la sangre de la víctima.

Cuando la compañera C.S.I. Elizabeth Bowling fotografió la pantalla del móvil del novio de Casey, Anthony Lazzaro, tenía la foto de Caylee, tomada el 2 de Junio de 2008 a las 16:52 horas.

El día 16 de Junio de 2008, George vio salir con vida a su nieta con su hija de su casa. Casey, ese día estaba lista para irse a su trabajo. Entonces para tener aún más claras las cosas, confeccioné una línea de tiempo.

Ese 16 de Junio de 2008, la investigación nos reveló que George vio a Caylee y Casey irse de la casa alrededor de las 12:50 horas y le manifestó a George que iba a trabajar y dejar a la niña Caylee con la niñera; igualmente le comunicó a su padre, que esa noche iba a quedarse en el domicilio de la niñera.

La investigación Criminal dio como resultado que Casey le hizo una llamada a su madre Cindy comunicándole que estaba en el domicilio de la niñera, Zanny; término éste absolutamente incierto, ya que los registros telefónicos indicaban que se encontraba en las proximidades de la residencia de Anthony Lazzaro hasta las 16:00 horas. El ya mencionado día 16 de junio, a las 19:00 horas, Casey estuvo con su novio Anthony Lazzaro; fueron captados por las cámaras de seguridad del establecimiento *BLOCKBUSTER* alquilando unas películas, ambos abrazados, pero no se vio a Caylee.

Eventualmente en la declaración de Anthony Lazzaro durante el transcurso de la investigación, manifestó que no vio a Caylee el mencionado día 16 y que la última vez que la vio, fue el día 2 de Junio de 2008, término que queda confirmado en la Línea de Tiempo, que fue cuando él tomó la foto de Caylee.

Tomando como referencia la convicción científica del olor que emanaba del vehículo, la línea de tiempo y la declaración de Anthony Lazzaro, he llegado a la conclusión completamente razonable que, Casey tenía planes de permanecer con su novio toda esa tarde del día 16 y la del 17 de Junio de 2008 y su hija Caylee, por supuesto era un impedimento para sus planes.

Se puede afirmar, con cierta lógica que, Casey había averiguado información sobre el Cloroformo en su computadora, vía internet; esta sustancia por supuesto que no se consigue en las farmacias; por lo que cabe la posibilidad nada descartable que hubiese conseguido los ingredientes para prepararlo ella misma y administrárselo a Caylee en forma líquida o por inhalación para dormir a la niña. Una vez dormida la niña, deduzco que la colocó en el asiento trasero y no en el maletero y la cubrió con algún tipo de prenda con el objeto de evitar que la niña se pudiese ver.

Si bien no figuraba en ningún informe de la investigación, no es descartable que Casey consiguiese información más o menos puntual sobre la dosificación de Cloroformo que tendría que administrarle a la pobre Caylee.

Administró el Cloroformo a Caylee y la durmió con la intención de que no despertara en toda la noche del 16 de Junio de 2008 y ya despertaría al día siguiente.

Por desgracia, la niña Caylee ya no despertó, al administrársele una sobredosis de Cloroformo que le provocó la muerte.

Determino la fecha de la muerte, tomando como referencia el día 16 de Junio de 2008, fecha que, según declaración de su abuelo George Anthony vió por última vez con vida a Caylee.

Hay que tener muy presente el hecho de que el día 16 de Junio de 2008, a las 19:45 horas, que las cámaras de seguridad del establecimiento denominado *BLOCKBUSTER* detectaron a Casey junto a Anthony Lazzaro, pero ni rastro de la niña Caylee. La pregunta obligada es la siguiente ¿Si Caylee nunca estuvo con la niñera Zanny, dónde estaba la niña? La respuesta cae por su propio peso; estaba en el interior del vehículo *PONTIAC SUNFIRE.*

El Martes, 17 de Junio de 2.008, el Sr. Brain Burner, puso en conocimiento de los compañeros Detectives, encargados de la investigación Criminal, que él mismo observó a Casey dar marcha atrás a su vehículo para estacionarlo en el garaje. Entonces todo profesional que aprecie su investigacion se plantea la pregunta ¿Por qué?, para buscar soluciones a los casos. ¿Por qué Casey estacionó el vehículo haciendo marcha atrás? La respuesta es muy sencilla, disponer de la suficiente privacidad para poder abrir el maletero sin que nadie pudiese verlo, aunque hubiese dejado el portón del garaje abierto.

La segunda pregunta debe plantearse de la siguiente forma, ¿Cuál fue la intención de Casey al regresar a casa ese día, el 17 de Junio, sabiendo que por la tarde sus padres no estaban en el domicilio? La cuestión puede responderse de varias formas. La primera de ellas es buscando en la zona donde podía colocar el cadáver de Caylee o como segunda propuesta la búsqueda de los posibles materiales que podría utilizar para situar el cuerpo como la evidencia que se encontró en la segunda escena. Lo que si puede, y debe afirmarse es que, guiándome por el hedor del cuerpo, ya en etapa#2 de putrefacción, la pobre Caylee estuvo de 4 a 10 días dentro del maletero del *PONTIAC SUNFIRE,* al que siempre denominé como *LA ESCENA DEL CRIMEN MOVIL.* Y, el mismo día 18 de Junio, volvió a colocar el cadáver de Caylee en el maletero.

Tras analizar la conexión de Caylee con el Cloroformo, terminé el día para retirarme a mi domicilio, mañana espero que sea otro día con nuevas evidencias y, por supuesto, con más análisis.

**Viernes, 10 de Octubre de 2008**

Sonó el despertador a las 05:30 horas, como de costumbre, el horario de salida para el trabajo, por desgracia, mi esposa Judith también despertaba, se dirigía a la cocina a preparar el café y yo directamente a darme una buena ducha para despertar y conectar la alerta en el cuerpo, que ya es hora de comenzar a funcionar al 100%, y si no se hace con energía, la somnolencia no te permite desarrollar tu trabajo con eficacia.

Una vez preparado, me tomo el café caliente y sigo con la lonchera preparada por mi esposa para el almuerzo y la merienda. Después de despedirme de Judith, ocupé mi Unidad Forense Móvil #0054, comienzo la conducción abandonando mi urbanización callada, tranquila y veo a algunos vecinos haciendo sus ejercicios matutinos. Tomé la autopista 429 con dirección a la conexión con la autopista 408. Encendí la radio para enterarme de la situación de la ciudad de Orlando. Escucho llamadas para servicio de escalamientos, violencia doméstica, compañeros patrullando en zonas que requieren mayor atención y presencia policial, debido a que se implantó un plan para atacar a la criminalidad en esa zona específica. El trabajo del personal uniformado es ofrecer presencia policial y disuasoria en prevención de la comisión de todo tipo de acciones criminales, y si éstas llegan a cometerse habiendo patrullas cerca, si algún ciudadano presencia la comisión de una acción criminal, informa inmediatamente al 911 y la cercanía de las patrullas, multiplica la posibilidad de que los infractores sean arrestados o detenidos en el momento de la acción delictiva.

La Unidad C.S.I. Forense, cuando se comete un delito y no hay detención de sus actores, procede a procesar la Escena con la finalidad de obtención de evidencias físicas y así tratar de establecer una conexión con el supuesto actor con el delito y la Escena del Crimen, de esta manera se dilucida el caso, en esta fase de investigación tiene su aportación imprescindible el Detective de la Unidad a la que le haya sido asignado el caso.

Ya estoy llegando a las Oficinas del Sheriff del Condado de Orange, entro, como de costumbre por la parte sur que está protegida por una verja metálica, el portón de entrada al estacionamiento se abre con mi identificación personal; oigo los sonidos electrónicos de apertura del mismo. Estaciono mi patrulla móvil en la parte trasera y hago mi entrada por el acceso al Garaje Forense. Abro la puerta y allí está la *escena del crimen móvil*, es decir *el PONTIAC SUNFIRE*, está frío e inerte como su dueña, la sospechosa Casey Anthony, así es ella fría e inerte. Sigo dirigiéndome a la zona común de trabajo de los C.S.I., mi puesto de trabajo queda al lado derecho tras atravesar el pasillo, ocupé mi escritorio y puse mi lonchera junto a mi computadora y tomé un sorbo de la bebida oficial de la inmensa mayoría de los policías, detectives o C.S.I.'s, o sea café.

Un buen café agudiza los niveles de percepción y te mantiene alerta; encendí mi computadora para revisar los correos electrónicos y veo uno de la Karen Cowan del F.B.I., indicándome que viene a recoger más piezas de evidencia, me había olvidado por completo de esa entrega, así que comencé a buscar el expediente y cuáles son las piezas de evidencia que tengo que transferirle a Karen. Mientras continuo con la búsqueda del expediente aparece por mi zona de trabajo Michael Vincent.

**A.S.L./C.S.I. Michael Vincent**: Hola *G*, buenos días.

**C.S.I.-II Gerardo Bloise**: Buenos días, Mike.

**A.S.L./C.S.I. Michael Vincent**: *G*, recibí del F.B.I. la caja sellada que enviaste allá, ya ellos realizaron todos los análisis.

**C.S.I.-II Gerardo Bloise**: ¿Sabes el número de artículo de evidencia?

**A.S.L./C.S.I. Michael Vincent**: Son las tres piezas de alfombrilla del maletero.

**C.S.I.-II Gerardo Bloise**: Déjame que verifique en el Expediente de Evidencia; llegaste en buena hora ya que estaba verificando unas piezas que tengo que entregar a Karen, miraré aquí; si aquí están, son los artículos 22,24,25 y 26, Item #52025.

**C.S.I.-II Gerardo Bloise**: Perfecto Mike déjalas en la Sala de Evidencias, cuando vaya para allá las recogeré y las colocaré en mi armario para asegurarlas, ya que tengo que conseguir las otras piezas de evidencia.
**A.S.L./C.S.I. Michael Vincent**: De acuerdo *G*, las dejaré en la Sala de Evidencias.
**C.S.I.-II Gerardo Bloise**: Gracias Mike.

Tras atender a Mike, me dediqué a verificar las piezas de evidencia que se irían al Laboratorio del F.B.I. Perfecto son todas las piezas de A.D.N. Rápidamente me dirigí hacia la Sala de Evidencias para extraer la evidencia que se iría al F.B.I. y asegurar las que Mike Vincent recibió del F.B.I.

Abrí la puerta con mi identificación personal y accedo a mi Armario de Evidencias #13 y extraje todos los sobres amarillos sellados conteniendo material genético de la familia Anthony.

Inspeccioné meticulosamente todos y cada uno de los sobres sellados y que figurasen con la misma información que el Documento de Entrega de Evidencias, es decir, número del caso, descripción de las piezas, día y hora de la colección de la evidencia. Todo tiene que estar perfecto y sin el más mínimo error por insignificante que parezca; el atributo legal que supone la Cadena de Custodia y Documentación de Transferencia de Evidencias que todo Policía, Detective o C.S.I. lo debe tratar con una escrupulosa diligencia, ya que éstos son la auténtica Columna Vertebral de un caso y todavía más cuando va a presentarse ante los Tribunales de Justicia.

De no existir una perfecta Cadena de Custodia de las Evidencias, sería un magnífico «caldo de cultivo» para que los abogados de la defensa, simplemente alegarían una mala Praxis en cuanto al manejo de la misma.

Acaba de sonar el teléfono de la extensión de la Sala de Evidencias.

**Ileana Torres secretaria Forense**: *G*, está Karen Cowan del F.B.I. en el estacionamiento esperando por ti.
**C.S.I.-II Gerardo Bloise**: Hazme un favor, búscala, ella se encuentra en el estacionamiento del lado este y llévala a mi escritorio, estaré en unos minutos.
**Ileana Torres secretaria Forense**: Ok, *G*.

Rápidamente me puse a revisar de nuevo los documentos y las evidencias, antes de dirigirme a mi escritorio a transferírselas al F.B.I. Comprobé con satisfacción que todo estaba en orden.

Coloqué todos los sobres de papel manila en una bolsa de papel de estraza, que contenían muestras bucales y en alguno de ellos contenían muestras de cabellos. Los coloqué todos en una misma bolsa para facilitarme su transporte hasta mi escritorio, que no llevarlos en mis manos.

Abrí la puerta que da acceso al pasillo dirigiéndome en dirección a la puerta que facilita la entrada a la zona de recepción y la Zona de Trabajo de los C.S.I. Franqueo la puerta y la recepcionista me indicó que Karen ya se encontraba frente a mi escritorio de trabajo.

**C.S.I.-II Gerardo Bloise**: Muchas gracias, Ileana.

Seguía en mi dirección cuando me encontré de frente con Michael Vincent.

**A.S.L./C.S.I. Michel Vincent**: *G*, tengo que hablar contigo de la vegetación que colectaste en el vehículo.

**C.S.I.-II Gerardo Bloise**: Mike, discúlpame, ahora mismo no puedo. Tengo a Karen esperando en mi escritorio, voy a transferirle estas evidencias y en unos minutos me paso por tu oficina.

**A.S.L./C.S.I. Michael Vincent**: Ok, *G*.

Seguí dirigiéndome con dirección a mi lugar de trabajo y ahí estaba Karen sentada de la espalda esperándome, mientras llegaba dije en la distancia:

**C.S.I.-II Gerardo Bloise**: Buenos días, Karen.

Karen giró la silla para darme frente.

**F.B.I. Karen Cowan**: Buenos días, Gerardo.

Karen había cambiado la *R* por la *L*, ya que es más fácil para ella debido a su idioma inglés, por lo que no la corregí.

**C.S.I.-II Gerardo Bloise**: Karen aquí está la evidencia. Todo es material genético de la Familia Anthony. Puse los siete sobres manila sellados en el escritorio junto al Documento de Transferencia de Evidencias. Karen inició la comprobación uno a uno y examinarlos comparándolos con el recibo de evidencia.

**F.B.I. Karen Cowan**: Ok, todo está bien; firmó la transferencia y la custodia de las piezas siguientes:

1. Un sobre amarillo sellado, que contiene placa de Petri con pelos de Cindy Anthony. (Art#1, Ítem # H-60061, presentación del F.B.I. K-12)

2. Un sobre amarillo sellado, que contiene 2 hisopos bucales de Cindy Anthony. (Art#2, Ítem #H-60061, evidencia F.B.I. K-13)
3. Un sobre amarillo sellado, que contiene placa de Petri con pelos de George Anthony. (Art#3, Ítem #H-60061, evidencia F.B.I. K-14)
4. Un sobre amarillo sellado, que contiene 2 hisopos bucales de George Anthony. (Art#4, Ítem #H-60061, evidencia F.B.I. K-15)
5. Un sobre amarillo sellado, que contiene placa de Petri con pelos de Lee Anthony. (Art#1, Item#H-60061, evidencia F.B.I. K-16)
6. Un sobre amarillo sellado, que contiene 2 hisopos bucales de Lee Anthony. (Art#2, Item#60061, evidencia F.B.I. K-17)
7. Un sobre amarillo sellado, que contiene cabello. (Art#1, Item#H-60061, presentación del F.B.I. Q-46)

**C.S.I.-II Gerardo Bloise**: Karen, muchas gracias por haber venido hasta esta oficina a recoger estas piezas de evidencia. Te acompaño a tu vehículo.

Ambos recorrimos el pasillo que enlaza con la puerta del lado este del estacionamiento y nos despedimos con un *¡ hasta luego!*

Volví con dirección al escritorio de Michael Vincent, al llegar a la misma, me dejé caer en un pequeño sofá que está pegado a la pared cerca de la ventana y tomé un instante para inhalar aire profundamente y exhalarlo suavemente, esto ayuda a controlar y bajar el estrés.

**C.S.I.-II Gerardo Bloise**: Muy bien, cuéntame, Mike.

**A.S.L./C.S.I. Michel Vincent**: *G*, ¿Tienes la evidencia lista de la vegetación que colectaste del vehículo?

**C.S.I.-II Gerardo Bloise**: Si, Mike, está lista, pero un momento, no la tengo aquí, la sometí a la Unidad de Evidencias, luego tendría que pasar a por ellas y traértelas.

**A.S.L./C.S.I. Michael Vincent**: ¿Crees que para el 30 de octubre podrías ir a la Unidad de Evidencias a recogerlas? Tengo planificado llamar el 29 de Octubre al Dr. David Hall en el Botánico para informarle de que vamos a enviarle las evidencias vegetales.

**C.S.I.-II Gerardo Bloise**: Perfecto, así ya básicamente terminamos con las evidencias vegetales. Así que no te preocupes, el 30 de octubre por la mañana iré a la Unidad de Evidencias para extraerla.
**C.S.I.-II Gerardo Bloise**: Mike ¿Qué es lo que pasó con la evidencia que enviaste al Dr. Neal Haskell?
**A.S.L./C.S.I. Michel Vincent**: Dame un minuto para consultar mis notas. Esa evidencia se envió el 9 de Septiembre de 2008 y aún estoy esperando por ella.
**C.S.I.-II Gerardo Bloise**: Esa evidencia es de suma importancia, pues los insectos, aparte de darnos una data muy aproximada de la muerte, establecen el tiempo de putrefacción, si bien sabes que mi opinión es que Caylee permaneció entre 4 y 10 días en el maletero.
**A.S.L./C.S.I. Michel Vincent**: Estoy de acuerdo contigo, esa estimación temporal es muy razonable.
**C.S.I.-II Gerardo Bloise**: Bueno Mike, voy para mi escritorio, tengo mucho que escribir de este caso y de otros que tengo pendientes.

Me dirigí a mi zona de trabajo a dejar mis notas por escrito con la finalidad de mantener al día la cronología de cada gestión y movimiento que se hacía con respecto al caso, cuando más centrado estaba en este cometido, como siempre, sonó el teléfono.
**C.S.I.-II Gerardo Bloise**: C.S.I. Bloise , buenas tardes.
**A.S.L./C.S.I. Michael Vincent**: *G*, me encuentro en el Área de Recepción de Suministros y Correo, acaban de llegar la alfombrilla y la cubierta de repuesto, la remite el F.B.I.
**C.S.I.-II Gerardo Bloise**: Hazme un favor, recíbelas por mí, después yo las recibiré de parte tuya.
**A.S.L./C.S.I. Michael Vincent**: Ok, *G*, la llevaré a la Sala de Evidencias, me avisas cuando estés listo para hacerte la transferencia.
**C.S.I.-II Gerardo Bloise**: Ok Mike, te veo luego.

CASO#: 08-069208

## *Capítulo Quince*

## Prueba de Olfato

Una vez concluido mi trabajo con el expediente, llamé a Mike avisándole que me dirigía hacia donde él se encontraba, es decir, a la Sala de Evidencias, para cumplimentar el Documento de Traspaso de la Evidencia que recibió en el Área de Correo y recibo que remitió el F.B.I.

Voy en dirección a la zona del pasillo donde está emplazada la Sala de Evidencias, abrí la puerta con mi identificación personal, pues esa puerta posee un dispositivo de seguridad electrónico por el cual únicamente los C.S.I.'s tienen

acceso a la referida Sala. Cuando franquee la puerta, Mike ya me estaba esperando.

**C.S.I.-II Gerardo Bloise**: Muy bien Mike, aquí me tienes.

Mike se dirige a su armario de evidencias, lo abre y extrajo de él la caja que yo había enviado al F.B.I., conteniendo la alfombrilla del maletero, tapa de la rueda de repuesto de la goma que colecté de la escena del crimen móvil, es decir el *PONTIAC SUNFIRE.*

**A.S.L./C.S.I. Michael Vincent**: G. aquí está la caja; saqué de mi archivo la parte de la sección donde tenía todos los documentos de la evidencia y saqué el Formulario de Evidencia H-52025 y recibí los artículos 22,23,24, 25 y 26.

Tras haber firmado el formulario de evidencia, la aseguré en mi armario de evidencias para, posteriormente, transferirla a la Sección de Evidencias. Una vez concluidos los tramites con las evidencias, me dirigí de nuevo a mi escritorio, pues debía continuar con la redacción del informe, ya que había muchos datos que documentar para la confección del informe final.

Ya es la hora de concluir por hoy mis gestiones en el caso, comenzaré a organizar todo el escritorio, ya me corresponde librar mis tres días, pues la semana ha sido muy intensa coordinando evidencias con el F.B.I., recibiendo evidencias, llevando el control de donde se encuentra cada una de ellas y continuar redactando el informe final, así que apagué mi computadora y salí hacia el aparcamiento para ocupar mi Unidad Móvil Forense #0054 para ponerme en ruta hacia mi residencia. Encendí la radio y escuché la noticia que se había dado la llamada del 911 original, cuando Cindy Anthony había llamado para dar el informe como que Caylee se había extraviado y que ella había mencionado que su auto olía como si hubiese habido un cuerpo en estado de descomposición. Llegué a mi domicilio, entré por la puerta del garaje y me dirijo al salón familiar, enciendo la TV y veo la noticia; que previamente había escuchado en la radio, es decir, el sonido de la llamada del 911 que había hecho Cindy Anthony, madre de Casey.

Lo más negativo, según mi opinión, es que a este caso ya se le estaba dando demasiada publicidad siendo que apenas estaba comenzando. El tema de la llamada del 911 se había hecho público en la prensa escrita, basándose en la información *(posiblemente filtrada)* de que el vehículo *PONTIAC SUNFIRE* olía como su hubiera albergado un cuerpo en estado de descomposición, ahora el audio de la citada llamada era de dominio público.

**Jueves, 30 de Octubre de 2008**

De nuevo ante mi escritorio, tras haber contestado varias llamadas de servicio y dispuesto a proseguir con el Caso de Caylee Anthony.

Busqué el expediente del caso, exactamente el archivo de los documentos de evidencia que he colectado hasta el momento en el caso. Busco la Pieza de Evidencia H-52025, perfecto aquí la tengo; el artículo 9 es que necesito en esta página. Vamos a verificar otra página. En la próxima página quiero comprobar cuál de los artículos necesito. Perfecto, aquí los tengo, se trata de los artículos 28 y 29. Tras localizar las piezas de evidencia, salgo para mi Unidad Forense Móvil #0054 y salí inmediatamente con dirección a la Unidad o División de Evidencias.

La vida profesional de un C.S.I. se la pasa en su Unidad; pero he tenido casos que incluso he tenido que dormir esperando una Orden de Allanamiento (Entrada y Registro) para que el Juez la firmase.

Llegando a la puerta de cristal de la Unidad de Evidencias ya me ve el compañero Gilberto González, e inmediatamente pulsó el botón de seguridad que abre la puerta de entrada que da a la parte frontal de Evidencias.

**C.S.I.-II Gerardo Bloise**: Buenos días, Gil.

**Técnico en Evidencias Gilberto González**: Buenos días.

**C.S.I.-II Gerardo Bloise**: ¿Todavía estas aquí al frente?

**Técnico en Evidencias Gilberto González**: Si, mi rotación termina este mes, después paso a la bóveda. ¿Vienes por evidencias del Caso Caylee?

**C.S.I.-II Gerardo Bloise**: Si.

**Técnico en Evidencias Gilberto González**: Voy a llamar a Terry.

**Técnico en Evidencias Gilberto González**:¡Hey Terry, aquí está Gerardo, necesita una evidencia del Caso de Caylee!

**C.S.I.-II Gerardo Bloise**: ...pásame el teléfono Gil ... ¡Hola Terry! ... para que no tengas que venir al frente a buscar la información de la evidencia, te la doy ahora, así ya vienes con ella y así sólo tendría que firmar el Documento de Transferencia.

Terry me contestó con un ¡Ok! Tras esa pequeña conversación con Terry, le devolví el teléfono a Gil y le agradecí.

La espera fue de unos 20 minutos, al cabo de este tiempo apareció Terry con la evidencia, firmé el Documento de Transferencia de Evidencia y partí con la misma para la Unidad del C.S.I. Llegué a mi Unidad alrededor de las 09:24 horas, entré por la puerta que, da acceso a la Sala de Evidencias, portando la bolsa de estraza que contenía los tres sobres sellados portadores de la vegetación seca. Abrí la puerta de la Sala de Evidencias, llego a la extensión telefónica instalada en la misma y me puse en contacto con Mike.

**C.S.I.-II Gerardo Bloise**: Hola Mike, estoy aquí en la Sala de Evidencias con la que es para el Dr. Hall.

Mike me contestó que acudía rápidamente. Transcurrieron casi 10 minutos, sonó la puerta de acceso y entró Michael Vincent.

**C.S.I.-II Gerardo Bloise**: Aquí están las evidencias:

1. Un sobre amarillo sellado, que contiene placa de Petri con vegetación seca. (Art#9, Item#H-52025)
2. Un sobre amarillo sellado, que contiene placa de Petri

con vegetación seca. (Art#28, Item#H-52025)
3. Un sobre amarillo sellado, que contiene placa de Petri con vegetación seca. (Art#29, Item#H-52025)

**A.S.L./C.S.I. Michael Vincent**: Ok *G*, esta evidencia la enviaré mañana al Dr. Hall.

Mike, aseguró la evidencia en su armario, ambos salimos de la Sala de Evidencias para dirigirnos a nuestros respectivos escritorios.

**C.S.I.-II Gerardo Bloise:** Mike, ya hay bastantes evidencias en este caso.

**A.S.L./C.S.I. Michael Vincent:** Si así es, ya con lo del pelo positivo de Caylee es suficiente, ya el caso quedó dilucidado en cuanto que la niña no estuvo secuestrada nunca.

**C.S.I.-II Gerardo Bloise:** Así es, se le acabó la narrativa a los Anthony, cuando esto sea de dominio público será una bomba para ellos y el abogado Báez.

**A.S.L./C.S.I. Michael Vincent:** Bueno *G*, te veo luego, voy a verificar mi Unidad, que tenga de todo lo que necesito, estaré «on call» esta noche. ¡oh, se me olvidaba!, mañana te entregaré una evidencia para que se la transfieras a Karen.

**C.S.I.-II Gerardo Bloise:** ¿A qué hora viene ella?

**A.S.L./C.S.I. Michael Vincent:** Ella me dijo que vendrá por la mañana, pero no puntualizó la hora.

**C.S.I.-II Gerardo Bloise:** De todos modos, estaremos aquí temprano los dos, así que me la transfieres. Así quedamos en ese arreglo para mañana.

Mike prosiguió hacia la puerta trasera que da acceso al estacionamiento donde todos los C.S.I. teníamos nuestras unidades móviles aparcadas. Yo me dirigí hacia mi escritorio, todo este mes lo he pasado redactando y documentando todo, esta etapa de la investigación, es más de documentación que de procesamiento de evidencias. Son las 16:00 horas y suena la extensión de mi teléfono.

**C.S.I.-II Gerardo Bloise**: C.S.I. Bloise, buenas tardes.

**A.S.L./C.S.I. Michael Vincent**: *G*, se me olvidaba, tengo que tomar dos muestras para remitirlas al laboratorio del Dr. Vass.

**C.S.I.-II Gerardo Bloise**: Perfecto, todavía tengo en mi poder esa pieza de evidencia en mi armario, voy ahora mismo al cuarto de Evidencias.

**A.S.L./C.S.I. Michael Vincent**: De acuerdo, te veo allá.

Me dirigí hacia la Sala de Evidencias, tras haber pasado por la primera puerta del pasillo de la Unidad de C.S.I.; abrí la segunda puerta de evidencias utilizando el dispositivo de seguridad que posee, seguidamente abrí el armario #13 con mi llave, extraje la caja que contenía la cubierta de repuesto y la alfombrilla del maletero del vehículo. Escuché el sonido peculiar del dispositivo de seguridad de la puerta y entró Mike Vincent.

**A.S.L./C.S.I. Michael Vincent**: *G*, sólo necesito dos muestras de la cubierta del repuesto.

**C.S.I.-II Gerardo Bloise**: Perfecto Mike, voy a sacar únicamente esa pieza de evidencia ... ¿puedes hacer los cortes aquí?

**A.S.L./C.S.I. Michael Vincent**: Claro que puedo.

Mientras voy extrayendo la pieza de evidencia, le explico a Mike que yo ya había efectuado dos cortes y tomé muestras para otra Sección del Laboratorio del F.B.I. Mike firmó el Recibo de Transferencia de Evidencia y Propiedad e hizo dos cortes tomando dos muestras de la cubierta de repuesto.

Una vez que Mike colectó las muestras, me devolvió la cubierta del repuesto y la puse de nuevo en la caja, poniéndole el sello de *evidencia* y por supuesto cumplimentando con mi firma al Recibo de Transferencia de Evidencia y Propiedad, asegurándola en mi armario de evidencias.

**C.S.I.-II Gerardo Bloise**: Muy bien Mike ¿eso es todo lo que necesitas de esta evidencia? Te lo pregunto porque mañana esta evidencia la devolveré a la Sección de Custodia de Evidencias.

**A.S.L./C.S.I. Michael Vincent**: *G* eso es todo, estas dos muestras se irán para el Laboratorio de Oakridge-Tennessee para el Dr. Vass.

Ambos abandonamos la Sala de Evidencias, Mike ya había dejado la evidencia embalada y lista para su envío al Laboratorio. Nos dirigimos hacia el pasillo de nuestras oficinas y yo me dirigí a mi escritorio.

Tras moverme entre mi escritorio y la máquina del café, ya llegaba la hora de guardar el informe del caso, apagar computadora y salir para casa. A mi llegada a mi domicilio, se respiraba una gran tranquilidad ya que la zona donde resido es excelente en lo que respecta a la tranquilidad. Ya haciendo mi entrada por el garaje, me dirijo al salón familiar, el televisor estaba encendido y, cómo no, dando noticias sobre el Caso de Caylee Anthony. Era Nancy Grace, que estaba siendo entrevistada por la CNN acerca del Caso, vi la entrevista y ya tenía conocimiento del mismo desde el 16 de julio, que fue cuando se inició la investigación y que los medios de comunicación locales lo comenzaron a publicar y que la evidencia más importante para ella fue cuando se hizo mención del famoso cabello.

Dada la saciedad que sufría en cuanto al caso, opté por dirigirme a mi habitación, cambiarme de vestimenta, relajarme un poco e ir a la terraza con un jugo fresco de parcha y sentarme a observar los árboles, el cielo, flores y en general la Creación del Todopoderoso, que te da paz y relajamiento en instantes de tensión.

**Viernes, 31 de Octubre de 2008**

Ya se acabó el relax, así que, de nuevo al trabajo, ocupé mi escritorio y proseguí mi labor con el Caso. Sobre las 08:24 horas, el A.S.L./C.S.I. Michael Vincent viene hacia mi escritorio.

**A.S.L./C.S.I. Michael Vincent**: Hola G.

**C.S.I.-II Gerardo Bloise**: Hola Mike dime.

**A.S.L./C.S.I. Michel Vincent**: Aquí tengo cuatro piezas de las que te había hablado ayer, que Karen Cowan del F.B.I. viene a recoger hoy.

**C.S.I.-II Gerardo Bloise**: Si correcto, estaba en espera de esas piezas de evidencia.

Mike me entregó una bolsa de estraza conteniendo sobres de manila debidamente sellados con sus iniciales y con la correspondiente etiqueta, describiendo que tipo de evidencia era. Firmé el Documento de Transferencia de Evidencias y tomé posesión de las siguientes piezas de evidencia:

1. Un sobre amarillo sellado, que contiene un recipiente de vidrio transparente con cabello. (Art#1, Artículo#H-60214)
2. Un sobre amarillo sellado, que contiene un recipiente de vidrio transparente con pelo. (Art#2, Artículo#H-60214)
3. Un sobre amarillo sellado, que contiene un recipiente de vidrio transparente con pelo. (Art#3, Articulo#H-60214)
4. Un sobre amarillo sellado, que contiene un recipiente de vidrio transparente con pelo. (Art#4, Articulo#H-60214)

Ya solo era cuestión de esperar a Karen llegara para poder transferir las evidencias al F.B.I. Así que continué trabajando en mi escritorio. Sonó mi extensión telefónica.

**C.S.I.-II Gerardo Bloise**: Buenos días, C.S.I. Bloise al habla.

**F.B.I. Karen Cowan**: Hola Gerardo soy Karen.

**C.S.I.-II Gerardo Bloise**: ¿Cómo estás Karen? ¿Dónde estás?

**F.B.I. Karen Cowan**: Estoy bien gracias, me encuentro en el aparcamiento del lado oeste.

**C.S.I.-II Gerardo Bloise**: Muy bien, ahora mismo voy a abrirte la puerta.

Una vez ante la puerta oeste, la abro y allí estaba Karen esperándome. Luego de entrar la conduje a mi escritorio, le ofrecí asiento, mientras, me dirigía a la Sala de Evidencias para transferirle las 4 piezas de evidencia adicionales que iban a ser examinadas en el Laboratorio del F.B.I. Una vez en la Sala de Evidencias localicé los cuatro artículos. Cuando me acercaba a mi escritorio, observé que Karen estaba observando la decoración que tenía en mi esquina, donde se ubicaba mi zona de trabajo.

**F.B.I. Karen Cowan**: Está bonita la decoración de los cuadros que tienes.

**C.S.I.-II Gerardo Bloise**: Gracias, están realizados por mí en acrílico.

Uno de ellos trata de explicar mi trayectoria profesional en la carrera dedicada a la Ley y el Orden. La otra se titula *Escena del Crimen* y la otra la denominé *Caso Frio.*

Bueno Karen, aquí están las evidencias para que las revises y veas que todo está bien. Karen comparó todos y cada uno de los sobres con el Formulario de Transferencia de Propiedad y Evidencia.

**F.B.I. Karen Cowan**: Perfecto Gerardo, está todo bien, por lo que le transferí a Karen las siguientes piezas de evidencia.

1. Un sobre amarillo sellado, que contiene un recipiente de vidrio transparente con pelo. (Art#1, Articulo #H-60214, F.B.I. Q-47)
2. Un sobre amarillo sellado, que contiene un recipiente de vidrio transparente con pelo. (Art#2, Articulo #H-60214, F.B.I. Q-48)
3. Un sobre amarillo sellado, que contiene un recipiente de vidrio transparente con pelo. (Art#3, Articulo # H-60214, F.B.I. Q-49)

4. Un sobre amarillo sellado, que contiene un recipiente de vidrio transparente con pelo. (Art#4, Articulo # H-60214, F.B.I. Q-50)

Tras la obligada comprobación, Karen estampó su firma en el Documento de Transferencia.

**C.S.I.-II Gerardo Bloise**: Karen muchas gracias de nuevo, por molestarte en venir a mi oficina a recoger estas evidencias.

**F.B.I. Karen Cowan**: De nada Gerardo, sabes perfectamente que estamos para servirte y colaborar en esta investigación.

Este grupo de piezas de evidencias era el número 8 que sometía al Laboratorio del F.B.I. Una vez concluida mi entrevista con Karen, tomé dirección hacia la Sala de Evidencias, para extraer de mi armario la Caja con el sello del tape de evidencia que contenía la cubierta del repuesto y la alfombrilla del vehículo de Casey.

Una vez extraída la caja, tomé dirección hacia mi Unidad Forense Móvil#0054; coloqué la evidencia dentro de la unidad y salí con ella con dirección a Sección de Evidencias.

El tráfico rodado por las carreteras de Orlando era bastante fluido, por lo que afluencia de vehículos no era importante. Uno de las ventajas y triunfos de una investigación Forense es la escrupulosa Cadena de Custodia de las Evidencias y evitar por todos los medios de tener cualquier pieza de evidencia por un tiempo dilatado bajo su custodia. Los abogados buscan cualquier excusa, incluso llegan a inventárselas para tratar de anular esa evidencia del Procedimiento Judicial, especialmente si la evidencia forense implica a su defendido. Tardé unos 25 minutos en llegar a la Unidad de Evidencias, siguiendo el protocolo establecido por los procedimientos operacionales de la Cadena de Custodia de Evidencias.

Por su parte, la investigación Criminal seguía su curso, aunque no reflejaba fehacientemente ninguna prueba incriminatoria contra Casey, la investigación Criminal había llevado a cabo una multitud de entrevistas a los amigos y familiares de Casey Anthony; sin embargo, la investigación Forense sí apuntaba directamente a Casey Anthony, ya no en la desaparición de Caylee, sino en la muerte de la niña.

Al llegar a la oficina me dirigí directamente a la Zona de Correspondencia que tiene cada C.S.I., y, entre los sobres figuraba uno del Dr. David Hall. El Dr. Hall es el Botánico Forense de mayor experiencia del que dispone todo el Estado de Florida; seguro que eran los resultados de las hojas secas que colecté del vehículo de Casey.

Me dirigí rápidamente a mi escritorio a leer los resultados. El Dr. Hall identificó las plantas secas como *Cinnamoum Camphora*, procedente del árbol de *Camphor.* Para poder examinar el *PONTIAC SUNFIRE*, utilicé un elevador hidráulico de vehículos y lo hice con el único y exclusivo propósito de buscar algún indicio de un posible animal muerto o parte de algún animal. Porque era esa la narrativa de Cindy Anthony, madre de Caylee, que después de haber manifestado que el vehículo soltaba un hedor como si un cuerpo de un animal muerto cambió la expresión a que el cuerpo era de una ardilla. No obstante, en la completa y exhaustiva inspección que llevé a cabo no encontré ninguna señal de que hubiera ninguna huella de un animal muerto.

Lo que sí encontré fue una hoja seca de pino en la zona del radiador. Hojas seca en zona del chasis. Encontré hojas secas en la zona del parabrisas. También en el área del maletero.

Estas hojas secas fueron comparadas con los residuos de basura que Mike Vincent sometió junto a esta evidencia que yo había sometido al Dr. Hall.

El análisis Científico Botánico Forense, emitido por el Dr. Hall, detectó perfectamente la procedencia de esas hojas secas; sólo quedaba fijar la localización del lugar donde estaba emplazado el mencionado árbol *Camphor.*

En resumen, el Dr. Hall nos plantea en su completo informe que, la presencia de la evidencia de la planta, que el vehículo podía haber estado estacionado bajo un árbol de Alcanfor y/o un Roble vivo, durante un periodo de tiempo suficiente como para que las hojas que suelen desprenderse de éstos pueden quedar perfectamente adheridas a éste. O bien al plástico del parabrisas y posteriormente caer sobre el neumático de repuesto fácilmente cuando se abrió el maletero, quizás en la misma zona donde el vehículo arrastró e incrustó ramas de alcanfor bajo el chasis. La hoja de pino , bien podría encontrarse en la misma zona o haber sido arrastrada accidentalmente en un viaje distinto. El material vegetal presentado con los ítems 5 de 6 y 7de 7 son diferentes, por lo que pueden acoplarse si se dispone de la planta correcta.

Según puntualizó en su extenso y completo informe, el Dr. Hall, la planta que detecté y extraje del vehículo, quedo plenamente identificada, luego era cuestión de tiempo localizar el lugar donde tuvo lugar el enterramiento o posible abandono del cuerpo de Caylee.

El mes de Octubre ya había finiquitado y desde que me hice cargo de la investigación forense del caso, allá por el día 16 de Julio, los meses que le siguieron mostraron la continuidad en la redacción de mi informe, comparándolo puntualmente con los Documentos de Evidencia y con el informe emitido por el A.S.L./C.S.I. Mike Vincent, y de esta forma controlar y cuidar de no entrar en contradicciones.

**Jueves, 13 de Noviembre de 2008**

El mes de noviembre había llegado, ya casi se enfilaba la época navideña, se notaba obviamente en el clima que estaba comenzando a descender por lo que la temperatura, lógicamente iba a la baja.

Me incorporé a mi oficina muy temprano con la intención de dar continuidad a las gestiones que venía realizando con relación a otros casos que tenía pendientes de redactar sus informes.

Recibo vía telefónica un requerimiento de la Fiscalía en la que me indican que debo tener listo para mañana, día 14, las alfombrillas que colecte del maletero del automóvil *PONTIAC SUNFIRE,* pues la Defensa de Casey quería inspeccionar estas piezas de evidencia. Tras atender la referida llamada, me puse inmediatamente en contacto con la Unidad de Evidencias para informarles que debían tener preparados los artículos #24, 25 y 26 identificados como H-52025.

Una vez concluida la redacción de varios informes referentes a distintos casos en trámite, serían las 15:15 horas, ya debía desplazarme a la Unidad de Evidencias a retirar las piezas que previamente había requerido; archivé debidamente los informes redactados en mi computadora, tomé el expediente del Caso Caylee y salí a ocupar mi Unidad Móvil Forense #0054 para dirigirme hacia la Unidad de Evidencias. Tuve suerte al estar el tráfico rodado bastante fluido, circunstancia que me permitió llegar a las instalaciones de la Unidad de Evidencias a la 16:00 horas.

Al abrir la puerta principal de la Unidad de Evidencias, como de costumbre, siempre tenía que haber alguien ocupando la Oficina Principal, desde la cual puede verse la entrada del lobby; en esta ocasión no estaba mi amigo Gilberto González, sino que en su lugar estaba el Técnico Terry Gorman, encargado de todas las evidencias de este caso.

**C.S.I.-II Gerardo Bloise**: Buenas tardes, Terry.

**Técnico en Evidencias Terry Gorman**: Buenas tardes, Gerardo, aquí está la caja de evidencias que solicitaste.

**C.S.I.-II Gerardo Bloise**: Así es, gracias, Terry.

Saqué del expediente del caso la copia del documento emitido por la Unidad Forense sobre el Documento de Evidencias, mientras Terry me entregaba Copia del Documento de la Unidad de Evidencias; ambas copias tienen que estar firmadas por su parte posterior indicando la hora, fecha y lugar donde iba a ser trasladada y por quien; se trata, ni más ni menos de la Cadena de Custodia de Evidencias que, obviamente tiene que ser protegida celosamente en todo momento.

Tras recoger la mencionada evidencia, me dirigí de nuevo a la Unidad C.S.I./Forense, arribando a la misma a las 16:27 horas, pasé inmediatamente a la Sala de Evidencias con la intención de asegurarla en mi armario hasta mañana viernes.

Era evidente que la defensa de Casey comenzaba a llevar a cabo sus movimientos para preparar su caso, obviamente con la intención de hallar algún tipo de error o fallo, o, simplemente inventarlos para así establecer una pre-fabricada duda razonable. El viernes pues, sin duda será un día muy interesante.

### Viernes, 14 de Noviembre de 2008

En el día de hoy está prevista la comparecencia del Abogado José Báez y su equipo de trabajo con la intención de examinar la alfombrilla del maletero y, por consiguiente, el vehículo. Ahora, simplemente, era cuestión de esperar y ver quién sería el experto de parte presentado por la defensa; como prevención me dirigí al laboratorio con la intención de tenerlo totalmente operativo para efectuar la inspección de las piezas de evidencia. También el A.S.L./C.S.I. Mike Vincent estaba totalmente preparado para este momento.

A las 09:45 horas, llegaron a la oficina el Sargento John Allen, Detective Yuri Melich, Corporal William Edwards [*perteneciente a la División de Personas Desaparecidas*] y el Agente Especial Nick Savage.

**Sargento John Allen**: Saludos, buenos días.

**C.S.I.-II Gerardo Bloise**: Buenos días a todos.

**Sargento John Allen**: ¿Está todo listo?

**C.S.I.-II Gerardo Bloise**: Si sargento, todo está listo, Báez y su grupo podrán examinar las evidencias en el laboratorio que ya están preparadas para ellos, el vehículo está todavía en el garaje, pues sin duda, será lo siguiente que ellos examinen.

Nos mantuvimos en la zona de recepción de la Unidad Forense charlando con los compañeros, sin entrar para nada a hacer comentarios sobre este caso puntual, sino que la charla cubría asuntos y temas generales. A las 10:18 horas [A.M.], a través de la ventana de Recepción pude ver como el abogado José Báez, también identifiqué al Sr. Henry Lee y a otro joven que no había visto nunca.

Ileana Torres, nuestra secretaria también los detectó y se le indicó ... *"Ileana, son ellos, abre la puerta por favor"*...la secretaria se limitó a pulsar el botón de seguridad de apertura de la puerta y el Sargento Allen se aproximó para abrirla.

José Báez fue el primero en entrar y saludó al Sargento Allen en primer lugar, seguidamente nos saludó a todos e inmediatamente, Mike Vincent les indicó...

**A.S.L./C.S.I. Mike Vincent**: Por favor, deberán registrar sus nombres en el Libro de Entradas a esta Unidad.

Seguidamente, cada uno de ellos, escribió su nombre en el mencionado Libro. Lo hicieron el abogado Báez, el Sr. Edward E. Phelgar [del bufete de abogados *The Báez Law firm* y el Sr. Henry Lee, supuesto experto].

**C.S.I.-II Gerardo Bloise**: Sargento Allen, podemos ir a la Sala de Conferencias para discutir los detalles de la inspección.

**Sargento John Allen**: Ok, pasemos a la Sala de Conferencias.

Nos dirigimos a la Sala de Conferencias, ubicada en el pasillo muy cerca de la Recepción. Es, precisamente, en estas circunstancias, cuando equipos como el nuestro como representantes del Estado y el de ellos, como representantes de la acusada, estamos en modo de alerta máxima con respecto a cualquier detalle negativo que pueda darse en el desarrollo de la inspección.

Accedimos a la Sala de Conferencias, ocupando el equipo de la defensa el lado izquierdo y nuestro equipo, el lado derecho de la mesa ovalada.

**Abogado José Báez**: Estamos personados aquí para proceder a la inspección del vehículo, para ello, traje al Dr. Henry Lee y a mi asistente Sr. Phelgar que ayudará al Dr. Lee en la inspección.

**Sargento John Allen**: No hay problema, pero quiero dejar muy claro y diáfano que, de acuerdo con la Orden de la Corte, le vamos a permitir llevar a cabo el examen de las evidencias, que sólo será visual y de acuerdo a la citada orden no les está permitido hacer ninguna prueba ni colectar ninguna pieza de la evidencia.

**Abogado José Báez**: Estamos de acuerdo con esto.

Observé que, tanto el Sr. Phelgar como el Sr. Lee, consintieron el acuerdo moviendo sus cabezas con gesto afirmativo.

**Sargento John Allen**: C.S.I. Bloise y Mike, por favor llévenlos al Laboratorio donde van a examinar las evidencias.

En ese instante, el abogado Báez interrumpió.

**Abogado José Báez**: Sargento Allen, ¿será posible que podamos examinar también la basura?

**Sargento John Allen**: No creo que haya problema con eso.

Fue en ese instante cuando yo interrumpí dirigiéndome al Sargento Allen.

**C.S.I.-II Gerardo Bloise**: Sargento Allen, la basura no la tenemos aquí, está en la Unidad de Evidencias, por lo que tendría que coordinarme con ellos para ir a buscarla.

**Sargento John Allen**: Ok, entonces Sr. Báez con las evidencias que tenemos aquí y el C.S.I. Bloise coordinará hoy para facilitarle la basura.

Una vez terminada la discusión sobre los puntos a examinar en las evidencias, Mike y yo conducimos al abogado Báez y al resto de su equipo a la zona del laboratorio para que su inspección diera comienzo.

Mike y yo procedimos a la apertura de la caja que contenía la alfombrilla del maletero. Cuando abrí la caja, dentro de la misma había una lata de metal que contenía una parte de la alfombrilla, la coloqué en la mesa de examen junto a las bolsas plásticas negras en las que el F.B.I. había puesto las alfombras.

**Abogado José Báez**: Esto no huele a pizza.

**C.S.I.-II Gerardo Bloise**: ¿Me haces una pregunta, o es que sabes que no huele a pizza?

Al instante, el abogado José Báez se inclinó hacia la lata de metal con el objeto de olerla. Se retiró de inmediato de la lata de metal y su semblante cambió y la quijada se le cayó. Observando la ex presión de su cara, él sabía que había percibido el olor a descomposición humana.

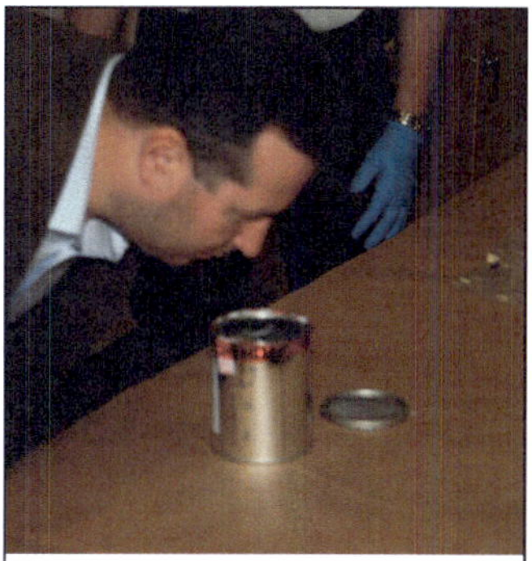

**Edor por la Descomposición**

Una vez colocada la alfombrilla sobre la mesa de examen, el Sr. Henry Lee comenzó a fotografiar e inspeccionar la evidencia con el Sr. Phelgar.

Observé que el supuesto «experto» Henry Lee comenzó a examinar la alfombrilla sin tomar las medidas de precaución para no contaminar la pieza, en un caso como este que, lo que encontré fue cabello, que esa era la pieza de evidencia crucial en este caso, el supuesto experto no se cubrió la cabeza para evitar que sus cabellos no cayeran en la alfombrilla. Este es el mismo supuesto «experto» que utilizó la defensa en el Caso de O.J. Simpson.

El Sr. Henry Lee, no obstante, continuó examinando la alfombrilla del maletero, pieza de evidencia 24, 25 y 26 #H-52025.

**C.S.I.-II Gerardo Bloise**: Mike necesito hablar contigo.

**A.S.L./C.S.I. Mike Vincent**: Dime *G.*

**C.S.I.-II Gerardo Bloise**: Tengo que ir a la Unidad de Evidencias a conseguir la basura, para que estés observando al Sr. Lee.

**A.S.L./C.S.I. Mike Vincent**: Ok, estaré aquí observando.

No es porque sea este caso puntual, que determine que alguien tiene que estar presente todo el tiempo mientras transcurre el examen de una pieza de evidencia que está bajo nuestra custodia. La Oficina del Sheriff tiene este protocolo para todos los casos.

Abandoné el laboratorio de la División C.S.I. para dirigirme a la Unidad de Evidencias, siendo las 11:30 horas A.M., mientras ocupaba mi vehículo #0054, llamé a la Unidad de Evidencias para informarles que necesitaba la pieza de evidencia Art.#1, H-51976. Tuve la fortuna de que contestaran casi de inmediato a mi llamada ya que, la Unidad de Evidencias está siempre ocupada, organizando continuamente todas las piezas de evidencias que reciben de todo el Condado de Orange.

Tan solo me faltaban 10 minutos para llegar al aparcamiento de la Unidad de Evidencias, iba con los dedos cruzados, esperando que la evidencia estuviese lista para mí, ya que el abogado Báez pidió la basura en el último momento.

Como ya dejé sentado con anterioridad, la basura fue colocada en el maletero con la intención de dar explicación al mal olor que reinaba en el automóvil y de esta forma, evitar que se llegara a la conclusión de que en el maletero había un cuerpo humano en estado de descomposición.

Una vez en las instalaciones de la Unidad de Evidencias y al acceder a ellas, tuve la fortuna de ver enseguida a Terry Gorman, y debo manifestar que, al verlo, tuve la plena confianza de que ya tenía preparada la pieza de evidencia que había solicitado previamente.

**C.S.I.-II Gerardo Bloise**: Hola Terry, te doy las gracias, éste ha sido un pedido del abogado Báez a última hora.

**Técnico en Evidencias Terry Gorman**: Eso pasa, vienen cosas en el último momento.

Terry me entregó el Documento de Custodia de Evidencia, lo firmé en su parte posterior, pero al no tener mi copia, anoté en un papel la hora en la que recibí la evidencia para posteriormente, incluirlo en el Documento de Evidencia la copia forense que tengo en el expediente, pero que al salir tan rápido del laboratorio, olvidé llevar conmigo el archivo de la evidencia.

Ya tenía la evidencia en mi poder, así que puse rumbo de nuevo hacia el Laboratorio de la División C.S.I. Tras conducir alrededor de 30 minutos, entré por la parte posterior del garaje forense que da acceso al laboratorio por una de sus puertas.

Cuando abrí la puerta, vi que todavía el Sr. Lee estaba examinando la evidencia y el Sargento Allen estaba hablando con el abogado Báez.

**C.S.I.-II Gerardo Bloise**: Sargento Allen, aquí está la evidencia.

**Sargento John Allen**: Mr. Lee, aquí está la evidencia que usted quiere examinar también.

Puse la caja que contenía la basura encima de la mesa, me acerqué un poco, mientras el Sr. Lee seguía examinando la alfombra con una luz alterna.

**Henry Lee**: ¿Puedo hacer una prueba?

**C.S.I.-II Gerardo Bloise**: Mr. Lee, esas manchas yo personalmente las examiné y tomé las muestras correspondientes con hisopos en su momento, por lo que le facilitaremos los resultados al abogado Báez. En cuanto a hacer una prueba, usted sabe perfectamente que no puede hacer ninguna.

**Henry Lee**: Ok.

Eran las 12:48 horas, cuando el Sr. Henry Lee llamó a Báez y le dijo que iba a tomar su almuerzo, así que Báez y su equipo de trabajo salieron con ese fin. Aproveché ese lapsus para hablar con el Sargento John Allen.

**C.S.I.-II Gerardo Bloise**: Sargento, ¿tiene unos minutos?

**Sargento John Allen**: Si.

**C.S.I.-II Gerardo Bloise**: Sargento, la Orden del Tribunal no indica nada sobre la basura ¿por qué lo ha permitido?

**Sargento John Allen**: Gerardo, lo hice para que después no digan que se le negó el acceso a la evidencia.

**C.S.I.-II Gerardo Bloise**: Yo no tengo problema en facilitarles lo que tengamos, pero que lo hagan a través del Tribunal. Es que después, usted sabe cómo son estas cosas, piden una cosa ahora y después otra y otra y si realmente no tenemos alguna, ellos seguro que pensarán que se la estamos negando. Usted sabe cómo es esto.

**Sargento John Allen**: Si, entiendo, pero como quiera que sea, hay que hacerlo.

Así concluí la conversación con el Sargento Allen y empleamos el resto del tiempo para el almuerzo y a esperar a que llegara de nuevo el abogado Báez. Alrededor de las 14:15 horas, llegó el abogado Báez junto al Sr. Henry Lee para continuar la inspección, y se dirigieron al laboratorio, seguidamente le entregué la caja que contenía la basura.

Hice entrega al Sr. Lee las siguientes piezas de evidencia:

1. Lata vacía de cerezas *Coca-Cola* de 12 Oz, con número 2145.
2. Lata vacía de *Coca-Cola Classic* de 12 Oz, con número 22502.
3. Lata vacía de cerveza *Best Light de Milwaukee* # C7019e.
4. Lata vacía de Sprite 12 de Oz, con número 16090RA.
5. Caja metálica circular vacía de *Copenhagen Tobacco* con número SLN8178.
6. Una horquilla para el cabello; tres bridas de plástico.
7. Lata vacía de *Dr. Pepper* de 12 Oz, prueba de compra #2239E505168X.
8. Lata vacía de *Pepsi-Cola* de 12 Oz, prueba de compra # 1608RF01238.
9. Lata vacía de *Sprite* de 12 Oz, prueba de compra # 16090RA.
10. Recipiente vacío de *Mountain Dew* de 12 Oz, con prueba de compra#2122E04248X.
11. Envase plástico vacío *Oscar Mayer* de 8 Oz, con comprobante de compra#447001090.
12. Recipiente pequeño vacío de *Crystal Light* # 249554.
13. Botella vacía de prueba *Crystal Light* de 16 Oz, con comprobante de compra # 430093911.
14. Botella vacía de *Kiwi's Sport Cleaner* 5'5 Oz, con comprobante de compra # 3160024701.
15. Botella vacía de *Arm & Hammer* de 80 Oz, con comprobante de compra # 33200090430.
16. Botella vacía de *Crystal Light Soft Drink Mix* de 8 Oz, con comprobante de compra # 4300095033.
17. Recipiente negro vacío *Anchor.*
18. Caja de pizza vacía y rota donde puede leerse *La Pizza, símbolo de calidad.*
19. Caja vacía de *Cherry Coke* de 12 paquetes, con comprobante de compra # 490003103.
20. Caja vacía de *Velveeta* de 10'3 Oz, con una servilleta pegada, con exp. El día 11 de Febrero de 2009.
21. Caja vacía de *Velveeta* de 12 Oz, con comprobante de compra # 210065643.
22. Caja vacía de *Velveeta* de 9'4 Oz, con comprobante de

compra # 2100065893.
23. Paquete vacío de *Parliament Lights,* con comprobante de compra #2820019008.
24. Envase vacío de *Marlboro* # 283022.
25. Paquete vacío de *Trident Splash,* con comprobante de compra # 1254667123.
26. Dos rollos de aluminio de salsa de quesos *Velveeta* vacíos.
27. Pieza de tela con la inscripción *L.G.G. fabricada en Honduras de tela de EE.UU.*
28. Percha de plástico blanca rota.
29. Pedazo de envoltorio de papel pan italiano *Roma,* con una servilleta adherida.
30. Documente la orientación y el registro de *Full Sail.*
31. Tres recibos.
32. Documento de 9 de Mayo de 2008.
33. Cuatro hojas de ambientador.
34. Cinco servilletas.
35. Envoltura de plástico de pollo al ajo *Stouffer* # 1380045214.
36. Tres pequeños trozos de envoltorio de plástico.
37. Tres piezas de papel de aluminio.

El Sr. Henry Lee, inspeccionó la basura y encontró tres cabellos los cuales colecté. Después de terminar de inspeccionar la basura el Sr. Henry Lee y este investigador, nos desplazamos al garaje donde se le facilitó la oportunidad de inspeccionar el vehículo.

Tras la inspección del vehículo por el Sr. Henry Lee, éste me indica que detectó un cabello en el maletero del automóvil, lógicamente lo colecte de inmediato. Serían aproximadamente las 16:10 horas, cuando el abogado Báez y Mr. Lee, terminaron la inspección y abandonaron la sede de nuestras instalaciones.

Debo puntualizar que lo hallado por Mr. Lee, no me preocupó lo más mínimo, ya que el cabello que era de auténtica importancia ya lo había intervenido yo con mucha anterioridad. Pero, aun así, decidí llevar a cabo una nueva inspección de los artículos de la basura y detecté catorce cabellos adicionales tras la inspección de Mr. Lee.

Lógicamente una vez concluida mi nueva inspección, aseguré las nuevas piezas de evidencia en mi armario. Tenía la intención de ocupar mi escritorio, cuando me reclamaron de la Sala de Conferencias y veo la TV, estaban poniendo los momentos en los que el Sr. Henry Lee se dirigía a la Oficina

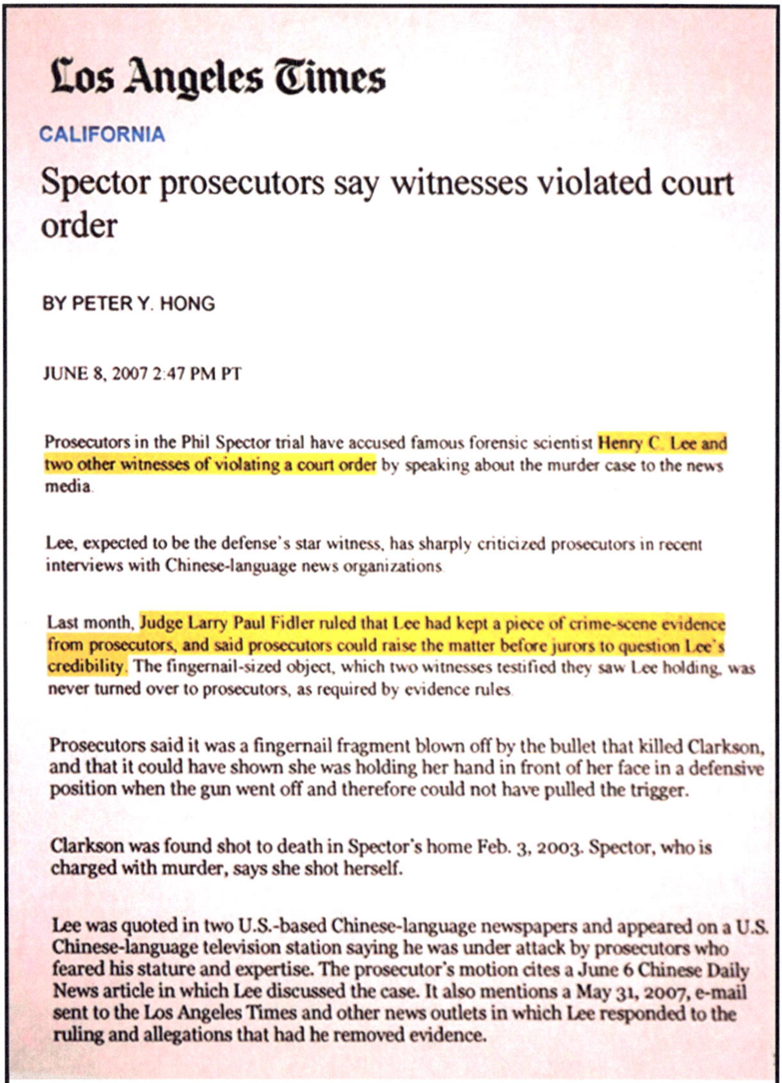

Los Angeles Times

CALIFORNIA

## Spector prosecutors say witnesses violated court order

BY PETER Y. HONG

JUNE 8, 2007 2:47 PM PT

Prosecutors in the Phil Spector trial have accused famous forensic scientist Henry C. Lee and two other witnesses of violating a court order by speaking about the murder case to the news media.

Lee, expected to be the defense's star witness, has sharply criticized prosecutors in recent interviews with Chinese-language news organizations.

Last month, Judge Larry Paul Fidler ruled that Lee had kept a piece of crime-scene evidence from prosecutors, and said prosecutors could raise the matter before jurors to question Lee's credibility. The fingernail-sized object, which two witnesses testified they saw Lee holding, was never turned over to prosecutors, as required by evidence rules.

Prosecutors said it was a fingernail fragment blown off by the bullet that killed Clarkson, and that it could have shown she was holding her hand in front of her face in a defensive position when the gun went off and therefore could not have pulled the trigger.

Clarkson was found shot to death in Spector's home Feb. 3, 2003. Spector, who is charged with murder, says she shot herself.

Lee was quoted in two U.S.-based Chinese-language newspapers and appeared on a U.S. Chinese-language television station saying he was under attack by prosecutors who feared his stature and expertise. The prosecutor's motion cites a June 6 Chinese Daily News article in which Lee discussed the case. It also mentions a May 31, 2007, e-mail sent to the Los Angeles Times and other news outlets in which Lee responded to the ruling and allegations that had he removed evidence.

**Reporte del L.A Times**

del Sheriff y la prensa, como es obvio, comenzó a hacerle preguntas relacionadas con su integridad profesional que, con anterioridad había sido cuestionada en el *Caso Spector* de California. Nosotros ya teníamos conocimiento fehaciente de que Henry Lee dice análisis sin pruebas, en resumidas cuentas, es el típico pseudo experto que se cree porque estuvo en el caso de OJ Simpson de ahí en adelante no iban a ser

## Renowned forensic scientist's testimony comes under question

By PAT EATON-ROBBJuly 11, 2019

**AP**

HARTFORD, Conn. (AP) — Forensic scientist Henry Lee, who became famous for his testimony in the O.J. Simpson trial and his work on other high-profile murder cases, defended his reputation Thursday after lawyers this week again questioned the accuracy of blood-evidence testimony he gave decades ago.

Wendall Hasan has been in prison since 1986 for the murder of George Tyler, of Darien, Connecticut. Hasan's lawyers filed court papers Tuesday arguing he should be freed after tests done in 2014 found no blood on a pair of sneakers that Lee testified were bloodstained.

That move came after the Connecticut Supreme Court criticized Lee last month when it overturned the convictions of two men for a 1985 murder.

The convictions of Sean Henning and Ralph Birth were set aside last month based on testing that showed stains on a towel, which Lee had testified were consistent with blood, were something else. The men served more than 30 years in prison.

Lee also faces criticism over the conviction of David Weinberg in the 1988 murder of a Connecticut teen, Joyce Stochmal. Lee testified in that case that he could not determine the source of blood that was found on a knife linked to Weinberg.

But Weinberg's lawyers, who successfully petitioned for his release on time served two years ago, said Lee knew that tests done on the knife and on hair fragments showed the blood was from an animal, not a human.

"This is not a problem with the science at the time," said Darcy McGraw, the director of the Connecticut Innocence Project and Weinberg's attorney. "This is 100 percent a problem with Dr. Lee."

**Henry Lee, Testimonio**

cuestionados sus análisis sin base científica ni pruebas. En otros casos que él había trabajado y lógicamente se inventa el resultado de los análisis, los cuales carecen de cualquier validez científica. Su más que dudosa integridad profesional y su maltrecha reputación ponen siempre en tela de juicio su credibilidad. Vea el reportaje periodístico de *Los Ángeles Times* de 8 de Junio de 2007.

Una vez visionado el reportaje televisivo, busqué datos y noticias sobre el «Caso Spector», seguí la búsqueda para saber más sobre el pseudo experto Henry Lee; lo que hallé sobre éste fue realmente bochornoso y vergonzante para la Comunidad de las Ciencias Forenses y la investigación Criminal seria y profesional.

Este "experto" se inventó un análisis de sangre en el *Caso Wendall Hassan*, donde se inventó que había sangre en un calzado deportivo. Igual pauta siguió en los casos de Sean Henning y Ralph Birth, este irresponsable se inventó que había manchas de sangre en una toalla; por el testimonio de Lee estas personas estuvieron encarceladas siendo inocentes, la friolera de 30 años de su vida.

Pueden examinar el informe publicado por la prensa:

Henry Lee es el protagonista de informes en casos en los que la Ética Profesional brilla totalmente por su ausencia.

Yo sinceramente opino que todos los casos en los que Henry Lee testificó ante la Corte y se dictó un veredicto, deberían ser analizados e investigados por compañeros que fuesen auténticos profesionales sin tacha de las Ciencias Forenses.

Con la información obtenida sobre Henry Lee, basada en su mala praxis, ya tenía mi defensa canalizada, ya que tenía que estar preparado, si bien la Fiscalía ya era conocedora fehacientemente de las acciones poco ortodoxas y la total ausencia de Ética Profesional, por lo que lo iban a esperar en la Corte para hacer pedazos su nula credibilidad. Una vez recopilada toda la información posible, opté por buscar la cubierta de repuesto que tenía asegurada en mi armario de evidencias. Realicé nuevamente una inspección ocular y detecté tres manchas sospechosas, por lo que realicé las pruebas de detección sobre la existencia de sangre, dando éstas un resultado negativo. Igualmente llevé a cabo una nueva inspección de la alfombrilla del maletero, detectando una mancha sospechosa, hice también la prueba detección de sangre, dándome también un resultado negativo.

Esta pieza de evidencia ya había sido examinada por este investigador en numerosas ocasiones, también había sido analizada por el F.B.I. y parte de la cubierta de repuesto, cuya goma igualmente había sido sometida al examen del Dr. Vass.

En los análisis realizados por el F.B.I. y los segmentos de la cubierta de repuesto analizada por el Dr. Vass, nunca detectaron la presencia de restos de sangre, no obstante, tanto el Dr. Vass, como el F.B.I., sí detectaron la presencia de Cloroformo y un fuerte olor a descomposición humana, lo cual coincidía totalmente con mis hallazgos.

Este había sido uno de los días más cruciales en la investigación, que ya estaba a punto de finiquitarla por mi parte y no precisamente por que viniera el pseudo experto del abogado Sr. Báez a examinar las evidencias.

Cuando un buen C.S.I., Detective o Policía, hace bien su trabajo buscando la verdad (como es su obligación), no tiene absolutamente nada que temer, aunque venga el más erudito experto o Perry Mason como abogado.

Como quiera que, los hallazgos de las evidencias no son en absoluto inventados, sino que son la cruda realidad, lo que indiscutiblemente buscamos como profesionales son las contestaciones a las siguientes cuestiones: *¿Qué? ¿Cómo? ¿Cuándo? ¿Dónde? ¿Quién? ¿Por qué?*

Es palmario que, como profesionales jamás buscamos ni aspiramos a la fama, ni ningún tipo de reconocimiento personal, sólo cumplimos con nuestro deber como funcionarios públicos de buscar la Justicia para las víctimas y/o exonerar al que es acusado siendo inocente.

En esta profesión existe, equivocadamente, la afirmación de que existen varias verdades. Nada más lejos de la realidad, podrán existir muchas verdades inventadas; pero sólo existe una.

CASO#: 08-069208

# *Capítulo Dieciséis*

## Revelación de Insectos

**Lunes, 17 de Noviembre de 2008.**

Debido a las nuevas piezas colectadas durante mi última inspección de la alfombrilla del maletero, me puse en contacto telefónico con la Karen Cowan del F.B.I. para informarle de que existían más piezas de evidencia que tenía que enviar al F.B.I.

Dado que tenía que personarme ante la Corte para presentar una declaración sobre otro caso, informé a Mike Vincent sobre la inminente visita de la Karen Cowan para recoger las piezas de evidencia que estaban listas para ella. Una vez hecha esta gestión, me desplacé hacia la Corte. Serían alrededor de las 09:15 horas cuando Mike Vincent me envió un mensaje de texto a mi teléfono móvil para confirmarme que Karen Cowan había llegado a nuestra División C.S.I. y Mike le entregó las siguientes piezas de evidencia:

**Piezas sometidas al F.B.I:**

1. Un sobre amarillo sellado que contiene placa de Petri con pelo. (Art.#1, Ítem # H-66336, sometida como F.B.I. Q-51)
2. Un sobre amarillo sellado que contiene placa de Petri con pelo. (Art.#2, Ítem # H-66336, sometida como F.B.I. Q-52)
3. Un sobre amarillo sellado que contiene placa de Petri con pelo. (Art.#3, Ítem # H-66336, sometida como F.B.I. Q-53)
4. Un sobre amarillo sellado que contiene placa de Petri con pelo. (Art.#4. Ítem # H-66336, sometida como F.B.I. Q-54)
5. Un sobre amarillo sellado que contiene placa de Petri con pelo. (Art.#1, Ítem # H-66337, sometida como F.B.I.

Q-55)
6. Un sobre amarillo sellado que contiene placa de Petri con pelo. (Art.#2, Ítem # H-66337, sometida como F.B.I. Q-56)
7. Un sobre amarillo sellado que contiene placa de Petri con pelo. (Art.#3, Ítem # H-66337, sometida como F.B.I. Q-57)
8. Un sobre amarillo sellado que contiene placa de Petri con pelo. (Art.#4, Ítem # H-66337, sometida como F.B.I. Q-58)
9. Un sobre amarillo sellado que contiene placa de Petri con pelo. (Art.#5; Ítem # H-66337, sometida como F.B.I. Q-59)
10. Un sobre amarillo sellado que contiene (2) placas de Petri con pelo. (Art.#6, Ítem # H-66337, sometida como F.B.I. Q-60)
11. Un sobre amarillo sellado que contiene placas de Petri con posibles fibras. (Art.#7, Ítem # H-66337, sometida como F.B.I. Q-61)
12. Un sobre amarillo sellado que contiene placa de Petri con pelo. (Art.#8, Ítem # H-66337, sometida como F.B.I. Q-62)
13. Un sobre amarillo sellado que contiene placa de Petri con pelo. (Art.#9, Ítem # H-66337, sometida como F.B.I. Q-63)
14. Un sobre amarillo sellado que contiene placa de Petri con pelo. (Art.#10, Ítem # H-66337, sometida como F.B.I. Q-64)
15. Un sobre amarillo sellado que contiene placa de Petri con pelo. (Art.#11, Ítem # H-66337, sometida como F.B.I. Q-65)
16. Un sobre amarillo sellado que contiene placa de Petri con pelo. (Art.#12, Ítem # H-66337, sometida como F.B.I. Q-66)

Ya transcurría el mes de Noviembre y teníamos en nuestro poder los resultados de los análisis de cabello, químicos del aire y de las plantas, sólo estábamos pendientes del resultado del análisis entomológico de insectos y gusanos que se hallaron en la basura que fueron enviados al Dr. Haskell para completar el rompecabezas en que se había convertido este caso.

**Jueves, 20 de Noviembre de 2008**

El informe y manifestaciones del Dr. Neal Haskell, establecen una cronología real de los tiempos a través de su completo examen entomológico. Cuando un ser humano fallece, tiene lugar un proceso de descomposición que nos presenta diferentes etapas.

El Dr. Haskel es un eminente Entomólogo Forense certificado por la Junta y profesor en el St. Joseph's College, estudió en la Universidad de Perdue, ha sido especialista en el área de identificación de Insectos Necrófagos y ha testificado en numerosísimos casos a nivel local e internacional.

Su dictamen con respecto a los insectos y pupa que fueron colectadas y el subsiguiente análisis realizado sobre las evidencias detectadas en las toallas de papel halladas en la basura, presentaban insectos que fueron clasificados por el Dr. Haskel como colonizadores tardíos, tales como moscas soldado-negras y escarabajos.

Este tipo de insectos, según el Dr. Haskel, aparecen y entran en el cuerpo sólo después de que éste ha alcanzado determinado nivel de descomposición temprana, estamos hablando del periodo #3, que suele darse transcurridos tres o cuatro días después de ocurrido el deceso. Según la literatura existente sobre la Entomología, los insectos que se asocian frecuentemente con la etapa más temprana de la descomposición serían los moscardones, que tienen hasta 90 variaciones diferentes en América del Norte. La asociación de estos diferentes tipos de insectos que llegan a los cuerpos en estado de descomposición pone sus huevos y crean familias mientras transcurren las diferentes fases de la descomposición. De esta manera un buen Entomólogo Forense, debidamente capacitado puede establecer la data de la muerte a razón de la detección de estos insectos.

Según los dictámenes del Dr. Haskel, llegarán al cuerpo, sólo después de que el cadáver haya alcanzado un cierto nivel del comienzo de la descomposición que, como hemos señalado, es de tres a cuatro días.

Ya teníamos el rompecabezas completo, gracias a esa pieza de Análisis Entomológico que nos faltaba y que por fin ya obraba en nuestro poder. El dictamen facilitado por el Dr. Haskel coincidía plenamente con los días en los que detectamos el olor a descomposición.

Ahora solo quedaba la aparición de la Escena Secundaria del crimen, la que nos debía indicar el lugar de enterramiento de Caylee.

CASO#: 08-069208

## *Capítulo Diecisiete*

# Lo Que Permanece

**Lunes, 8 de Diciembre de 2008**.

Diciembre ya había llegado y con él las bajas temperaturas en Orlando, Florida, por las mañanas estábamos a 40/50 grados Fahrenheit. La comunidad ya estaba decorando con motivos navideños sus residencias. Navidad es la celebración del Nacimiento del Niño Jesús; qué irónico yo aquí trabajando en el asesinato de una niña llamada Caylee Anthony, y lo más triste de todo, era que su madre Casey Anthony era la responsable de su muerte.

Estoy trabajando en mi escritorio, revisando concienzudamente el Informe C.S.I. del caso, cuando veo un correo electrónico de la Fiscalía en la pantalla de mi computadora , indicándome que quería que inspeccionase la escala del indicador de combustible del vehículo *PONTIAC GRAND A.M. SUNFIRE*. La pregunta es *¿Por qué?*

Mi intuición o sexto sentido como retirado de la Policía de Puerto Rico e Investigador Forense del Instituto de Ciencias Forenses, en la actualidad prestando mi servicio como C.S.I., la única respuesta factible era que la Fiscalía quería cerciorarse que el indicador de la cantidad de combustible funcionaba a la perfección, para así desmontar cualquier alegación de la defensa aduciendo que Casey había dejado el vehículo estacionado enfrente del negocio *Amscot* porque se quedó sin gasolina, ya que el indicador del mismo no funcionaba. Obviamente, el gerente o propietario del citado negocio al darse cuenta de que nadie movía el auto procedió lógicamente a llamar a una compañía de grúas con el objeto de que removieran el vehículo. Como es obvio, la grúa al llegar al emplazamiento donde se hallaba el vehículo lo removió y lo transportó al lugar donde se guardan los vehículos que son incautados.

La pregunta que hay que plantearse es simple ¿Por qué Casey dejó el vehículo en el estacionamiento de *Amscot*? La respuesta a esta cuestión tiene dos posibilidades de responder al *por qué*.

Primero, porque el vehículo apestaba a putrefacción y Casey al dejarlo allí pensó que el olor se iría desvaneciendo y tras unos días se desplazaría a buscarlo. Hay que tener muy presente que el vehículo *PONTIAC GRAND A.M. SUNFIRE* fue removido por la grúa del estacionamiento del negocio de *Amscot.*

Igualmente, Casey dejó el vehículo intencionadamente estacionado junto a contenedor de basura creyendo que así despistaría o confundiría el olor a descomposición humana que emanaba del vehículo, intentando hacer creer que olor no provenía del mismo, sino del contenedor de basura.

Para cerciorarme, como es obvio en un profesional, me dirigí al garaje donde todavía tenía el automóvil, para llevar a cabo dos comprobaciones con el objeto de determinar que el marcador de combustible funcionaba con normalidad.

**PRUEBA #1**: Sin la llave en el contacto de encendido, el marcador de combustible estaba en la parte superior del *E.* Según la foto que figura imagen codigo QR.`

**PRUEBA #2**: Con el encendido, puede verse en la foto que el marcador de combustible baja a la *E.*

Tras llevar a cabo estas dos primeras pruebas, realicé la siguiente alimentando el depósito con 5 galones de gasolina.

**PRUEBA #3**: Con el encendido conectado, el marcador subió 3/8. Según la foto bajo estas líneas.

**CONCLUSIÓN**: El marcador de combustible funcionaba perfectamente.

**Jueves, 11 de Diciembre de 2008**.

A pesar de estar próxima la Navidad, el frío, las comidas festivas y que fuera una época de alegría, en determinados momentos me hace sentir una amarga melancolía estos días, ya que me traían el recuerdo la pérdida de mi querido padre Don Benito Bloise Montañez, y sus consejos en los que manifestaba:

"Hijo mío, no importa lo que tú llegues a ser en la vida o qué posición ocupes, sé siempre el mismo."

Este día en particular, iba de camino a visitar a mi madre Cruzita Núñez, que estaba hospitalizada en el Florida Hospital, emplazado en el este de Orlando. Llegué al hospital en un día lluvioso y frio. Me apeé de mi inseparable Jeep blanco *LIBERTY* y le digo a *Brownie* mi K-9: "vengo en breve",bajandole las ventanas del lugar del pasajero para que tuviera aire.

Entré y me dirigí al lobby del hospital, las puertas automáticas se abrieron, y sentí el aire tibio producido por la calefacción que habían conectado a causa del frio. Tomé dirección hacia el ascensor, en ese momento salía un grupo de personas y aproveché la oportunidad para entrar, marqué el #4 para dirigirme al cuarto piso y acceder a la habitación donde se encontraba mi madre.

La puerta estaba semi-abierta, toqué en la misma y anuncio.

**C.S.I.-II Gerardo Bloise**: Mamá estoy aquí.

Comencé como lo hace todo hijo educado en la cultura hispana la conversación, con una bendición, al que ella respondió con la frase de toda madre: "Dios te bendiga hijo."

**C.S.I.-II Gerardo Bloise**: ¿Mamá, como estas?

**Mamá**: Aquí hijo, me están haciendo análisis, pero te voy a pedir un favor, ve a casa y búscame un poco de café ... ya sabes que aquí el café es agua de piringa.

Inmediatamente me empiezo a reír, hacía mucho tiempo que no escuchaba esa expresión.

**C.S.I.-II Gerardo Bloise**: No te preocupes, iré a buscarte el café.

Me despedí con un beso y le dije a mi madre que volvería con el café enseguida.

De nuevo utilicé el ascensor y marcando el botón que me conduciría al lobby, me dirigí hacia la puerta principal que se abrió automáticamente, sentí un fuerte viento frio, más que cuando llegué al hospital. Ocupé mi vehículo de nuevo y *Brownie* comenzó a ladrar dándome la bienvenida.

Puse rumbo hacia la casa de mi madre para conseguirle el café.

Desde el hospital a la casa de mi madre hay aproximadamente 10 minutos. Cuando estoy maniobrando para aparcar el vehículo cerca de la entrada, me sonó el teléfono del trabajo.

**C.S.I.-II Gerardo Bloise**: Gerardo Bloise, buenos días.

**Detective Yuri Melich**: Gerardo ¿Cómo estás?
**C.S.I.-II Gerardo Bloise**: Bien Yuri ¿Cómo estás tú?
**Detective Yuri Melich**: Bien Gerardo, mira recibí una llamada del sector comunicándome que en la Suburban Drive, encontraron unos huesos. Pero sabes muy bien que cuando nos personamos en el lugar, resulta que son huesos de animal. En estos momentos estoy en la oficina y te llamaba para ver si podías ir a verificar esta información.
**C.S.I.-II Gerardo Bloise**: Yuri, es mi día libre y estoy visitando a mi madre que está hospitalizada.
**Detective Yuri Melich**: Gerardo, disculpa entonces.
**C.S.I.-II Gerardo Bloise**: Ok, no te preocupes, esa dirección queda cerca de la casa de mi madre donde estoy ahora, que es en el Sector II, así que iré a verificar esa información.
**Detective Yuri Melich**: Gracias Gerardo, y me alegra que estés cerca de la Suburban.

Salí de mi vehículo y llamé a mi hermana Miriam para que le preparara el café a mi madre y luego lo vendría a recoger para llevárselo al hospital.

Arranqué el Jeep y puse dirección hacia la Suburban Drive. Tomé la ruta Goldenrod Road y seguí por la Lakeunderhill a mano derecha hasta llegar a la South Chickasaw Trail, donde hice una derivación hacia la derecha, después de conducir unos minutos llegué a la Suburban Drive, doblando después a la izquierda y continuar conduciendo, ya estaba acercándome hasta el final y pude ver la cinta amarilla con la indicación *CRIME SCENE DO NOT CROSS.*

Aproximándome al final de la Suburban Drive estaba la cinta amarilla que señalaba la prohibición del paso con una compañera del Sheriff custodiándola a su lado izquierdo.

Al bajar el cristal de mi ventanilla, se acerca la alguacil del Sheriff.

**Alguacil del Sheriff:** La calle está cerrada.

Enseguida la compañera me reconoce y me saluda.

**Alguacil del Sheriff:** Hola Gerardo, al final te encontrarás al Sargento Deeb.
**C.S.I.-II Gerardo Bloise**: Ok, gracias.

Continué conduciendo hasta llegar al final de la calle donde en el lado derecho estaba el área boscosa. A medida que me voy acercando puedo ver una patrulla y veo al Sargento

Michael Deeb fuera de su patrulla rotulado del Condado de Orange Oficina del Sheriff.

Salí de mi Jeep.

**C.S.I.-II Gerardo Bloise**: Buenos días Sargento Deeb, hace frio hoy.

**Sargento Michael Deeb**: Si, hace frio hoy. Llamé al Detective Yuri Melich y le puse sobre antecedentes de lo que aparenta ser un cráneo humano en la zona boscosa.

**C.S.I.-II Gerardo Bloise**: Si, el Detective Yuri Melich me llamó para que viniera a inspeccionar primero, y dependiendo de lo que informe, él vendría para aquí, lógicamente quiere asegurarse de que es humano y no animal. ¿puedes mostrarme donde está el cráneo?

**Sargento Michel Deeb**: Ok, Gerardo sígueme.

Mientras íbamos caminando hacia la zona boscosa, saqué mi grabadora de voz portátil para comenzar a grabar todas mis observaciones sobre la posible escena secundaria que estaba esperando en cualquier momento. Entonces vino a mi mente la conversación que mantuve con mi hermana Honoris, recordaba de la citada conversación con mi amigo Carlos hacía ya varios meses.

Carlos Berrios, en una visita a su residencia sostuvimos una conversación relacionada al caso de Caylee por la cobertura que le estaba dando la prensa. Me preguntó sobre el caso y yo, obviamente, le contestaba que el mismo estaba bajo investigación oficial, por lo tanto, no podía darle ningún tipo de información a nadie por motivos de Ética Profesional.

Él rápidamente me condujo hasta su computadora y me dijo en que zona residía la familia Anthony, yo le indiqué un área en general próxima a su dirección sin puntualizar exactamente su dirección. La buscó y en el momento me comento: "Esa niña está en esa zona, señalándome el área boscosa". Y ahora, me encontraba aquí y no salía de mi asombro, ya que las descripciones que ellos me habían propuesto coincidían plenamente con esta zona.

Continué caminando hasta llegar frente a una bolsa negra de basura que estaba en el suelo.

Observé lo que aparentaba ser un cráneo humano en el suelo, un tape gris en la zona de la boca, el cráneo tenía pelo a ambos lados sostenidos por el tape gris y observé una bolsa plástica negra frente al cráneo.

**C.S.I.-II Gerardo Bloise**: Sargento Deeb, definitivamente se trata del cráneo de un infante.

Una vez realizadas mis observaciones, me puse en contacto con el Detective Yuri Melich, y le afirmé que se trataba del cráneo de un infante.

Realmente no sé lo que empleó el Detective Yuri Melich, si fue un bólido de carreras o un helicóptero, pero se personó en el lugar rápidamente, acompañado del Sargento Allen y el Detective Edwards.

Los conducí a la zona donde se encontraba el cráneo que se hallaba a una distancia aproximada de 15 a 25 pies desde el borde de la carretera Suburban Drive.

**C.S.I.-II Gerardo Bloise**: Melich, aquí está el cráneo.

Una vez les había mostrado al Detective Yuri Melich, Sargento Allen y Detective Edwards el lugar donde se hallaba el cráneo; aconsejé al detective Melich que se pusiese en contacto urgente con la Oficina Forense para que enviasen a la otra Escuadra de C.S.I. y comenzaran a procesar la Escena Secundaria.

Por fin, el rompecabezas se había completado con esta escena. La Escena Primaria, que sin duda alguna era el vehículo y la Escena Secundaria que era la zona boscosa donde abandonaron el cadáver de la pobre Caylee en una miserable bolsa de basura.

Tras haberme despedido del Detective Melich y demás compañeros, salí de la zona con mi Jeep y mi inseparable *Brownie*, que me estaba esperando ansioso.

Cuando me fui aproximando a la primera señalización que prohibía el paso, distinguí visualmente al acercarme a la segunda señalización *CRIME SCENE DO NOT CROSS* la enorme afluencia de miembros de los medios de comunicación y al Capitán Ángelo Nieves atendiéndolos debidamente, ya que era el P.I.O. o *Public Information Officer.*

Detuve mi vehículo para que un Alguacil del Sheriff levantase la cinta de "escena de crimen no pase" para poder salir del segundo perímetro, me vio el Capitán Nieves y me saludo con la mano, le respondí al saludo y seguí circulando hasta el último perímetro y salir del Suburban Drive.

Estaba comenzando a llover y el día estaba frío, puse rumbo a casa de mi madre para recoger su café y llevárselo al hospital.

Dos acontecimientos positivos acaecieron en este día; encontrar el cráneo de Caylee y ver a mi madre de nuevo y llevarle su café.

A la Unidad Forense nos quedaban varias semanas de trabajo muy arduo para procesar concienzudamente la Escena Secundaria.

Una vez llevado el café a mi madre, decidí irme a mi domicilio al ser éste mi día libre y estuve analizando y pensando sobre la Escena Secundaria y lo que me había planteado mi hermana Honoris, sobre la visión que tuvo en su sueño a Caylee en una zona húmeda y llena de agua.

Después de que mi amigo Carlos Berrios, tres semanas después de la conversación que mantuve con mi hermana Honoris que me habló sobre la zona boscosa y me señalase el área cercana a la residencia de la familia Anthony y volviendo atrás sobre las conversaciones que tuve, sopesé en efectuar un chequeo por esa zona, pero al enfermar mi madre, mi estado mental se concentró en el estado de salud de ella y me olvidé de las mencionadas conversaciones que mantuve con Honoris y Carlos.

Llegué a mi domicilio e inmediatamente vinieron a mi mente las conversaciones sobre los videos que mantuvo Casey con sus padres, estando ella recluida en la cárcel. Casey en una de estas conversaciones manifestó a Cindy y George.

***Cindy***: *¿Ella está bien? [refiriéndose a Caylee.]*

***Casey Anthony***: *Sé en mi corazón, sé en mis entrañas que ella está bien. Puedo sentirlo. Cada día puedo ser más fuerte, todavía sé que ella está volviendo a casa, siento que ésta volviendo a casa.*

Ahora tenía sentido la conversación de Casey con sus padres Cindy y George, en relación a que ella *sentía* que Caylee volvería a casa, porque ella, entre líneas les estaba manifestando que la pobre niña estaba cerca de la casa de ellos y cobraba sentido, ya que, el área boscosa donde fue hallado el cráneo que, sin lugar a dudas, pertenecía a un infante por su tamaño.

La experiencia adquirida con los años que trabajé en el Instituto de Ciencias Forenses, equivalente aquí en Florida a la Oficina Medico-Legal. La única diferencia que el instituto era un laboratorio completo que incluye las autopsias. De igual manera vino a mi mente el adiestramiento recibido en la Policía de Puerto Rico por parte del F.B.I. en el año 1.986, sobre investigaciones de muertes. En una parte del adiestramiento, se incluyó una sección nueva que se estaba formando en el F.B.I. denominada V.I.C.A.P. o *Programa de Aprehensión de Ciminales Violentos* dictada por el Agente Especial Robert Hazelwoood o por el Agente especial Robert Ressler (ya fallecido).

En dicho adiestramiento nos aleccionaron que el Programa V.I.C.A.P. es un centro de información de datos a nivel nacional expresamente diseñado para recopilar, cotejar y analizar delitos caracterizados por su extrema violencia; igualmente el mencionado programa estaba enfocado para construir un perfil del *SUDES* en base a su *modus operandi* o modo de operar.

Que este programa estaba dirigido a la detección de homicidios que guardasen determinada similitud en cuanto a las acciones criminales de los actores, que automáticamente quedarían catalogados como *asesinos en serie.*

En el mencionado adiestramiento, nos facilitaron como material didáctico el *F.B.I. LAW ENFORCEMENT BULLETIN* de Diciembre de 1986, el cual todavía conservo como parte del material que integra mi biblioteca de Criminalística.

En este adiestramiento se plantearon varios casos en los que observé ciertas características similares al Caso Caylee, es decir, el sospechoso tras asesinar a sus víctimas las abandonaba cerca de alguna carretera o camino más o menos transitado o en alguna zona en la que alguien pudiera toparse con el cadáver. Según los instructores del adiestramiento, ese detalle indicaba o bien que el asesino conocía a sus víctimas, o bien si no las conocía pretendía que alguien hallase a su víctima para que, eventualmente, se le diera sepultura.

Hay que señalar dos hechos puntuales verdaderamente extraños que tuvieron lugar en el domicilio de Casey. El primero fue el martes día 17 de Junio de 2008, regresó del domicilio de Tony Lazzaro a su casa, hecho corroborado por su vecino el Sr. Burner, ya que vio a Casey llegar y dar marcha atrás a su vehículo *Pontiac Grand A.M.* y estacionarlo en el interior del garaje. Ese día ni Cindy ni George se encontraban en el domicilio. Este hecho, suscitaba dos preguntas inevitables para todo profesional de la investigación Criminal. ¿Por qué Casey dio marcha atrás al vehículo y lo estacionó en el interior del garaje? ¿Qué estaba ocultando, que no quería dejar el vehículo en el exterior?

El segundo hecho reseñable por su extrañeza, que Casey fue al domicilio del Sr. Burner y le pidió una pala prestada, supuestamente para sembrar unos bambúes en el patio trasero, este hecho acaeció el 18 de Junio de 2008 a las 13:30 horas. Aplicando lo aprendido durante mi adiestramiento sobre muertes y del V.I.C.A.P. del F.B.I., llegué a la conclusión de que el día 17 de Junio de 2008, Casey Anthony tenía a Caylee dentro del maletero del vehículo y fue a inspeccionar el lugar donde podría deshacerse del cuerpo de Caylee en su propia casa e inspecciona la zona del patio trasero, selecciona un lugar y saca el cuerpo del maletero y lo coloca en un lugar determinado, pero no lo enterró ese mismo día, únicamente sacó el cuerpo para medir cuánto tendría que excavar para su enterramiento y el lugar exacto del patio.

Coloca de nuevo el cuerpo en el maletero y sale de su domicilio para regresar el día 18 de Junio de 2008 decidida a enterrar a su hija, porque quería tener su hija cerca de ella; es importante recordar que el asesino o bien conoce a la víctima y, si por el contrario no la conoce, quizás por empatía, si es que esto se puede decir, quiere que alguien encuentre el cuerpo para que le den cristiana sepultura. Desde luego, ella no quería para nada la cristiana sepultura, ella solamente quería tenerla cerca y deseaba que el caso se mantuviese como si la niña hubiese desaparecido. Esta conclusión queda corroborada igualmente por la inspección realizada por dos K-9, perros especializados en la búsqueda de cadáveres, que detectaron olor a descomposición humana en el patio.

Esta conclusión adquiere firmeza en base a las conversaciones que mantuvo Casey con sus padres en la cárcel, donde afirmó: *"Sé en mi corazón, sé en mis entrañas que ella está bien. Puedo sentirlo. Cada día puedo ser más fuerte, todavía sé que ella está volviendo a casa, la siento volviendo a casa."*

La pregunta que hay que plantearse es ¿Por qué Casey dispuso el cuerpo de Caylee en la zona boscosa y no lo enterró?

Primero la contestación sobre el lugar donde apareció el cráneo indicaba que deberíamos ampliar la búsqueda para hallar los otros huesos. El lugar es claro, tenía a Caylee cerca de ella en el área boscosa, que dista de la casa de los Anthony unos 5 o 10 minutos.

Segundo, Casey se encontraba bajo una importante presión emocional y era consciente de que más pronto que tarde la ausencia de Caylee se iba a hacer patente, muy en especial en lo concerniente a sus abuelos Cindy y George, por lo que se desplazó a esa zona boscosa y tiró el cuerpo de Caylee. Cabe mencionar que esa zona estuvo llena de agua y se formó algo parecido a un enorme pantano, tras caer una importante tormenta tropical dos meses antes, con intensas lluvias. Después, hice otra línea de tiempo, desde que desapareció Caylee, hasta que se encontró el lugar donde se halló el cráneo. [ver imagen codigo QR]

**Lunes, 15 de Diciembre de 2008**

Ya la Unidad Forense había llegado con todo el equipo para comenzar a limpiar la zona. También se unieron la Escuadra del F.B.I., la Escuadra del F.D.L.E., después apareció por la Escena Secundaria el Dr. Schultz de la Universidad Central de Florida, como especialista en Antropología, también los fiscales Jeff Ashton, Linda Drane-Burdick y George.

**Procesamiento de la tierra**

Todos comenzamos a limpiar el área, optamos por dividir el terreno por zonas para tratar de encontrar el resto de los huesos. Procedí a marcar con banderolas determinados emplazamientos donde la búsqueda podía dar sus frutos.

**Examinación más profunda**

Proseguimos con el arduo trabajo, examinando cada pulgada de terreno; removíamos la tierra, inspeccionándola ayudándonos de cubos plásticos, cada zona era objeto de un concienzudo examen, tras haber removido múltiples zonas que me fueron asignadas, debo puntualizar que todos los C.S.I. estuvimos arrodillados durante la totalidad del tiempo. Después, llegó, el Sheriff Kevin Beary a la Escena.

Eventualmente y por la condición de la lesión que sufro en mi espalda, solicité pasar al cometido de verificar todos los residuos de tierra que llegaban de los cubos de plástico; en ocasiones hallé pedazos diminutos de huesos. Esta etapa se desarrollaba una vez tamizada la tierra y el resto quedaba en un cubo como vegetación seca que había que inspeccionar.

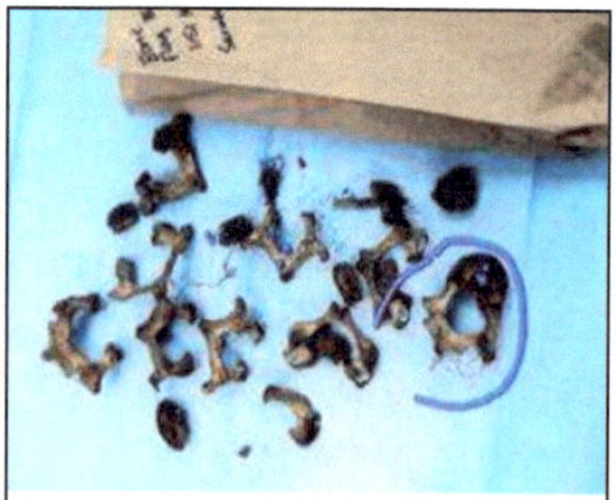

Vértebra de Caylee

Un día más la totalidad la Escuadra Forense / C.S.I. más las Escuadras del F.B.I., F.D.L.E. y dos compañeros retirados de la Sección Forense, Jeff Danjou y Donald Knight se unieron a la búsqueda de los huesos. Luego se unió Mike Vincent, ya que la pasada semana se encontraba realizando un programa de adiestramiento. Mike Vincent se acercó para saludarme y lógicamente charlamos durante un momento sobre el hallazgo de la Segunda Escena.

En la conversación le comenté a Vincent que esta era la Escena Secundaria, donde se arrojó de una forma absolutamente inhumana el cadáver de Caylee, pero que la escena primigenia del caso era el vehículo, y que el caso se dilucidó por las evidencias detectadas en el mismo. El trabajo, como es obvio, prosiguió con intensidad, dando como resultado el hallazgo de diferentes tipos de huesos en distintas zonas que, como es preceptivo fueron marcados por medio de letras y números.

Aproximadamente a las 12:30 h., salí de la Escena Secundaria para dirigirme a la Unidad de Evidencias, debido a que los detectives Edwards y Melich querían inspeccionar la pieza de evidencia Art.#1, Ítem. H-51975. Llegué a la Unidad de Evidencias alrededor de la 13:00 h., y le solicité a Terry Gorman que me buscase la misma para su inspección. En un instante llegó Terry con la evidencia, ya era cuestión de esperar la llegada de los detectives. Así que, en la Sala de Conferencias, tras firmar los documentos de Traspaso de

Evidencia, sobre las 13:20 h., hicieron su llegada los Detective Edwards y Melich.

**C.S.I.-II Gerardo Bloise**: Saludos detectives.

**Detective Yuri Melich**: Hola Gerardo.

**C.S.I.-II Gerardo Bloise**: Aquí está la evidencia que quieren examinar.

Abrí la caja sellada que contenía las siguientes piezas:

1. Bolsa plástica negra con mangos ajustables azules.
2. Pañales desechables con diseños de flores intervenidos de la mochila *Adorable.*
3. Cuchillo de *Stainless Steel.*

Una vez llevada a cabo la inspección de las evidencias, los Detectives me informaron que debía enviar las piezas de evidencia al F.B.I.; por lo que obviamente firmé por los artículos de evidencia.

Mientras ponía rumbo a la Unidad C.S.I., me puse en contacto Karen Cowan del F.B.I para comunicarle que poseía unas piezas de evidencias que habían sido inspeccionadas por los Detective Melich y Edwards, y que estos deseaban que fueran inspeccionadas por el Laboratorio del F.B.I., Karen Cowan mostró su acuerdo en desplazarse a nuestra oficina para ocuparlas y enviarlas al Laboratorio del F.B.I.

Tras la conversación con la Cowan, llegué a la Unidad C.S.I., hice mi entrada por la parte posterior, y seguidamente aseguré las evidencias en mi armario, ya que Karen Cowan, vendría a las 17:30 h., a recogerlas, de esta forma me daría la oportunidad de seguir redactando mi informe, mientras los demás seguían con la búsqueda de más huesos en la Escena Secundaria.

Esta tarea es ardua y compleja a desarrollar en este mes, ya que, un niño/a tiene aproximadamente 300 huesos en el cuerpo al nacer; a medida que el niño/a crece, los huesos comienzan a fusionarse, por lo que se detecta un número inferior de huesos. Los huesos dejan de crecer y desarrollarse juntos a los 25 años, a esta edad, el crecimiento es normalmente completo y el cuerpo humano ha alcanzado su tamaño máximo con 206 huesos.

Ya eran las 17:30 h., y recibo una llamada del F.B.I. Karen Cowan informándome que estará en la oficina en cuestión de 20 minutos. Yo era el único que estaba en las instalaciones de la oficina, por lo que me acerqué a la Sala de Evidencias, extraje la evidencia de mi armario para tenerla lista para cuando llegase Karen. Continué escribiendo mi informe cuando de momento siento que tocan en la puerta trasera de la oficina. Me dirigí a la zona este de la oficina y abrí la puerta.

**C.S.I.-II Gerardo Bloise**: Hola Karen, gracias por venir.

**F.B.I. Karen Cowan**: De nada, Gerardo. He visto las noticias y están bien ocupados allá en la escena.

**C.S.I.-II Gerardo Bloise**: Así es Karen, todos están allá en la zona boscosa. Bueno Karen aquí está la evidencia y la carta pidiendo el análisis, espero que éstas sean las últimas piezas de evidencia en este caso.

**F.B.I. Karen Cowan:** Esperemos que así sea.

Seguidamente, entregué a Cowan la carta de requerimiento de análisis. Karen revisó detenidamente la segunda página de la carta. Revisó con igual detenimiento el Documento de Transferencia de Evidencia denominado *Forma de Propiedad y Evidencia.*

Tanto yo como el F.B.I. teníamos que estar muy seguros y lúcidos en el momento de transferirnos cualquier tipo de evidencia, por lo que no puede existir el más mínimo error en este caso.

**F.B.I. Karen Cowan:** Ok Gerardo, todo está bien.

A continuación, firmó el Documento de Transferencia de la evidencia como parte de la Cadena de Custodia de la evidencia.

**C.S.I.-II Gerardo Bloise**: Gracias Karen por venir a recoger estas piezas de evidencia.

Acompañé a Karen hasta la puerta que da acceso al estacionamiento de la zona este y nos despedimos.

Ya que la oficina estaba completamente tranquila, al no haber ningún personal, era el momento propicio para continuar con mi informe sobre el caso, ya habían sido hallados los restos de Caylee.

### Miércoles, 17 de Diciembre de 2008

Por la mañana a primera hora, cuando llegué a la Escena Secundaria, fui informado por el Detective Melich que el Dr. Neal H. Haskell había llegado a Orlando y que quería examinar la basura. De 37 artículos de basura, habían sido colectados diferentes indicios de carácter Entomológico, que ya he mencionado en páginas anteriores de este trabajo. Le indiqué que iba a llevar a cabo gestiones con la Unidad de Evidencias con el objeto de coordinar y conseguir la caja que contenía la basura. Así que opté por comunicarme con la Unidad de Evidencias, en ese momento mi teléfono comenzó a sonar.

La Unidad de Evidencias contestó la llamada inmediatamente ... "Evidencias, buenos días"

**C.S.I.-II Gerardo Bloise**: ¿Con quién hablo?

**Técnico en Evidencias Gilberto González**: Con Gilberto.

**C.S.I.-II Gerardo Bloise**: Hola Gilberto, necesito que me pases con Terry.

**Técnico en Evidencias Gilberto González**: Ok, te transfiero a su extensión.

**Técnico en Evidencias Terry Gorman**: Buenos días, Terry Gorman al habla.

**C.S.I.-II Gerardo Bloise**: Buenos días, Terry, soy Gerardo.

**Técnico en Evidencias Terry Gorman**: Hola Gerardo.

**C.S.I.-II Gerardo Bloise**: Hola Terry, necesito nuevamente la evidencia Art.#1, Ítem H-51976

**Técnico en Evidencias Terry Gorman**: ¡No lo puedo creer! ... esta es la primera vez en mi vida que la basura tiene gran valor.

**C.S.I.-II Gerardo Bloise**: Pues créelo, siempre hay una primera vez en la vida para todo. Ambos nos echamos a reír.

**Técnico en Evidencias Terry Gorman**: Ok, te la tendré lista. ¿A qué hora piensas pasar a recogerla?

**C.S.I.-II Gerardo Bloise**: Mira son las 06:00 h., estoy en la escena donde estamos trabajando recuperando los huesos de Caylee, pasaría a recoger la evidencia como a las 08:00 h. ¿Qué te parece, no hay problema a esa hora?

**Técnico en Evidencias Terry Gorman**: Perfecto, a esa hora está bien.

**C.S.I.-II Gerardo Bloise**: Bueno Terry, gracias por poder siempre contar con tu ayuda.

De esta forma, ya tenía coordinada la de la evidencia para el Dr. Haskell.

Como es lógico y natural, proseguí trabajando en la inspección de los cubos, para tamizarlos y tratar de detectar la existencia de algún hueso. Transcurrida una hora de trabajo, me sacudí de los pantalones la tierra y me disponía para dirigirme a la Unidad de Evidencias, era ya las 07:00 h.

Tras haber dejado atrás el lado este de Orlando, llegué a la Unidad de Evidencias a las 08:00 h.

Una vez estacionado mi vehículo, abrí la puerta principal de la zona de la pequeña recepción; dentro de la misma, existe una ventana de cristal desde la cual puede verse el interior de la Unidad de Evidencias, siempre puede verse también, un funcionario sentado en su lugar de trabajo cumpliendo con su cometido, aunque a la vez está muy pendiente de quien llega para solicitar algún servicio; si es un ciudadano, el funcionario lo atiende desde la ventana de cristal, ahora bien, si es un funcionario del Sheriff oprime el botón que tiene adherido a su escritorio para abrir la puerta.

De esta forma, me dio acceso a la zona del frente de evidencias. En esta ocasión no estaba mi amigo Gilberto, sino mí también amigo Ferrell Gainous.

**C.S.I.-II Gerardo Bloise**: Saludos Ferrell.

**Técnico en Evidencias Ferrell Gainous**: Saludos Gerardo.

**C.S.I.-II Gerardo Bloise**: Vengo a recoger una evidencia de la que ya hablé con Terry esta mañana y le avisé que vendría a buscarla ahora.

**Técnico en Evidencias Ferrell Gainous**: De acuerdo, permíteme llamar a Terry.

Ferrell tomó el teléfono y llamó a la extensión de Terry; mientras, buscaba de nuevo en el expediente el Formulario de Traspaso de Evidencias, para tenerla preparada. En ese momento Ferrell me informa que Terry viene en unos minutos con la evidencia. En aquel instante, se abrió la puerta de detrás del escritorio de Ferrell, era Terry con la caja que contenía la basura.

Rápidamente firmé, como es preceptivo el Documento de Traspaso de Evidencia y, de esta forma, mantener intacta la Cadena de Custodia de Evidencias. Esa es la que mantiene con vida la veracidad de cualquier pieza de evidencia. También es la vida verdadera de todo C.S.I., es vivir entre la investigación Forense y Unidad de Evidencias. Opté por dirigirme a la División C.S.I., allí aseguré la evidencia en mi armario de evidencias #13.

Me comunicaron que el Dr. Haskell vendría entre las 14:00h., y las 14:30h., para examinar la basura.

Volví de nuevo a mi escritorio con el fin de continuar redactando el informe del caso, ya que, tengo la plena seguridad de que, con el hallazgo de los huesos, la Fiscalía va a someter el caso y los informes forenses deben estar dispuestos para que los fiscales dispongan del informe completo.

En el expediente figuran los informes de la investigación Criminal dirigida por el competente Detective Yuri Melich y la investigación Forense dirigida por mí y todos los C.S.I.'s que hicieron algo, tienen que entregarme su informe para adjuntarlos a mi expediente.

El expediente se subdivide en:

-Archivo de todos los informes de los C.S.I.'s.
-Archivo de las Evidencias.
-Archivo de los resultados de los Laboratorios de Criminalística.
-Archivo de CD's con fotografías.
-Archivo de huellas.
-Archivo de la Oficina Medicolegal.
-Archivo del Diagrama de la Escena del Crimen.
-Archivo de Documentos misceláneos.

La llegada del Dr. Neal H. Haskell, Entomólogo Forense, se produjo a la 14:30 h., hora en que hizo su entrada en nuestra División C.S.I.

**C.S.I.-II Gerardo Bloise**: Buenas tardes Dr. Haskell, ya tengo las evidencias listas, vamos a la zona de inspección.

**Dr. Neal N. Haskell**: Gracias Gerardo.

Nos dirigimos hacia el otro lado de la Oficina C.S.I. donde está emplazado el Laboratorio.

Eran alrededor de las 14:44 horas, cuando le hice entrega al Dr. Haskell de las siguientes piezas de evidencia:

1. Una caja sellada conteniendo basura (Art.#1, Ítem. H-51976)
2. Una caja sellada conteniendo lado derecho e izquierdo de la alfombrilla y cubierta de la goma de repuesto (Art. #24, 25, 26, Ítem. H-52025)

EL Dr. Haskell sacó de la caja:

1. Una caja vacía de *Velveeta* de 10,3 Oz, fecha exp. 11/02/09 con una servilleta atachada.
2. Una caja vacía de «Velveeta» de 12 Oz, prueba de compra #2100065893
3. Una caja vacía de *Velveeta* 9.4 Oz, prueba de compra

#2100065643
4. Un pedazo de envoltura *Italian bread Roma*, con una servilleta atachada.

El Dr. Haskell inspeccionó los artículos, después de concluida su inspección visual me entregó nuevamente las piezas de evidencia entre las 15:00 y las 15:05 horas.

Cuando estaba firmando el Documento de Transferencia de Evidencias, el Dr. Haskell me comunica que quería ver el vehículo.

Nos dirigimos al garaje forense donde el Doctor inspeccionó el vehículo. De nuevo y tras la conclusión de la inspección del vehículo el Dr. Haskell firmó la hoja de *Contaminación de Escena* que le asigné al vehículo.

Varios C.S.I cuando tomé posesión del vehículo me preguntaban porque le asigné al vehículo el *Documento de Contaminación de Escena*, yo les informé a ellos porque el vehículo es la escena del crimen.

La Unidad C.S.I. permaneció durante 23 días en la zona boscosa, todo el tiempo de rodillas buscando los huesos de Caylee Anthony, de la cual encontramos la gran mayoría de ellos.

Se realizó en la escena del crimen secundaria el diagrama digitalmente, para la que se utilizó el Total Station. De esta forma, escaneando el código QR puedes tener la oportunidad de ver la Escena del Crimen en una animación

Otra pieza de evidencia que vinculaba a Casey con la atribución de la muerte de su hija Caylee fue la computadora incautada y que se relacionaron con este caso.

Se le asignó la investigación digital, a la Detective Sandra Cawn, que se encargó del examen exhaustivo de los dispositivos digitales. La Detective Cawn detectó en las computadoras que, en varias páginas web de Internet fueron visitadas con la intención de hallar la manera de fabricar Cloroformo.

En la investigación llevada a cabo por el Detective Yuri Melich durante esos días de búsqueda en la computadora en el que se indagó como conseguir la formula casera de Cloroformo, tanto George como Cindy Anthony, no se encontraban en el domicilio familiar por estar trabajando, así que la única que tenía acceso a la vivienda, y por tanto a la computadora era Casey Anthony.

Mi investigación Forense ya había concluido. Como expliqué con anterioridad la labor del C.S.I., es buscar la Evidencia Científica que, tiene que ser conexa como un rompecabezas con otra evidencia circunstancial.

Recuerde el Triángulo de la Escena del Crimen, esa era la meta del C.S.I. a vincular, la víctima, Escena del Crimen y sospechoso(a) con la comisión del delito.

Humildemente, estoy convencido de que este objetivo lo cumplí. Antes de finiquitar este relato escrito sobre mi experiencia vivida en primera persona en el Caso de Caylee Anthony, ofreceré una serie de ejemplos de la concordancia de las piezas más importantes de evidencia que, usted amigo(a) lector, haciendo uso de su sentido común y lógica pueda llegar a su propia deducción razonable sobre si Casey Anthony fue responsable de la muerte de su hija Caylee.

CASO#: 08-069208

# Capítulo Dieciocho

## Enjuiciamiento y Defensa

El 14 de Octubre de 2008, Casey Anthony, fue acusada formalmente por un Gran Jurado, de los cargos de Asesinato en Primer Grado, Agravado Abuso Infantil, Homicidio Agravado de una niña y cuatro cargos más por proporcionar información falsa a la Policía. Más tarde fue arrestada y el Juez John Jordán, ordenó que se la retuviera sin derecho a fianza.

Ya estaba todo formalizado legalmente y las acusaciones también estaban a disposición de la opinión pública. Los medios de comunicación televisiva, radiofónica y prensa escrita estaban dando una amplia cobertura al caso.

Linda Drane Burdick fue desiganada fiscal principal junto con Frank George and Jeff Ashton como co-fiscales.

El Gran Jurado lo único que examinó fueron las evidencias y testimonios, yo llegué a la conclusión que existía una causa probable sobre la comisión del delito. La presentación de las evidencias y testimonios tuvo el merecido éxito ante el Gran jurado. Por lo tanto, sí encontraron la mencionada *Causa Probable* para formular las correspondientes y obligadas acusaciones.

Yo, por mi parte, tenía la seguridad que me da mi larga carrera y experiencia, de que Casey era la responsable de la muerte de su hija Caylee, quedando probada por las evidencias forenses y ahora con la aparición de los huesos de la malograda niña.

En mi opinión personal, la Fiscalía, únicamente tenía para sustentar el caso la robusta evidencia forense, la cual obraba en su poder.

Por su parte, la investigación Criminal, solamente disponía de manifestaciones de testigos sobre el comportamiento de Casey, pero eso carecía de la fuerza probatoria suficiente como para achacar la responsabilidad sobre una muerte. Hubo varias vistas, oposiciones de la defensa, mociones para suprimir evidencias, en todos esos meses, desde las acusaciones presentadas ante el Tribunal. De parte de la Defensa estaba el Abogado José Báez, cuya experiencia en este tipo de casos era demasiado escasa (por no decir nula), él era consciente de que tenía que buscar un abogado con años de experiencia y consiguió al criminalista Chenney Mason, poseedor de una contrastada experiencia en asuntos criminales. La Defensa, ya con las acusaciones en contra de su cliente Casey Anthony tenía que prepararse, por lo que comenzaron a enviar las comunicaciones a todos los testigos para las correspondientes declaraciones.

**Jueves 12 de Marzo de 2009**

Me enfrenté a la 1ra vista del Caso ante el Honorable Juez Strickland.

Fui el primer testigo llamado a testificar como el C.S.I. empleado del Orange County Sheriff Office, para responder preguntas sobre el procesamiento del vehículo de Casey el 16 de Julio de 2008.

La línea de preguntas del abogado Báez, se notaban absolutamente desorganizadas y que no estaba preparado en absoluto. Repetía preguntas inapropiadas, enfocándose en el trabajo de mi Supervisor, Michael Vincent. En un punto, requerí al abogado Báez, para que llamara a Vincent, ya que no me sentía cómodo en contestar preguntas que no eran producto de mi trabajo.

La otra vista judicial llamada *Frye Hearing* para la que fui requerido, se refería a la inspección del vehículo por parte del K-9 *Gerus*, manejado por el Alguacil del Sheriff Jason Forgey. El abogado Báez me hizo varias preguntas: ¿Dónde estaba el vehículo? ¿Cómo fue la inspección del vehículo? ¿Había más vehículos en la zona? Después de hacerme las preguntas, me solicitó que le dibujara un diagrama de donde estaba el vehículo estacionado previamente a la inspección del K-9 y que reflejara en el diagrama cómo fue el movimiento del K-9 y el sitio exacto donde se detuvo para señalar el punto que emanaba olor a descomposición humana. (Vea parte de la vista judicial escaneando el QR.)

Eventualmente, recibimos las comunicaciones para prestar las correspondientes declaraciones que la defensa ya estaba dispuesta para hacer. Varios compañeros de las

Fuerzas de la Ley y el Orden, recibimos la notificación de los días en los que deberíamos comparecer para hacer nuestras respectivas declaraciones.

El día de mi declaración estuve durante 8 horas prestando manifestación, relacionada, como es obvio, con mi trabajo de Investigación Forense. La declaración se extendió a lo largo de 168 páginas. La misma, se llevó a cabo ante los fiscales Linda Drane - Burdick, Jeff Ashton y Frank George y por parte de la Defensa los abogados Chenney Mason y José Báez, éstos llevarían el bloque de preguntas durante el proceso.

El trabajo primordial de la Defensa era el de procurar la destrucción de las evidencias y, por lo tanto, nuestra credibilidad, ya que lo único que sostenía el Caso era nuestra Investigación Forense.

El abogado Báez, había tratado por todos los medios que las Evidencias Forenses no fuesen admitidas, amparándose en la vista denominada *Frye Hearing,* pero no lo consiguió. Por ende, el Tribunal evaluó nuestro trabajo, las evidencias y los análisis que llegaron de los laboratorios del F.B.I. y de Oakridge-Tennessee, los doctores Arpad Vass, Davis Hall, Neil Haskell y dictaminó que el trabajo era totalmente fiable y consecuentemente admisible.

El *Estándar de Frye, la Prueba de Frye* o *la Prueba de Aceptación General,* es una prueba que se utiliza en los Tribunales de los Estados Unidos para determinar la admisibilidad de la evidencia científica. Establece que la opinión de expertos basada en una técnica científica es admisible, sólo cuando la mencionada técnica es generalmente aceptada como absolutamente fiable por la Comunidad Científica Acreditada.

Ahora es cuestión de esperar el juicio en su fondo.

CASO#: 08-069208

# Capítulo Diecinueve

## El Juicio

### Mayo 2011
### Selección del Jurado

Después de que el equipo de la Defensa hubiera llevado a cabo todas sus gestiones legales, tales como, repetidas mociones al Tribunal, mociones de sanciones, entre las declaraciones que tuvieron lugar entre los años 2009 y 2010.

Entre la enorme cantidad de las mencionadas mociones el equipo de la Defensa, encabezado por el Sr. Báez presentaron una moción conocida como *Change of Venue.*

El significado de la moción *Change of Venue,* es el término legal empleado para trasladar un juicio a una nueva ubicación. En casos de Alto Perfil, puede darse un cambio o traslado de lugar con el objeto de alejar un juicio con jurado a un emplazamiento donde pueda nombrarse a un jurado justo e imparcial; debido a que en su localización primigenia podrían darse puntos de cierta parcialidad a causa de la publicidad generalizada sobre un crimen y sus acusados, por lo que se procede a su traslado a otra Comunidad con la finalidad de obtener jurados que puedan ser más objetivos e imparciales en sus funciones.

La decisión de ese cambio de lugar fue aceptada por el Juez que presidirá el juicio, el Honorable Melvin Perry Jr. Por lo tanto, el proceso de selección del jurado se trasladó al Condado de Pinellas.

Entramos en el mes de Mayo de 2011. durante el tiempo transcurrido entre el 16 y el 26 de ese mes, tanto el Honorable Juez Melvin Perry Jr., los abogados José Báez y Chenney Mason, más los Fiscales Linda Drane - Burdick , Jeff Ashton y Frank George traspusieron sus trabajos para la selección del jurado a unas concesiones de la Corte ubicadas en una zona conocida como Tampa Bay Área. El Jurado para casos criminales de supuesto asesinato está compuesto por 12 miembros, más 4 suplentes, por lo menos.

En el proceso de selección del jurado, tanto los fiscales, como los abogados de la defensa, hacen preguntas a los candidatos, buscando que ese jurado sea el más idóneo para el desarrollo del Juicio.

Esta etapa es sumamente importante, tanto para los abogados de la defensa, como para los fiscales, ya que ellos pueden forjarse una idea lógica sobre los jurados que aprueben, podrían decidir a su favor, bien sea dando un veredicto de culpabilidad o de no culpabilidad.

Para que el amigo(a) lector(a) tenga su composición de lugar lógica; a continuación, hago constar los datos de algunos de los aspirantes a jurado, que asistieron a este proceso el día 16 de Mayo de 2011.

-Nº 1.340: Varón, 40 años, casado, trabaja para un servicio de mensajería médica. Es blanco y apoya la pena de muerte.

-Nº 1.398: Mujer, blanca, casada, 68 años, con dos hijos y tres nietos. Enfermera jubilada y apoya la pena de muerte.

-Nº 1.019: Varón, afroamericano, casado de 30/40 años, con dos hijos. Es un empleado de Tecnología de la información. Manifestó que está en contra de la pena de muerte e inicialmente pensó que Casey Anthony era cul pable.

-Nº 1.055: Mujer, blanca, estudiante de enfermería, 30 años aprox., soltera y apoya la pena de muerte.

-Nº 1.319. Mujer, afroamericana, 50 años aprox., soltera y manifestó que no lee el periódico. Apoya la pena de muerte, pero no le gusta juzgar a la gente.

-Nº 1.429: Mujer, blanca, 60 años, divorciada, con una educación de undécimo grado. Auxiliar de enfermería jubilada. Fue arrestada por D.U.I. a finales de los años 90 del pasado siglo, pero fue declarada no culpable.

-Nº 1.028: Varón, Blanco, 33 años, trabaja como Chef y representante de una empresa de equipos para restaurantes. Casado y padre de dos hijos.

-Nº 1.007: Varón, divorciado, asistente administrativo de bienestar infantil, 41 años. Está en contra de la pena de muerte, su tío es alguacil.

-Nº 3.308: Varón, blanco, casado, 39 años, gerente de una planta de agua. Cree en la pena de muerte y escuchó la canción-parodia de Casey Anthony en la radio. Tiene experiencia previa en la aplicación de la Ley y desconfía de la misma.

-Nº 3.015: Mujer, blanca, 50 años aprox., casada, madre de dos hijos, con trabajo en «VERIZON». Dijo que su padre Manifestó que su padre era en un oficial de la policía y que apoya la pena de muerte.

-Nº 3.185: Varón, blanco, soltero de 53 años, desempleado. Anteriormente trabajó en una escuela vocacional. No tiene una opinión creada sobre la culpabilidad o inocencia de Casey Anthony, pero manifestó que había escuchado a personas decir que creen que ella es culpable.

-Nº 3.310: Varón, blanco, 57 años, trabaja en *VERIZON.*

Tanto los Fiscales como la Defensa buscaron el *background* o idoneidad de los candidatos a jurados. Así continuó el proceso en el Condado de Pinellas. Al finalizar la selección, los elegidos fueron los siguientes:

**Jurado # 1**. La mujer mayor estaba casada. Fue entrenada y trabajó como enfermera durante muchos años.

**Jurado # 2**. Afroamericano, estaba informado sobre el caso y admitió con franqueza que pensaba que Casey era cupable. Sin embargo, manifestó que podía mantener la mente abierta.

**Jurado # 3**. Jennifer Ford, utilizo su nombre porque previamente había sido entrevistada públicamente desde el Juicio. Una estudiante de enfermería de 30 años de edad. Jennifer parecía estar comenzando su carrera tardíamente, por lo que deduje que tuvo un cambio de carrera en algún momento. Trabajar e ir a la escuela es complicado, por lo que pensé que podría juzgar con dureza la aparente pereza de Casey. No recuerdo si tenía hijos, lo que representaba un inconveniente en mi manera de pensar. La forma en que recordaba que Frank no se preocupaba de ella, diciendo que no le satisfacía su actitud. Supongo que sus criterios eran buenos después de todo.

**Jurado # 4**. Una mujer afroamericana de unos cuarenta años. Una de las primeras que se ofreció como voluntaria, aunque puntualizó que no sentía que pudiera juzgar a otras personas. Por lo general, cuando alguien manifiesta algo de esa índole, es una indicación segura de que realmente es en serio o simplemente: *no quiero estar allí.* Más tarde modificaría eso en cierta manera, para afirmar que pensaba que podía servir a pesar de esa convicción. Intentamos descalificarla, pero la defensa se opuso, alegando que intentábamos descalificarla por razones de racismo. Pensé que era obvia la objeción, ya que ella misma admitió que iba a tener problemas en juzgar a cualquiera, y juzgar es el propósito primigenio de todo jurado. Me quedé boquiabierto cuando el Juez Perry no nos permitió sacarla.

**Jurado # 5**. *La Dama del Sofá Cucaracha.* Su trabajo estaba relacionado con esos vagones móviles, de ahí el apodo. Se trataba de una señora mayor con un bajo nivel de educación.

La habríamos descalificado si hubiéramos tenido al alguien mejor. Tenía hijos mayores y había trabajado duro toda su vida. Yo albergaba la esperanza de que ella aportaría esa experiencia de vida al escuchar a Casey 4.0.

**Jurado # 6**. *El Panadero.* Casado y padre que, claramente no quería servir, pero no adujo ninguna razón de peso para no hacerlo. Sus hijos eran jóvenes, según recuerdo, y pensé que no compraría ningún tipo de excusa de una madre que se iba de fiesta poco después de la muerte de su hija. Él estaba bien, pero todavía no era la imagen de líder que necesitábamos.

**Jurado # 7**. Mujer blanca de 40 años aprox., creo que ella trabajó en alguna ocupación relacionada con el bienestar de los niños. Era de mi agrado, aparentaba un buen equilibrio y un nivel de educación muy aceptable. Ella fue el único miembro del jurado que mostró un alto grado de sensibilidad durante todo el transcurso del juicio, según recuerdo y, al final de todo el proceso y, en el momento que el secretario dio lectura al veredicto, fue la única que derramó una lagrima.

**Jurado # 8**. Mujer blanca de 50 años aprox., trabajó para AT&T durante muchos años. Tampoco tenía un nivel de educación alto, pero esperábamos que su experiencia vi tal desempeñara un papel positivo.

**Jurado # 9**. Varón, blanco, 50 años aprox., soltero, sin haber contraído matrimonio nunca, aunque habló afectuosamente de algunos sobrinos y sobrinas. Originario de Indiana, donde dirigió un aserradero, se refirió a sí

mismo como un «semiretirado». Más bien afable y no enérgico, era muy delgado y parecía muy frágil. Sabía que no iba a liderar a nadie y probablemente haría seguidismo a la mayoría.
**Jurado # 10**. Varón, 40 años aprox., soltero, sin haber contraído matrimonio nunca, su trabajo se desarrollaba en la Compañía Telefónica. Muy alto, pero por su idiosincrasia era seguidor, pero no líder, amigable, si bien era el tipo de persona que se sienta en su lugar de trabajo junto a ti durante años, pero sin saludarte ni a ti ni a nadie. Trato agradable y fácil de manipular, en definitiva, el sueño de cualquier supervisor.
**Jurado # 11**. Fue aquel al que nos referimos como *el entrenador*; entrenador deportivo que desempeñaba su la bor en la Educación Especial, natural de Pittsburg, la misma ciudad natal de Linda, por lo que a ella le agradaba como jurado, tenía imagen de hombre atractivo, hecho y derecho. No estaba muy informado sobre el caso. Su imagen me hacía pensar de él como un maestro de Escuela Superior, que, posiblemente estuviese acostumbrado a que le mintiesen; de igual modo, también lo imaginé como el típico profesor de Escuela Superior, de apariencia atractiva y que siempre y como deformación profesional estaba mentalizado a que se diese la posibilidad de una acusación de índole sexual por parte de una estudiante del sexo femenino. Si la acusación derivaba hacia George, nos sería de gran ayuda. Linda presionó mucho en cuanto a este tipo; tenía la sensación de que él podría ser el líder que andábamos buscando.
**Jurado # 12**. Mi favorita. La defensa había extinguido todos sus retos. Estaba a favor de la pena de muerte, lo que en sí mismo no era gran cosa, pero que dejaba de manifiesto que era enérgica en sus resoluciones, unos 60 años aprox., jubilada, trabajó en un supermercado local, aunque no tenía la certeza de si su educación era la adecuada, pero si albergaba la esperanza de que haría un uso positivo de su sentido común.

Ya solo quedaba pendiente el comienzo del Juicio.

**Apertura del Juicio**.

**Estado de la Florida vs. Casey Marie Anthony**
**Mayo 24 del 2011**

El nivel que estamos viviendo en esta ocasión, pasa por la elevada expectación que despertó el caso, ya estaban presentes los medios de comunicación a nivel local, nacional e internacional. Hasta el punto de que, cruzando la calle donde se ubicaba la Corte había un terreno baldío perteneciente a una compañía constructora que, todavía no había iniciado construcción alguna, por lo que aprovechando tan peculiar ocasión alquiló el solar a los medios de comunicación, tales como *C.N.N., H.L.N.* y *TRUE-TV.*

En el mencionado solar estaban ellos; los satélites, las cámaras y los reporteros, incluso llegó a mis oídos que al citado lugar lo bautizaron como el *Campamento de Casey.*

El Juicio iba a celebrarse en el *Salón Roger A. Baker,* que se hallaba ubicado en la planta nº 12 del Edificio de la Corte del Condado de Orange; un espacio verdaderamente impresionante y verdaderamente amplio, con un techo elevado que, en inglés se denomina como *Cathedral Ceiling.* Tiene una capacidad que puede albergar a más de 100 personas.

Ya todo estaba dispuesto en su lugar correspondiente; las mesas de los Fiscales, Linda Drane - Burdick , Jeff Ashton y Frank George; los abogados de la Defensa José Báez y Chenney Mason; la acusada Casey Anthony y la abogada Dorothy Sims, además del lugar donde estarían situados los 12 miembros del Jurado. Lo que realmente atrajo mi atención fue la inclusión de un nuevo abogado en el equipo de la defensa; era la abogada Anna Finnell que, según la información que yo poseía sobre ella, era especialista en Derecho Constitucional.

Es muy posible que, como en el Estado de Florida la pena de muerte es absolutamente legal y, en este caso concreto la citada Pena flotaba en el aire como probable castigo, sumado al tiempo de prisión, ella argumentara que dicha sentencia sería anticonstitucional basándose en las últimas medidas a nivel Federal. El lector debe tener muy presente que, este caso soportó la friolera de tres años de investigación e instrucción para finalmente, ponerlo a disposición del 9na Corte del Circuito del Condado de Orange.

El Juicio se inició bajo la presidencia del Honorable Juez Melvin Perry Jr., y, el desfile de testigos, como es obvio, comenzó su andadura; las cámaras arrancaron a circular. El inicio comenzó con la exposición por parte de la Fiscalía, encabezada por la Fiscal Principal Linda Drane - Burdick. La exposición de la mencionada Letrada tuvo su introducción con esta oración: *"Es tiempo de decir la historia de una pequeña niña llamada Caylee"*. Y la Fiscal abordó su argumentación sobre el caso. Uno de los detalles que pude observar fue que, mientras la fiscal se dirigía al Jurado se había expuesto una fotografía de Caylee tomada el día de los padres, durante una visita que le hizo al bisabuelo en el asilo de ancianos. Esta acción de la Fiscalía se me antojó como una genialidad por su parte, ya que, de alguna forma humanizaba más el caso.

No obstante, en el momento que la Fiscalía se introdujese más a fondo en el caso, lógicamente presentaría una de las fotografías con los huesos de Caylee que fueron recuperados en el área boscosa de Suburban Drive. Maniobra perfecta por parte de la Fiscalía para fijar en las mentes de los miembros del Jurado primero, la imagen de la hermosa niña con vida, para después observar los documentos fotográficos que mostraban los huesos de la criatura y así la Fiscalía refrescaría permanentemente la vida y la horrible muerte que padeció una niña indefensa, protagonizada por su propia madre Casey Anthony. La Fiscal Principal Linda Drane-Burdick comenzó su exposición respetando la cronología exacta de cómo fueron sucediendo los hechos de este caso, comenzando por el instante de la desaparición de Caylee, hasta el día en que los restos de la infortunada niña fueron hallados. Por supuesto que no obvió la cadena de mentiras expuestas en los interrogatorios por Casey Anthony. Del mismo modo, abordó brevemente detalles puntuales aportados por la investigación Forense, comenzando por las realizadas sobre el automóvil Pontiac y las conexiones de distintas evidencias que guardaban una tangible conexión con la residencia de los Anthony.

Llegó la exposición de la Defensa protagonizada por el abogado José Báez, cargando la culpabilidad de la muerte de Caylee a terceras personas, aduciendo el ridículo argumento ante la Corte que el padre abusó sexualmente de ella, y que sus propios padres la aleccionaron a manifestar reiteradas mentiras en sus declaraciones. Añadió también que Caylee había fallecido por ahogamiento en la piscina de su domicilio. Debe puntualizarse, por supuesto, que, ni en la investigación

Criminal ni en la investigación Forense, se hallaron ningún tipo de evidencias a este respecto. Debo considerar que, en todos los años en los que he desarrollado mi carrera como C.S.I., y más exactamente en casos donde se ha investigado la muerte de un menor ahogado en una piscina, bien estuviese emplazada en su domicilio, hotel o lugares recreativos donde existiese este tipo de instalación, al llegar a la escena, por supuesto que el menor no estaba, ya que, en primer lugar, lo que hacen los progenitores es llamar al 911 y trasladar a la victima de supuesto ahogamiento al hospital.

Es palmario que, el C.S.I. en su actuación, se limita a documentar la escena tomando fotografías, mide el largo y ancho de la piscina, localiza la zona de la piscina donde el menor fue extraído del agua y medir exactamente la profundidad de esta zona.

Lo realmente sorprendente fue que, en toda mi carrera había presenciado una exposición de argumentos tan ausentes de fundamento ante la Corte y, han sido numerosas mis declaraciones anteriores a este caso. Obviamente, y para conocimiento y análisis del lector(a), los mencionados argumentos deben ser debidamente enumerados. A saber:

1. La familia Anthony era disfuncional.
2. George abusó sexualmente a Casey.
3. Que Caylee se ahogó en la piscina.
4. La desaparición de un galón de gasolina para implicar a Casey.
5. El pedazo de *duct tape* encontrado en la zona bucal de la calavera de Caylee, trataba de implicar a George con la muerte.
6. Roy Kronk, el empleado del Condado que leía los metros del agua y que supuestamente halló los restos de Caylee, de que fue él quien escondió el cuerpo de Caylee en connivencia con George.

Esos fueron, ni más ni menos, los argumentos carentes de toda base, de hechos reales y de evidencias existentes que, el mencionado abogado expuso en su argumentación en el inicio del Juicio.

La Fiscalía disponía de 75 testigos para este caso. Uno a uno, fueron compareciendo los testigos; los amigos de Casey Anthony, los Oficiales del Sheriff's del Condado de Orange,

CSI Bloise atestiguando

padres de Casey Anthony, el hermano (aportando los videos de las visitas de éstos a la cárcel donde estaba internada su hija), Doctores Arpad Vass, Neil Haskel, Garvaglia, entre otros.

Una vez hubieron prestado declaración los compañeros uniformados, el Detective Yuri Melich y el Sargento John Allen, fue mi turno.

*"La Fiscalía llama al testigo C.S.I. Gerardo Bloise."*

Al salir, el Alguacil y mencionar mi nombre, me encaminé hacia la puerta donde me estaba esperando, manteniéndola abierta. En lapso que caminé en dirección a la puerta, di comienzo mentalmente a una oración dirigida a nuestro Creador para que me ayudara a dar un testimonio correcto y verídico sobre el fruto de mi trabajo y dedicación en esta investigación Forense. Seguí dirigiéndome a través del pasillo abarrotado de personas a ambos lados, las cámaras de televisión quedaban emplazadas en las esquinas de la Corte.

Ese instante fue verdaderamente conminatorio ya que, nunca había prestado declaración en un caso criminal en presencia de las cámaras de televisión, siendo consciente de que era en vivo y en directo, tanto a nivel local, nacional e internacional la cobertura que se estaba dando al Juicio de Casey Anthony. Llegué a la zona del estrado, la alguacil me abre la puerta y entré al mismo. El Honorable Juez Melvin Perry Jr., me da instrucciones de mirar hacia donde se encontraba la Oficial de la Corte, que procedería a tomarme juramento sobre mi testimonio.

**Oficial de la Corte**: Por favor levante su mano derecha. ¿Jura o afirma usted decir la verdad y nada más que la verdad?

**C.S.I.-II Gerardo Bloise**: Si, lo afirmo.

**Oficial de la Corte**: Así lo ayude Dios.

Comenzó la Fiscal haciendo las preguntas de rigor, tales como mi nombre completo, para quien trabajo, que posición ocupaba, mi entrenamiento y mi formación académica. La Fiscal Linda Drane-Burdick continuó preguntándome sobre las circunstancias que se dieron para que yo acabase involucrado en la investigación del caso; obviamente yo expuse al Jurado que mi inclusión en el mismo comenzó cuando recibí una llamada telefónica el día 16 de Julio de 2008 que el Detective Appie Wells me hizo, señalándome que estaba en camino hacia el Garaje Forense un vehículo que quería que examinara.

**Fiscal Drane-Burdick**: ¿Quién le llevó el vehículo?

**C.S.I.-II Gerardo Bloise**: La Detective Charity Beasley.

**Fiscal Drane-Burdick**: ¿Podría facilitarme un breve resumen en cuanto al instante en que la Detective Beasley le hace entrega del vehículo? ... pero antes de ese resumen ¿me podría describir qué tipo de vehículo es?

**C.S.I.-II Gerardo Bloise**: Si, el vehículo es un PONTIAC GRAND AM de color blanco.

**Fiscal Drane-Burdick**: ¿Podría indicarme el modelo, año, matrícula y el número de identificación del vehículo?

**C.S.I.-II Gerardo Bloise**: Se trata de un automóvil del año 1998, matrícula G63 XV, para facilitarle el número exacto de identificación tendría que revisar mi informe.

**Fiscal Drane-Burdick**: Solicitamos permiso al Tribunal para que examine su informe y refresque su memoria.

**Juez Melvin Perry**: Le permito al testigo revisar su informe ¿la defensa tiene alguna objeción?

**Abogado José Báez**: No tengo objeción.

En ese momento abrí la carpeta que contenía mi informe de 45 páginas y busqué la información sobre el número de identificación del vehículo.

**C.S.I.-II Gerardo Bloise**: El número de identificación es VIN#1G2JB1243W7596648.

**Fiscal Drane-Burdick**: C.S.I. Bloise, haga el pequeño resumen de los detalles en el momento de recibir el vehículo.

**C.S.I.-II Gerardo Bloise**: El 16 de Julio de 2008, aproximadamente a las 19:46 horas, la Detective Beasley llegó a la Unidad Forense (zona del garaje). La Detective Beasley declaró que había confiscado el mencionado vehículo en el 4937 de Hope Spring Dr., Orlando, Florida. Según la Detective Beasley, el auto estaba relacionado con la desaparición de una niña. El vehículo fue transportado por Johnson's Wrecker al garaje forense para un examen más minucioso.

**Fiscal Drane-Burdick**: ¿Qué observó en el vehículo a primera vista?

**C.S.I.-II Gerardo Bloise**: Observé que las puertas del vehículo y el maletero estaban sellados.

**Fiscal Drane-Burdick**: ¿Podría explicar a los miembros del Jurado, a qué se refiere con la expresión de que las puertas y el maletero estaban sellados?
**C.S.I.- Gerardo Bloise**: *Selladas* significa que el Detective o Alguacil del Sheriff, coloca una cinta adhesiva en la que puede leerse *evidencia*. A todo vehículo que es incautado como EVIDENCIA con la finalidad de proteger su integridad como tal y que nadie tenga acceso a él una vez confiscado por la Oficina del Sheriff.
**Fiscal Drane-Burdick**: CSI Bloise, le voy a presentar esta foto en su pantalla. Solicito permiso al Tribunal para enseñarle la foto al testigo.
**Juez Melvin Perry**: ¿Alguna objeción de la Defensa?
**Abogado José Báez**: Ninguna objeción.
**Fiscal Drane-Burdick**: C.S.I. Bloise ¿es ese el vehículo que usted recibió de la Detective Beasley y el cual usted acaba de describir a esta Corte?
**C.S.I.-II Gerardo Bloise**: Si, es el vehículo.
**Fiscal Drane-Burdick**: C.S.I. Bloise, esa foto que ve en su pantalla ¿es la foto fiel y exacta del vehículo que usted recibió el 16 de julio de 2.008 a las 19:46 horas?
**C.S.I.-II Gerardo Bloise**: Si, lo es.
**Fiscal Drane-Burdick**: Solicito permiso al Tribunal para mostrar la foto a los miembros del Jurado.
**Juez Melvin Perry**: ¿Alguna objeción de la defensa?
**Abogado José Báez**: Ninguna objeción.

La Fiscal Linda Drane-Burdick procedió a mostrar en las pantallas de los miembros del Jurado la foto del automóvil *PONTIAC GRAND AM*, al cual bauticé como *la escena del crimen.*

**Fiscal Drane-Burdick**: C.S.I. Bloise, usted mencionó en su testimonio la existencia de unos sellos que estaban colocados en las puertas y maletero del vehículo.
**C.S.I.-II Gerardo Bloise**: Correcto.
**Fiscal Drane-Burdick**: Le voy a dar un acercamiento a la parte de la puerta y el maletero para que usted marque en su pantalla el lugar donde se encuentran los sellos. Junto a la pantalla hay un *Stylus*, por favor marque usted con un círculo rojo los puntos exactos donde estaban colocados los sellos de evidencia.

La pantalla cambió automáticamente aumentando la

imagen *close-up* de la zona de la puerta y el maletero; junto a la pantalla había un *Stylus* o lápiz electrónico para efectuar las pertinentes marcas en la pantalla destacando los puntos exactos donde se encontraban los sellos.

**Fiscal Drane-Burdick**: ¿Esos son los sellos de evidencia que usted mencionó?

**C.S.I.-II Gerardo Bloise**: Correcto.

**Fiscal Drane-Burdick**: Solicito permiso para mostrarlas a los miembros del Jurado.

**Juez Melvin Perry**: ¿Objeción de la Defensa?

**Abogado José Báez**: Ninguna objeción.

Inmediatamente, miré hacia el Jurado y los vi bajando sus cabezas para visionar la fotografía en sus pantallas.

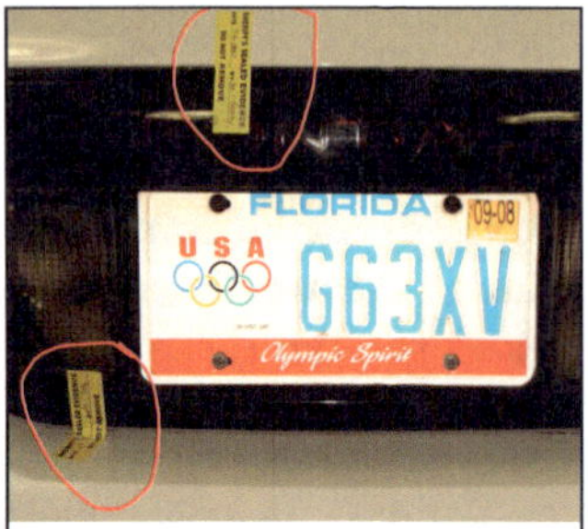

Sellos de Evidencia en el baúl

**Fiscal Drane-Burdick**: C.S.I. Bloise, usted mencionó que en el maletero del vehículo también habían puesto un precinto de *evidencia*.

**C.S.I.-II Gerardo Bloise**: Correcto.

**Fiscal Drane-Burdick**: Le voy a mostrar en su pantalla un acercamiento close-up de la zona donde se encuentran los sellos de EVIDENCIA. Por favor, marque con un círculo rojo el lugar exacto donde están los sellos.

Tomé el Stylus e hice los correspondientes círculos rojos en el lugar exacto donde estaban colocados los precintos de evidencia.

**Fiscal Drane-Burdick**: Solicito permiso para mostrarla a los miembros del Jurado.

**Juez Melvin Perry**: ¿Alguna objeción de la Defensa?

**Abogado José Báez**: Ninguna objeción.

La Fiscal Drane-Burdick mostró la fotografía a los miembros del jurado y nuevamente observé idéntico comportamiento de éstos, prestando mucha atención a la evidencia fotográfica que se les mostraba.

**Fiscal Drane-Burdick**: ¿Qué otra evidencia le proporcionó la Detective Beasley?

**C.S.I.-II Gerardo Bloise**: La Detective Beasley me entregó varios artículos que, no obstante, sería conveniente que

revisara mi informe para ser lo más objetivo posible en la descripción de cada artículo.
**Fiscal Drane-Burdick**: Solicito permiso al Tribunal para que el C.S.I. Bloise pueda revisar su informe, a efectos de que pueda refrescar su memoria.
**Juez Melvin Perry**: Autorizo al testigo para que revise su informe.

Abrí mi informe y comencé a describir al Jurado lo siguiente:
**C.S.I.-II Gerardo Bloise**: Las evidencias que recibí de la Detective Beasley y que se encontraban en el interior de una bolsa de plástico negra eran:

1. Muñeca [Art.#3, Ítem #H-51975].
2. Mochila [Art.#4, Ítem #H-51975].
3. Cepillo de dientes para niños [Art.#5, Ítem #H-51975].
4. Bolso de cuero negro [Art.#6, Ítem #H-51975].
5. Varios papeles [Art.#7, Ítem #H-51975].
6. Cuchillo para cenar [Art.#8, Ítem. H-#51975].
7. Caja de plástico azul [Art.#9, Ítem. H-#51975].
8. Ganchos de plástico para ropa [Art.#10, Ítem. #H-51975].

Tras la lectura para el Jurado, la Fiscal Drane-Burdick, prosiguió con su línea de preguntas.
**Fiscal Drane-Burdick**: C.S.I. Bloise ¿usted fotografió los artículos que nos ha relacionado?
**C.S.I.-II Gerardo Bloise**: Si.
**Fiscal Drane-Burdick**: C.S.I. Bloise, voy a exponer esta fotografía en su pantalla, para que usted la identifique.

Nuevamente, la pantalla cambió y pude ver los diferentes artículos.
**C.S.I.-II Gerardo Bloise**: Sí, son exactamente los artículos que recibí de la Detective Beasley.
**Fiscal Drane-Burdick**: Solicito permiso al Tribunal para mostrar la fotografía a los miembros del Jurado.
**Juez Melvin Perry**: ¿Alguna objeción de la Defensa?
**Abogado José Báez**: Ninguna objeción.

La Fiscalía procedió a mostrar la fotografía a los miembros del Jurado.
**Fiscal Drane-Burdick**: ¿Mantuvo alguna otra conversación con la Detective Beasley?
**C.S.I.-II Gerardo Bloise**: Sí, pregunté a la Detective Beasley

si necesitaba una Orden de Registro para procesar el vehículo.
**C.S.I.-II Gerardo Bloise**: La Detective Beasley se puso en contacto con el Detective Yuri Melich; éste le informó a la Detective Beasley que el mismo propietario había consentido el registro.
**Fiscal Drane-Burdick**: ¿Qué hizo después?
**C.S.I.-II Gerardo Bloise**: Me dediqué de lleno a fotografiar el exterior del vehículo.
**Fiscal Drane-Burdick**: ¿Estaba usted solo?
**C.S.I.-II Gerardo Bloise**: Momentáneamente sí. A los pocos minutos hizo acto de presencia el Sargento Allen, de la Unidad de Personas Desaparecidas en el Garaje Forense.
**Fiscal Drane-Burdick**: ¿Qué ocurrió cuando llegó el Sargento Allen?
**C.S.I.-II Gerardo Bloise**: Yo estaba en ese instante, abriendo la puerta del lado del conductor y el Sargento Allen y yo mismo percibimos el típico olor a descomposición.
**Fiscal Drane-Burdick**: Cuando menciona *descomposición* ¿a qué se refiere usted?
**C.S.I.-II Gerardo Bloise**: Exactamente, *descomposición humana.*
**Abogado José Báez**: Objeción, el Testigo NO está capacitado para determinar si el olor era humano o no.
**Juez Melvin Perry**: No ha lugar; el Testigo está perfectamente cualificado por este Tribunal como C.S.I., fue Policía en Puerto Rico, Investigador Forense en Puerto Rico, tiene acumulados muchos años de experiencia trabajando en Escenas de Crímenes, donde ha hallado cuerpos en estado de descomposición y le están preguntando sobre lo que él percibió, en términos de olor cuando abrió el vehículo.
**Fiscal Drane-Burdick**: C.S.I. Bloise ¿Cuál es su opinión profesional acerca del olor que percibió en el interior del vehículo?
**C.S.I.-II Gerardo Bloise**: En mi opinión profesional después de 23 años de experiencia manejando cuerpos en estado de descomposición completa, no ofrecía dudas a que se trataba del olor inconfundible a descomposición humana.

Este pasaje de mi testimonio fue de suma importancia, ya que, era la primera vez que en un Juicio se incluía la expresión *descomposición humana.*

Quiero puntualizar que, mi técnica que empleaba en cuanto a testificar en un Juicio, consistía en mirar de frente al Fiscal cuando me formulaba la pregunta, y en el momento de contestar a la misma, volvía mi mirada para dar frente al Jurado.

Es un consejo a todos los compañeros investigadores, ya que, en ese momento no están respondiendo al Juez, ni al Fiscal, ni a ningún abogado, simplemente está contestando al Jurado al ser sus miembros los que en realidad valoraran si el testimonio que se les ofrece es fiable y puede merecer su credibilidad. En ese momento, les miré fijamente y ellos estuvieron muy atentos, al tiempo que observé que tomaban buena nota en ese momento puntual de mi declaración.

Otra evidencia de auténtica importancia que superó satisfactoriamente su catalogación como prueba ante el Tribunal, fue el examen y los pelos que hallé en la alfombrilla del maletero del vehículo Pontiac Grand AM.

**Fiscal Drane-Burdick**: Seguiré luego con las demás piezas de evidencia que usted colectó del vehículo eventualmente, pero, C.S.I. Bloise, le pregunto ¿recibió usted alguna pieza de evidencia de la Investigadora McBryde?

**C.S.I.-II Gerardo Bloise**: Sí.

**Fiscal Drane-Burdick**: ¿Qué recibió usted?

**C.S.I.-II Gerardo Bloise**: Recibí una bolsa de basura con diversos artículos.

**Fiscal Drane-Burdick**: C.S.I. Bloise, le voy a mostrar en su pantalla esta foto para su identificación.

La Fiscal inmediatamente puso la foto en mi pantalla.

**Fiscal Drane-Burdick**: ¿Reconoce esa fotografía?

**C.S.I.-II Gerardo Bloise**: Sí, es la bolsa de basura que me entregó la Investigadora McBryde.

**Fiscal Drane-Burdick**: Solicito permiso al Tribunal para mostrar la fotografía a los miembros del Jurado.

**Juez Melvin Perry**: ¿Alguna objeción de la Defensa?

**Abogado José Báez**: Ninguna objeción.

Nuevamente los miembros del Jurado observaron la fotografía en sus pantallas con detenimiento.

**Fiscal Drane-Burdick**: C.S.I. Bloise, usted ... ¿Qué pudo observar en esos artículos que estaban en la basura?

**C.S.I.-II Gerardo Bloise**: Algunos artículos estaban húmedos, y pude observar lo que aparentaban ser gusanos en un contenedor de plástico negro.

**Fiscal Drane-Burdick**: Voy a acercarle en su pantalla ese artículo de la basura y en el momento que lo vea, márquelo con una flecha roja.

Utilicé, obviamente, el lápiz electrónico Stylus, con el que dibujé una flecha roja para identificar el envase de plástico de color negro. La Fiscal, previa autorización del Tribunal, mostró la fotografía a los miembros del Jurado para que la examinaran debidamente.

**Fiscal Drane-Burdick**: ¿Qué hizo después con la basura?

**C.S.I.-II Gerardo Bloise**: La coloque en un cuarto especial para el secado de evidencias que tuvieran sangre fresca, o evidencia que estuvieran mojadas cumpliendo con el protocolo que nos indica que hay que situarlas en esta dependencia hasta su total secado.

**Fiscal Drane-Burdick**: ¿Había alguien con usted cuando detectó los gusanos?

**C.S.I.-II Gerardo Bloise**: Estaban la Investigadora McBryde y el Detective Melich.

**Fiscal Drane-Burdick**: ¿Existió algún tipo de conversación con respecto a la basura?

**C.S.I.-II Gerardo Bloise**: Sí.

**Fiscal Drane-Burdick**: ¿Podría usted hacernos un resumen de esa conversación?

**C.S.I.-II Gerardo Bloise**: El Detective me preguntó sobre mi opinión sobre los gusanos, si creía que provenían de la basura o de algún cuerpo humano en estado de descomposición.

En ese momento el Abogado José Báez se puso en pie y exclamó: ¡objeción!

**Juez Melvin Perry**: ¡Acérquense al estrado!

Estuvieron unos minutos en conversación y, a continuación, se retomó mi testimonio. Fiscales y abogados volvieron a sus escritorios.

**Juez Melvin Perry**: La conversación mantenida entre el C.S.I. Bloise y el Detective Melich es *aceptada*, así que la objeción del abogado Báez es mi decisión de *no ha lugar*. El testigo puede continuar exponiendo su conversación, que es propia y de personal conocimiento.

En ese mismo instante, dirigí mi vista hacia el lugar donde se encontraba el abogado Báez y observé cuando el abogado Chenney movía su cabeza en sentido negativo dirigiéndose al abogado Báez. El abogado Chenney se acercó a Báez y le comentó algo al oído que le hizo cambiar el semblante. Puedo imaginarme la reprimenda que le pudiera espetar: *"Por favor, Báez, no plantees objeciones por el simple hecho de decirlas, tienes que apoyarlas con algún argumento legal."* Teorizo esto, debido a que el Juez manifestó *de propio y personal conocimiento*, expresión que es un exacto argumento legal.

Eso viene a demostrar que el abogado José Báez mostraba un casi total desconocimiento de los parámetros legales en cuanto a un testimonio en un caso criminal.

Recordemos que el Abogado José Báez, solicitó al abogado Chenney que formase parte de su equipo, ya que él si tenía experiencia contrastada en la defensa de casos criminales durante muchos años.

La inexperiencia del abogado José Báez tratando un caso criminal quedó patente en no pocas ocasiones, quizás la más vergonzosa y humillante para un supuesto profesional fue cuando fui a exponer mi testimonio en una de las vistas de este caso, en la que el abogado José Báez tan pronto me llamó para que subiera al estrado a prestar mi testimonio, comenzó a hacer preguntas y el Juez Melvin Perry le interrumpió para decirle:

**Juez Melvin Perry**: Un momento ¿Cuál es el nombre del testigo? Detalles nimios como este son del curso de leyes 101.

Continué con mi testimonio.

**C.S.I.-II Gerardo Bloise**: Le comenté al Detective Melich que era difícil de definir qué tipo de gusanos eran. Me preguntó sobre el olor de la basura y el olor de vehículo, para que le aclarase si eran distintos; y yo le dije que el olor que emanaba del vehículo era más fuerte que el de la basura.

**Fiscal Drane-Burdick**: C.S.I. Bloise, le muestro esta foto del envase negro en el que usted observó los gusanos.

Nuevamente apareció en mi pantalla la fotografía del envase de plástico de color negro.

Artículo #17, Envase Plástico

**Fiscal Drane-Burdick**: ¿Puede identificar la foto?

**C.S.I.-II Gerardo Bloise**: Sí, la reconozco.

**Fiscal Drane-Burdick**: Solicito permiso al Tribunal para mostrar la fotografía a los miembros del Jurado.

**Juez Melvin Perry**: ¿Alguna objeción de la Defensa?

**Abogado José Báez**: Ninguna objeción.

En ese instante, la fotografía fue mostrada a los miembros del Jurado en sus pantallas.

Observé de nuevo que el Jurado prestaba mucha atención a todas y cada una de las fotografías que se admitían como evidencia.

**Fiscal Drane-Burdick**: C.S.I. Bloise ¿Qué significa ese número 17?

**C.S.I.-II Gerardo Bloise**: Ese número es el que asigné al artículo utilizando números de identificación de evidencias.

**Fiscal Drane-Burdick**: C.S.I. Bloise, ¿usted también examinó el maletero y removió su alfombrilla?

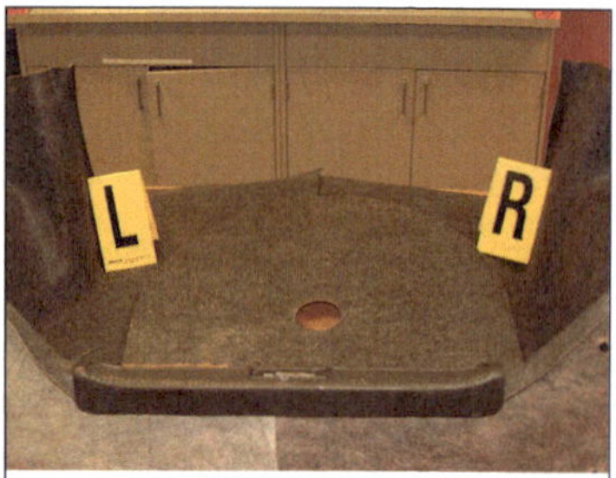

Evidencia en el baúl del Carro

**C.S.I.-II Gerardo Bloise**: Correcto.

**Fiscal Drane-Burdick**: ¿Qué hallazgos detectó?

**C.S.I.-II Gerardo Bloise**: Encontré varios cabellos, encontré manchas sospechosas, una hoja de olor que se emplea cuando se seca la ropa en la secadora y residuos de tierra.

**Fiscal Drane-Burdick**: Solicito permiso a la Corte para mostrar la fotografía a los miembros del Jurado.

La fotografía fue mostrada a los miembros del Jurado; esta fotografía contenía la alfombrilla del maletero. Debo hacer constar que, tanto la extracción, como el mantenimiento en el estado original de la alfombrilla se llevó un importante número de horas de trabajo, ya que estaba sujeta por tornillos de plástico y de metal. La Fiscal me mostró otras fotos de lo que halle en el maletero y expuestas a los miembros del Jurado, sin ninguna objeción de la Defensa.

La Fiscal Drane-Burdick ya había mostrado la pieza de evidencia crucial en este caso que fue la alfombrilla del maletero.

La Fiscal solicitó permiso al Tribunal para que yo dejara el estrado y bajara a abrir la caja que contenía la alfombrilla del maletero; ésta estaba tan fuertemente sellada que yo solo no pude abrirla y el co-fiscal Jeff Ashton acudió en mi ayuda para poder abrirla por completo.

Al abrir la parte superior de la caja, de inmediato sentí el

**Presentación del Material**

olor a descomposición humana.

El Fiscal Jeff Ashton, en su libro "Justicia Imperfecta", pág. #273 manifestó: *"Se necesitó mi musculo brevemente, cuando se necesitó ayuda para abrir una caja de evidencias que contenía la alfombra del baúl y la cubierta de la llanta de repuesto. Estaba bien sellada, y nos tomó un tiempo para poder abrirla. En el instante que lo hice, pude oler la descomposición. Parecía que no había forma de escapar de ella".*

Después la Fiscal me instó a que la mostrara al Jurado. El abogado José Báez se levantó de inmediato de su escritorio para observar la cubierta de goma. La Fiscal Drane-Burdick identificó la pieza de evidencia colocándole la etiqueta de admisión en el Proceso de la Corte.

Después volví al estrado para continuar con mi testimonio, era el momento clave, la Fiscal mostraría la pieza de evidencia más importante, ya que ésta fue la que dilucidó este caso, es decir, sin esta pieza de evidencia la Fiscalía no podía acusar de nada a Casey, era el cabello Q-12 que hallé en la alfombrilla del maletero y que el análisis de A.D.N.mt efectuado por F.B.I. y que corroboró que la madre, Casey Anthony, colocó el pequeño cuerpo de Caylee dentro del referido maletero, así pues, ésta era la próxima pieza de evidencia que daría el jaque mate de este caso, evidenciado por la Investigacion Forense.

**Fiscal Drane-Burdick**: C.S.I. Bloise, le preguntó, ¿Usted encontró varios cabellos en la alfombra del maletero?

**C.S.I.-II Gerardo Bloise**: Correcto.

**Fiscal Drane-Burdick**: ¿Usted colectó un cabello del lado izquierdo de la alfombrilla del maletero del vehículo Pontiac Grand AM?

**C.S.I.-II Gerardo Bloise**: Correcto.

**Fiscal Drane-Burdick**: C.S.I. Bloise, le voy a mostrar esta foto en su pantalla y dígame si la puede identificar y descríbala.

En la pantalla apareció la fotografía de la parte izquierda de la alfombrilla donde hallé el cabello Q-12. La Fiscal me solicitó que marcara la zona donde estaba el cabello y lo marqué con una flecha roja.

La Fiscal solicitó permiso al Tribunal para mostrar la fotografía a los miembros del Jurado. El abogado de la Defensa no planteó ninguna objeción.

Si el lector observa bien la fotografía, en la zona donde localicé el cabello, se encontraba una fibra roja y, exactamente cuando estuve procesando esa zona, esa fibra de color rojo llamó mi atención mientras ajustaba la lupa.

La periodista Robyn Walensky me entrevisytó por un momento forense en su libro *"Beautiful Life?"*, y en su página # 43: *"Oh, wow, vaya, fue asombroso. Estaba ocupado revisando el maletero, estaba mirando con mi lupa y veo una pequeña fibra roja sobre el lado izquierdo y digo "Espera un minuto, esto es un cabello." Lo recogí de inmediato. Fue asombroso, si, fue asombroso. Cuando recibí los resultados del Laboratorio del F.B.I., dije… "Wow, ese fue el cabello que recogí con mis manos", siempre digo que fue "intervención divina", lo siento así."*

Esa fibra de tela pequeña de color rojo estaba ahí en esa área de la alfombra del maletero. El color rojo es utilizado para dar señales como por ejemplo en tránsito como luz roja, señal de pare para detenerte. Estoy seguro de que en ese maletero hubo una prenda de vestir de color que cuando fue removida se quedó una pequeña fibra de la misma. Aquí se aplica el principio de Edmond Locard todo contacto deja un rastro, y esa área donde estaba la fibra fue que encontré el cabello que resolvió este caso. El todopoderoso permitió que esa fibra tela de color rojo estuviera ahí para yo detenerme por su color llamativo y viera el cabello. *Alabado sea El Todopoderoso.*

He mencionado las piezas de evidencia más importantes incluidas en mi testimonio y fueron todas las que pude localizar en el vehículo Pontiac Grand AM, al que denominé como *la escena del crimen móvil.*

Después de testificar, el abogado José Báez inició su contrainterrogatorio, haciéndome muchas preguntas cuya contestación siempre tenía que ser afirmativa. Mencionaré las más importantes.

**Abogado José Báez**: Usted contestó a la Fiscalía que olió a descomposición humana en el maletero del vehículo.

**C.S.I.-II Gerardo Bloise**: Correcto.

**Abogado José Báez**: También explico los diferentes niveles de descomposición.

**C.S.I.-II Gerardo Bloise**: Correcto.

**Abogado José Báez**: Le pregunto ¿un pedazo de carne o animal se descompone también?

**C.S.I.-II Gerardo Bloise**: Si.

Esas preguntas del abogado José Báez, estaban encaminadas a demostrar que el olor provenía de la famosa pizza, y la ardilla muerta que insinuaba la madre de Casey, Cindy Anthony.

Esas preguntas ya fueron formuladas por la Fiscal Drane-Burdick, a lo que contesté que la caja de pizza estaba vacía y que había examinado los bajos del vehículo y no encontré ninguna ardilla muerta. Obviamente, esas mismas contestaciones fueron las que di al abogado José Báez.

El abogado José Báez continuó haciendo sus preguntas siempre aludiendo a la basura. Una de ellas la mencionaré a continuación.

**Abogado José Báez**: ¿Usted no tuvo idea de que alteró la evidencia?

Enseñándome la fotografía de la basura.

**C.S.I.-II Gerardo Bloise**: Abogado Báez, existe un protocolo que tiene la Unidad Forense que señala que toda evidencia que llegue húmeda o con sangre fresca, debe ser colocada en la Sala de Secado, con la finalidad de que se seque de manera natural.

Otra de las preguntas que me formuló el abogado José Báez guardaba relación con mi informe.

**Abogado José Báez**: ¿Usted redactó un informe relacionado con su investigación?

**C.S.I.-II Gerardo Bloise**: Si.

**Abogado José Báez**: ¿Dónde está el informe original?

**C.S.I.-II Gerardo Bloise**: ¡Aquí está!

Le respondí, levantado la carpeta negra que contenía mi informe y se lo mostré al Jurado.

**Abogado José Báez**: No le pregunto por ese, le pregunto por los apuntes manuscritos por usted.

**C.S.I.-II Gerardo Bloise**: Éste es el informe original.

**Abogado José Báez**: Ese es el que tengo yo también que está redactado por la computadora .

**C.S.I.-II Gerardo Bloise**: Abogado Báez, debo puntualizarle que cada vez que gestionaba algo que guardase relación con el caso, escribía mis apuntes y después de concluida la gestión de investigación, me dirigía a mi computadora y esos apuntes

eran transferidos a *WORD.*
**Abogado José Báez**: Eso lo entiendo, estoy preguntándole exactamente por lo manuscrito.
**C.S.I.-II Gerardo Bloise**: Esos apuntes los destruí.

En ese momento el abogado José Báez exclamó alzando la voz.
**Abogado José Báez**: ¡¿Que usted destruyó sus notas?!

Inmediatamente yo le contesté que, según la Ley del Estado de Florida, yo podía destruir mis notas.

Mientras yo hablaba, él seguía gritando como un poseso y yo seguía contestándole. Saqué de mi carpeta negra el documento oficial de la Oficina del Sheriff del Condado de Orange BOLETIN LEGAL # 97-08, titulado *NOTAS DE INVESTIGACION*, que instruye que todo funcionario de la Ley y el Orden puede destruir sus notas manuscritas, basado en la Decisión Legal SHEVIN vs. BYRON, HARLESS, SCHAFFER, REID & ASSOCIATES. Inc. 379 (FLA – 1.980)., y se lo mostraba al Jurado, mirando al abogado Báez con el rostro desencajado y hasta parecía que los ojos le iban a saltar de las órbitas, al escuchar de mis labios una respuesta perfectamente legal con relación a la destrucción de mis apuntes manuscritos.

Fue tan rápida mi contestación que el abogado José Báez, ni se percató del *gancho de izquierda directo a su mandíbula*, demostrando claramente que mi respuesta lo tomó absolutamente por sorpresa. De hecho, los fiscales me miraron asintiendo con su mirada y sonriendo a causa de la respuesta que espeté al abogado, siempre con la documentación legal en la mano.

En ese instante la Fiscal Drane-Burdick, objetó al Juez Melvin Perry, la razón por la que el abogado José Báez continuaba hablando, impidiendo de esta forma, que yo continuase con mi exposición, entonces intervino dándole la razón a la Fiscal. De nuevo contesté y la Corte admitió mi contestación como válida.

En SHEVIN vs. BYRON, HARLESS, SCHAFFER, REID & ASSOCIATES, Inc., 379 So2d.633 (FLA – 1.980), la Corte Suprema de Florida, decidió que: *"los materiales que constituyen meros precursores de registros gubernamentales"* y no son reconocidos como evidencia final que se va a registrar *no son registros públicos.* Por lo tanto, los borradores y notas utilizados para redactar otro documento, cintas que fueron transcritas, notas tomadas por una secretaria como dictado, etc., pueden destruirse sin permiso de la Florida Servicios de Información Bibliotecaria.

Otra pregunta formulada por el abogado José Báez, guardaba relación al momento en que estaba procesando la evidencia.

**Abogado José Báez**: ¿Usted estaba hablando cuando estaba haciendo eso? (Aludiendo a cuando estaba procesando el vehículo).

**C.S.I.-II Gerardo Bloise**: No

**Abogado José Báez**: ¿Por qué no?

**C.S.I.-II Gerardo Bloise**: Porque estaba solo y yo no hablo solo.

De repente, todos los asistentes a la Corte irrumpieron al unísono en una general carcajada, incluyendo al Juez y a la acusada Casey.

Las horas en las que procesaba, eran durante la noche y la madrugada, así que no había nadie conmigo.

Esas eran las preguntas sin ningún sentido que formulaba el abogado José Báez. Una vez contestadas todas las preguntas, no hubo ninguna más y fui excusado del Tribunal.

La Fiscalía llamó a testificar al Alguacil del Sheriff del Condado de Orange, Jason Forgey y su K-9 Gerus. La especialidad del K-9 *Gerus* es la detección de sangre y cadáveres. El K-9 *Gerus*, alertó del olor a descomposición humana en el maletero del vehículo y en el patio de la residencia de la familia Anthony.

Al día siguiente, se publicaron en la prensa escrita los artículos, noticiando la totalidad de mi testimonio.

El Canal-6, siempre cubría el caso ayudado por los dos mejores abogados criminalistas del Estado de Florida Central; el Abogado Mark NeJame y el Abogado Mark O'Mara y el periodista Tony Peppetone. Evaluaron mi testimonio y coincidieron en que mi testimonio era la base fundamental para dar continuidad al caso, ya que éste, comenzó con las evidencias forenses C.S.I., como ellos lo denominaron.

La Fiscalía reclamó la presencia de los demás testigos, tales como el Doctor Vass, que testificó sobre el estudio y análisis que realizó sobre las muestras de aire que fueron extraídas del maletero del vehículo y determinó que el olor correspondía a un cuerpo en estado de descomposición. Del mismo modo, el resultado del examen determinó que existía una alta concentración de cloroformo.

Tras la exposición del Doctor Vass, llamaron a Karen Lowe del F.B.I., que examino la prueba Q-12 que había sido sometida al Laboratorio.

La examinadora Forense del F.B.I. describió el cabello como de 9 pulgadas aprox. (22'86 cm.) según el examen microscópico, también reveló que en el cabello se observaba *la banda,* según manifestó a la Corte y al Jurado, que en términos de laboratorio se denominaba como *banda de la muerte,* ampliando su explicación a los miembros del Jurado que, este tipo de banda provenía de un cuerpo muerto en estado de descomposición.

Del mismo modo, dejó diáfanamente claro que, la coloración del mencionado cabello jamás podía provenir de una persona viva. La Defensa, lógicamente, no planteó ninguna objeción a esa pieza de evidencia, por lo que fue aceptada por la Corte.

Otro testigo que fue llamado a declarar fue el Sargento Kevin Stinger, Supervisor de la División de Exámenes Electrónicos Forenses de la Oficina del Sheriff del Condado de Orange.

El Sargento Stinger, encontró que la palabra cloroformo fue buscada en la computadora , sin embargo, esa búsqueda se originó en un espacio eliminado y no asignado a la computadora de la residencia de los Anthony.

También testificó Mr. Dennis Bradley, un experto en Informática y Sistemas de Programación quien halló lo que se buscó cómo hacer cloroformo. Sin embargo, el software utilizado por Mr. Bradley cometió un error, determinando que esa frase fue buscada 84 veces en una website en particular. Ese error ensombreció la importancia de esa búsqueda de «cómo hacer cloroformo». La Defensa del abogado José Báez, se dio perfecta cuenta del error y lo presentó a la Corte antes que la Fiscalía.

También testificó la Detective Sandra Cawn, que fue quien llevó a cabo la búsqueda en en la computadora de la familia Anthony.

La Fiscalía llamó a la Doctora Jan Garavaglia, jefe de la Oficina Médico-Legal del Condado de Orange, ya que, ella hizo el examen de los huesos de Caylee y puntualmente del cráneo y determinó que Caylee fue víctima de homicidio, pero la forma de la muerte fue calificada como indeterminada.

Antes de trabajar como CSI en la Oficina del Sheriff del Condado de Orange, trabajé en la policía de Puerto Rico como oficial de policía, detective. Posteriormente, me trasladé al Instituto de Ciencias Forenses donde trabajé como investigador forense y luego fui ascendido a director de la división de investigadores forenses. Tomé entrenamiento en la investigación de muertes con el departamento de policía y en el Instituto de Ciencias Forenses.

El Instituto de Ciencias Forenses es un completo laboratorio que incluye autopsias. Una etapa de la capacitación fue estar dos semanas con los médicos en la sala de autopsias y nos explicaron el proceso de la autopsia y lo que buscaban según el caso. Los médicos nos explicaron que la autopsia se compone de diferentes fases que son:

1. Examen anatómico
2. Examen craneal
3. Examen torácico
4. Examen abdominal
5. Toman muestra de cada uno de los órganos, cabello, orina, uñas
6. Muestras de fluidos corporales

Recuerdo que mi primer caso con la Dra. Vera [RIP] fue un cuerpo quemado. Habiendo dicho eso, creo que estoy humildemente en condiciones de hablar sobre este tema en relación con el médico forense.

Voy a poner mis 2 centavos en este tema. Fui el primero de la Unidad Forense C.S.I., que llegó al lugar el 11 de Diciembre de 2008, donde fue hallado el cráneo pequeño. Mis observaciones sobre el cráneo fue que era humano ya que mi experiencia previa de haber trabajado en la oficina medico legal en Puerto Rico. Observe una cinta adhesiva que fue colocada en los dientes *[zona bucal]* que ofrecían un indicio inconfundible de violencia. La cinta adhesiva estaba alrededor de todo el cráneo y le sujetaba toda la masa de pelo que estaba a ambos lados del cráneo.

Estuve muy de acuerdo con la Doctora Garavaglia sobre la definición de *homicidio*. El problema residía en la expresión *indeterminado*, ya que, en la mente de los miembros del Jurado quedaría memorizada.

Según la Asociación Nacional de Examinadores Médicos [N.A.M.E.] en la mayoría de los Estados, incluida la Florida, las opciones aceptables de una muerte son:

1. Natural.
2. Accidental.
3. Suicidio.
4. Homicidio.
5. Indeterminado.

Estas opciones son uniformes para todos los estados incluyendo Puerto Rico porque el Instituto de Ciencias Forenses es miembro de N.A.M.E. y es una agencia acreditada por A.N.A.B., de hecho, la división de investigadores forenses también está acreditada.

A mi modesto modo de entender, esto fue crucial en su testimonio, y me induce a plantear una pregunta que no por su sencillez carece de importancia. La Doctora manifiesta que Caylee fue víctima de *homicidio*, pero ¿no se puede determinar cómo murió y que causó la muerte? Quizás la Doctora Garavaglia al detectar la cinta adhesiva entendió razonablemente que era una señal de violencia y como consecuencia, indicaba *homicidio*.

En esos términos estoy plenamente de acuerdo con la Doctora Garavaglia, porque al observar la cinta adhesiva en la zona dental y la nariz, pensé sensatamente en la presencia de violencia, lo cual indicaba *homicidio*.

La pregunta que, para mí, queda en el aire es ¿manera de la muerte? La Doctora Garavaglia contestó a esa pregunta en su Informe Oficial de la Autopsia, utilizando la palabra *indeterminado* que, viene a significar: "yo no sé".

El Doctor Michael Warren testificó también en este caso, ya que, era el Jefe del C.A. Laboratorio de identificación Humana Pound en la Universidad de Florida. La Fiscal utilizó su testimonio para demostrar que la cinta adhesiva se pudo utilizar como arma homicida, la Fiscal le solicitó que preparase una demostración. La Fiscalía le proporcionó tres fotografías: una del cráneo, una con la cara completa de Caylee y otra con la cinta adhesiva. Las imágenes de las calaveras con cinta adhesiva tenían pequeñas reglas en el marco, denominadas *escalas* o *testigos métricos*, para establecer el tamaño. Haciendo coincidir las escalas con las fotos del laboratorio del Doctor Warren, pudo magnificarlas lo suficiente para que coincidiesen y colocándolas unas sobre otras (identificación por Superposición).

Luego, comparando y alineando rasgos anatómicos, como los dientes y el puente nasal, pudo colocarlas o superponerlas sobre las tres fotografías. Tras ello, creó un video con una función de disolvencia, consiguiendo que la foto hiciera una transición del cráneo a la fotografía del rostro vivo de Caylee, volviendo tras ello, al cráneo, superponiendo la cinta en ambas imágenes, con el objeto de indicar dónde podría haber estado cuando Caylee murió.

No obstante, el lector puede observar un video lo más parecido posible a lo que el Doctor Warren mostró sobre el rostro de Caylee con vida, despues la misma cara con la cinta adhesiva y después la calavera con la cinta adhesiva.

Después, vino la manifestación testifical del Doctor Neal Haskell, experto en Entomología Forense y que expuso que los insectos encontrados en el vehículo, en la basura *[coffin flies]* y los que fueron hallados en la Escena Secundaria eran similares.

Tras los dilatados testimonios, al día siguiente los medios de comunicación escrita, radio y televisión, se hicieron eco de las noticias de las que todo el mundo se hallaba expectante, las Evidencias Forenses del C.S.I.

Pero la ciudadanía estaría comprobando lo que es en realidad una investigación Forense del C.S.I. y que para nada era lo que la TV quería hacer ver al ciudadano de a pie. En la página siguiente, el lector podrá observar el primer artículo periodístico ofrecido por el *Orlando Sentinel* al día siguiente de relacionar su circulación tras editar mi testimonio. Pueden observar la clara preocupación que mostraba el rostro de Casey.

El CANAL-13 también estuvo muy activo cubriendo el caso en vivo y en directo.

Observe el lector el artículo relacionado con el testimonio del guía del K-9, el Alguacil del Sheriff Jason Forgey.

Ya casi todos los testigos de la Fiscalía habían dado su testimonio, de nuevo hubo un receso para el almuerzo y los testigos que habíamos declarado, estábamos sometidos a las reglas del Tribunal, es decir, que no podíamos hacer ningún tipo de comentario sobre el caso. Así que entendí que había cumplido con mi testimonio y me dirigí a la oficina tras el almuerzo. Me dispuse a ocupar mi escritorio, portando el maletín que contenía la carpeta del caso con mi informe y todos los documentos de cada una de las evidencias que colecté en el vehículo. Dada la gran cantidad de evidencias dimanadas de la gestión del caso, me dediqué a construir un diagrama de todas las piezas de evidencia con su número de serie y su historial de custodia, después marqué los documentos de evidencia obrantes en mi carpeta.

Este sistema lo implementé, porque si me hacían una pregunta por determinada pieza de evidencia, solamente tendría que preguntarle al Fiscal o abogado de la Defensa el número de serie de ésta y era sumamente fácil de conseguir la información de la evidencia porque ya estaba marcada en mi carpeta.

Me dediqué a estudiar las evidencias porque ya había testificado durante dos días, por varias horas ante la Fiscalía y quería estar preparado por si me llamaban de nuevo a testificar.

Recomiendo este sistema a los investigadores.

Llevaba en la oficina aproximadamente una hora, cuando sonó mi extensión telefónica en mi escritorio.

**C.S.I.-II Gerardo Bloise**: C.S.I. Bloise, buenas tardes.

Se trataba de nuestra auxiliar administrativa Ileana Torres.

**Ileana Torres**: Te requieren en la Corte de nuevo, llamaron hace 5 minutos aproximadamente.

**C.S.I.-II Gerardo Bloise**: Gracias Ileana.

Cogí mi chaqueta y mi maletín y salí con dirección a la Corte. Cuando llegué, aparqué en la parte posterior del edificio y caminé con dirección a la zona de la puerta principal, que está frente a la Avenida de Orange; estaba todavía repleta de personas y periodistas, uno de ellos me reconoció y enseguida vino corriendo hacia mi preguntando: ¡C.S.I., C.S.I.¡! ¿para qué lo llamaron ahora?"

Tras él venían corriendo otros periodistas. Únicamente les contesté que no sabía para qué me habían llamado de nuevo.

Tomé el ascensor hasta la planta número 12, llegué al pasillo y vi a uno de los Alguaciles de Seguridad que estaba trabajando en esa Sala.

**C.S.I.-II Gerardo Bloise**: ¿Me podrías decir quien me está requiriendo de nuevo?

**Alguacil**: Creo que es la Defensa.

**C.S.I.-II Gerardo Bloise**: ¿Qué?

**Alguacil**: Déjame entrar y decirles a los Fiscales que estás aquí, les pregunto y te lo hago saber.

Le di el Ok, que esperaría.

Esperé unos diez minutos y salió el Alguacil para comunicarme que sí, que la Defensa requirió mi presencia y que serias el primer testigo de ellos. El Alguacil volvió a entrar a la Sala y era cuestión de esperar.

Así que me senté cómodamente y empecé a repasar los documentos de evidencia, el diagrama que había preparado y que tanto me ayudó en el testimonio que di para los fiscales y ahora como testigo de la Defensa, éste no sería la excepción, pues el sistema de diagramas de las evidencias me ayudaría a contestar a cuantas preguntas me formularan.

Mientras estuve sentado, observé que acudían varias personas y tomaban asiento en las sillas dispuestas a lo largo del pasillo, asumí que también eran testigos de la Defensa.

Habían transcurrido unos 20 minutos, cuando salió el Alguacil y exclamó: "¡Gerardo Bloise!"

Me levante inmediatamente y dirigí mis pasos hacia la puerta, mientras elevaba la correspondiente oración para que El Eterno me ayudara en el testimonio.

No tenía ni la más mínima idea del tipo de preguntas con las que me *atacaría* el abogado José Báez.

En cuanto entré a la Sala de la Corte, observé que estaba lleno al completo, las cámaras de televisión en sus esquinas y los periodistas en la segunda fila a mano derecha. Mientras caminaba, Casey y su equipo de abogados seguían mis pasos con su mirada hasta que llegué al estrado. Me tomaron el juramento o afirmación de decir la verdad y nada más que la verdad. En este trabajo reflejaré las preguntas y respuestas más importantes, así como una exposición sobre las intenciones del abogado José Báez por el hecho de llamarme a ser su primer testigo.

**Abogado José Báez**: C.S.I. Bloise, usted ha declarado para la Fiscalía, en relación con el vehículo que usted examinó era un Pontiac Grand AM.

**C.S.I.-II Gerardo Bloise**: Correcto.

**Abogado José Báez**: Usted también inspeccionó el vehículo de Tony Lazzaro.

**C.S.I.-II Gerardo Bloise**: Si.

**Abogado José Báez**: ¿Podría decirnos que encontró en su

inspección?

**C.S.I.-II Gerardo Bloise**: Como testifiqué con anterioridad, observé unas manchas sospechosas en el área de cargo. Les realicé pruebas de detección de la existencia de sangre y el resultado fue negativo.

**Abogado José Báez**: Usted declaró que inspeccionó el cuarto de Casey, cuando ejecutaron una orden de allanamiento (entrada y registro) y el Detective Melich.

**C.S.I.-II Gerardo Bloise**: Si.

El propósito del abogado José Báez al llamarme como testigo era para responder a una línea de preguntas centradas en que la policía se había centrado en Casey y no en otros sospechosos. Al preguntarme sobre si inspeccioné o no el cuarto del matrimonio, estaba sugiriendo que el abuelo, George Anthony, era el sospechoso de este caso, cosa que era totalmente incierta. En la investigación nunca se reflejó nada de que Mr. George Anthony estuviera vinculado con la muerte de Caylee. Una vez contestadas las preguntas formuladas por la Defensa fui excusado.

Al día siguiente se publicó en la prensa escrita, un artículo que me llamó la atención. Ver galeria CSI

## DEFENSA EN EL CASO DE CASEY ANTHONY, LLAMA AL PRIMER TESTIGO C.S.I.

THE STATE VS. CASEY ANTHONY

RED HUBER/STAFF PHOTOGRAPHER

[illegible]

# Jury sees jail videos, listens to CSI techs

By Bianca Prieto and Walter Pacheco
STAFF WRITERS

Jurors watched hours of jailhouse videos before sitting through an afternoon of evidence logging Friday, the ninth day of Casey Anthony's first-degree murder trial in the death of her 2-year-old daughter, Caylee Marie.

The state announced Friday that it plans to wrap up its death-penalty case against Anthony on or around June 17 —four weeks into testimony.

After the state rests, the defense will begin to present its case. The trial is predicted to last from six and eight weeks.

The 10th day of the trial will be a half-day of court today, starting at 9 a.m. and ending around 1 p.m. The state is expected to call an FBI agent to talk about hairs found in the trunk of Anthony's car.

On Friday, several Orange County Sheriff's Office crime-scene technicians were questioned during the afternoon session.

State prosecutor [illegible]

[illegible]

[illegible]

*Please turn to TRIAL, B4*

RED HUBER/STAFF PHOTOGRAPHER

Casey Anthony listens as jail videos of her and her parents' conversations are played Friday.

### LATEST DEVELOPMENTS

- Jurors watched more jailhouse video of Casey Anthony talking with her parents. During one exchange, she seemed to dismiss the idea that Caylee Marie could have drowned.
- Lawyers quizzed crime-scene technicians who collected evidence from the trunk of Anthony's Pontiac Sunfire.
- Prosecutors announced they don't expect to conclude their case until June 17.

**Follow the trial at OrlandoSentinel.com**

**Cobertura del Jurado,Orlando**

CASO#: 08-069208

## *Capítulo Veinte*

# Día Infame

**Julio 5 del 2011**.

Después de todo el Proceso en la Corte, donde habían testificado 141 testigos en 33 días de testimonios, ya todas las pruebas y declaraciones estaban en manos de los miembros del Jurado.

La Fiscalía y la Defensa, presentaron sus alegatos finales, el Juez Melvin Perry, dio las instrucciones pertinentes a los miembros del Jurado para que fueran a deliberar. Uno de los preceptos que planteó el Juez a los miembros del Jurado fue el siguiente: *"Lo que habían manifestado los fiscales y los abogados de la defensa, no es evidencia, pues la evidencia dimana de los testimonios de los testigos."* El Jurado se retiró a deliberar.

Me encontraba en la Corte por otro caso para el que fui citado y vi a mi amigo y colega Donald Knight que había trabajado conmigo en la División Forense C.S.I. y ahora trabajaba en la Oficina de Seguridad de la Corte y conversamos un rato y me comentó que el Jurado se había retirado a deliberar.

Le pedí un favor especial al Diputado del Sheriff Donald Knight, solicitándole que me avisara tan pronto tuviera noticia de que el Jurado tenía el veredicto, le di mi número de móvil, que él aceptó, garantizando me qué tan pronto lo supiera, me iba a llamar. Así que nos despedimos.

Me dirigía a visitar a mi familia en el lado este de Orlando, eran aproximadamente las 11:00 horas, cuando iba conduciendo por la autopista 408 llegando hacia la salida por Goldenrod Road, cuando sonó mi teléfono.

**C.S.I.-II Gerardo Bloise**: Buenos días, C.S.I. Bloise.
**Alguacil Sheriff Donald Knight**: Gerardo, soy yo Knight.
**C.S.I.-II Gerardo Bloise**: Dime Don.

**Alguacil Sheriff Donald Knight**: Gerardo, ya el Jurado llegó a un veredicto.

**C.S.I.-II Gerardo Bloise**: Gracias Don.

Inmediatamente doblé en *U* en la Goldenrod Road y tomé el expreso 408 y puse rumbo a la Corte. Una vez allí aparqué en la Zona de los oficiales, salí corriendo y me dirigí hacia la zona por donde entramos los policías, agentes, abogados y fiscales, en el acceso a ese pasillo, existe un área de seguridad, pero puede accederse sin ningún problema mostrando la identificación Oficial. Los alrededores de la Corte estaban completamente llenos, aparte de la prensa, había mucha seguridad y se respiraban momentos de mucha tensión. Corrí hacia el ascensor que se iba a cerrar, pero al verme uno de los alguaciles lo detuvo para que pudiera entrar. Se abrió el ascensor y cuando me dirigía hacia el Salón Principal, un compañero del Sheriff me dijo que estaba lleno, indicándome que me fuese a la parte de arriba donde estaban los balcones.

Me dirigí a las escaleras y estaba lleno también, pero uno de los tenientes me vio y me señaló con su mano que había un espacio, así que llegué al lugar. Al otro extremo vi al Detective Melich, Detective Edwards, Sargento Allen y el Agente del F.B.I. Savage. Se distinguía desde arriba al Juez Melvin Perry y toda el área del Salón de la Corte estaba llena. A Casey la observé ansiosa moviendo sus manos constantemente, a Cindy y George pude verlos por unos monitores que estaban emplazados en la primera fila de los asientos que estaban destinados a los periodistas.

**Juez Melvin Perry**: ¡Todos de pie!

El Jurado estaba entrando.

**Juez Melvin Perry**: ¿Ya tienen un veredicto?

**Miembro del Jurado**: Si.

**Juez Melvin Perry**: Por favor, háganselo llegar a la secretaria de la Corte.

La secretaria de la Corte recogió el sobre y se lo entregó al Juez Melvin Perry, éste abrió el sobre y comenzó a leerlo, miraba el sobre y después miró hacia el lado, volvió su mirada al papel.

Mentalmente me dije: *algo no está bien, al observar la reacción del Juez.* Mi interpretación de su gesto me indicaba que lo que estaba leyendo, no lo comprendía o no creía.

El Juez Melvin Perry entregó el papel a la secretaria de la Corte para que procediese a su lectura.

**Juez Melvin Perry**: Secretaria, lea el veredicto; pero antes voy a advertirles que no quiero expresiones de aprobación o desaprobación del resultado; cualquiera que desobedezca esta advertencia, será considerada como *descato* a la Corte y será arrestado.

**Secretaria de la Corte:** Nosotros el Jurado, rendimos el siguiente *Veredicto*: Encontramos a la acusada: no culpable. Asesinato en primer grado: no culpable. Homicidio Involuntario Agravado: no culpable. Abuso de Niño Agravado: no culpable.

Hubo un silencio sepulcral, la Sala de la Corte enmudeció hasta el punto de que si dejabas caer un alfiler al suelo se iba a escuchar perfectamente su impacto contra el suelo.

**Análisis del Veredicto.**

¿Cómo es posible que un Jurado, con las pruebas presentadas que, aunque eran circunstanciales, todos los ángulos apuntaban a una sola persona responsable de la muerte de Caylee, su propia madre Casey?

En mi opinión, el Jurado no utilizó el sentido común y la lógica. Con solamente tomar en consideración el concepto del Triángulo de la Escena del Crimen, sospechoso y víctima era más que suficiente para encontrarla culpable de abuso de niño agravado y homicidio involuntario agravado.

Primero, el *abuso agravado* se probó cuando Casey Anthony no informó de la desaparición de Caylee, durante 31 días *resulta muy serio que el propio Jurado no tomase en cuenta entonces, que Casey fue responsable del ABUSO que practicó sobre su propia hija.* "La Nanny", se probó fehacientemente que fue una mentira, una vil mentira.

El Jurado, no se preguntó lo siguiente para conectar los puntos rojos.

El Jurado, no se preguntó sobre el testimonio de Mr. Brian Burner, sobre que Casey condujo de regreso a su casa el 17 de Junio de 2008, el Sr. Burner vio al Pontiac Grand AM blanco, dando marcha atrás, estacionando el vehículo en el garaje.

La evidencia que se encontró en el maletero del vehículo que Casey Anthony nunca informó hurtado. El jurado

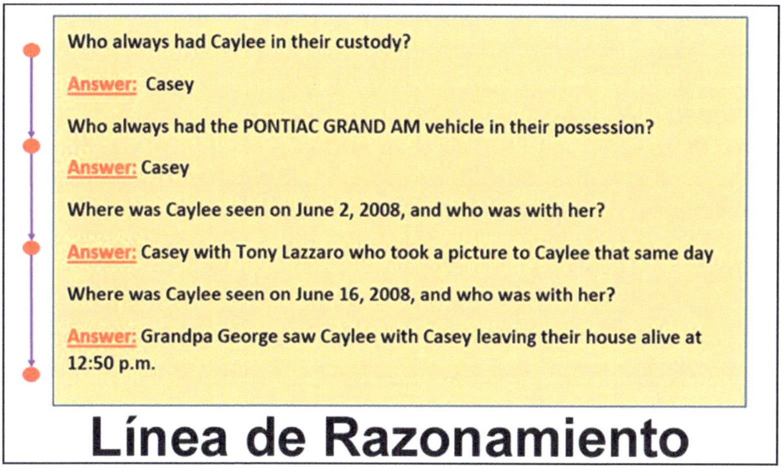


sencillamente, si se hubiera planteado esas preguntas básicas, acompañadas de las evidencias presentadas eran más que suficientes para encontrar a Casey Anthony *culpable de asesinato*, al igual que en los otros casos.

En mi opinión el Jurado falló en su juramento.

Me asombró en sobremanera lo que escribió el Fiscal Jeff Ashton en su libro "Justicia Imperfecta", que ahora entiendo por qué el Jurado no hizo su trabajo para el cual se le tomó un Juramento. Y cito:

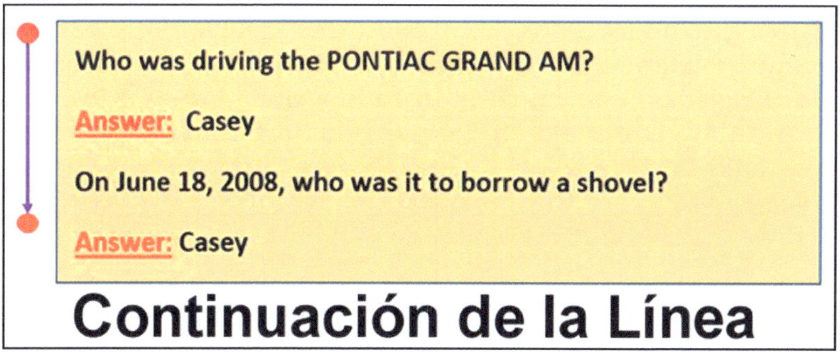


*"El peor temor de la selección del Jurado se manifestó en el veredicto. Este Jurado necesitaba a alguien que le dijera exactamente como murió Caylee".*

*"...El hecho de que no solicitaron ningún material para revisar. El hecho que ellos no tuvieran preguntas al Juez, si las declaraciones que el presidente del Jurado hizo a los medios de*

*comunicación son verdaderas, entonces estos miembros del Jurado consideraron que noventa minutos de deliberación fueron suficientes para sopesar, considerar y rechazar por completo el testimonio de cuatro semanas que, nosotros, la Fiscalía usamos para establecer esto fue un asesinato en primer grado. El resto de las trece horas de deliberación se habían dedicado a tratar de convencer a los dos jurados de la decisión".*

*"La miembro del Jurado Jennifer Ford, el único miembro del Jurado que se identificó dijo después en una entrevista que "nadie les mostró cómo murió Caylee". Mi pregunta sería. ¿Qué tan duro los buscaste en esos noventa minutos? Los miembros del Jurado tuvieron que poner las piezas juntas y aplicar algo de sentido común a la noción de cómo actúan las personas y cómo no. Este Jurado no estaba dispuesto a hacer eso, así que en cierto sentido perdimos antes de comenzar".*

Esto es increíble y revelador de lo que este Jurado no se ocupó en hacer. La jurado Jennifer Ford, quería el arma humeante para encontrar a Casey culpable *[en serio]*, a la miembro del Jurado Ford le digo que eso sólo lo podrá ver en la serie de TV C.S.I., pero de ninguna manera en la vida real de los casos criminales investigados.

Existen casos en los que puedes tener el arma humeante, pero eso es bien raro y escasos los casos de esa naturaleza.

Este caso de Casey Anthony es puramente circunstancial, lo que significa que son acontecimientos que se dieron, que tienes que conectarlos unos con otros utilizando el sentido común. Partamos de la premisa que el testimonio de la Doctora Garavaglia no convenció al Jurado y que ella no dijo cómo murió Caylee, entendido. Pero que el Jurado no haya creído que bajo la protección y custodia de Casey murió su hija Caylee, eso es inconcebible. Que es ahí donde se aplicaron los cargos de homicidio agravado involuntario y abuso de niño agravado.

En este juicio se probó que no hubo secuestro, por lo tanto, las fechas importantes que mencioné en este trabajo, donde Caylee fue vista por última vez, fue con su madre Casey y que estos 12 jurados no tomaron esas circunstancias en consideración, es totalmente absurdo.

Que el *duct tape* encontrado en la calavera de Caylee fue puesto por Casey para simular el secuestro. Debo señalar que, quien manifestó a la Policía lo del secuestro de Caylee, fue Casey. Que ustedes jurados no relacionaron ni siquiera por un instante que ese *duct tape*, con lo del secuestro inventado por Casey.

El mismo abogado José Báez, en su libro "Presumed Guilty," escribió lo siguiente:

*"Cuando Bloise abrió el maletero, pude oler algo podrido. Había estado en una morgue antes y había olido cadáveres, y mi primera impresión fue que olía a cadáver, especialmente después de haber oído hablar de él durante tanto tiempo. Olí algo más en el aire, una sustancia química, pero no pude ubicarlo. No olía a gasolina, pero me di cuenta de que tenía una base de gasolina. Si inhalaba una bocanada fuerte, casi me dolía la nariz. Oh, Dios mío, de inmediato pensé. Esto no está bien, pensé para mí mismo, esto no es nada bueno. Tendré que hablar con Casey sobre aceptar un arreglo con la Fiscalía."*

Lo que el abogado José Báez estaba oliendo y que no podía identificar, era cloroformo mezclado con los compuestos químicos de putrefacción que generó el cuerpo de Caylee.

En adición si ellos, el jurado, no dieron peso a la evidencia presentada por la fiscalía porque no le dieron peso tampoco al argumento final del abogado Báez cuando él dice "Caylee murió ahogada en la piscina". Esa admisión del abogado Báez le está diciendo al jurado que bajo la custodia de Casey su hija Caylee murió porque no la cuido. Ahí estaba el cargo del abuso agravado contra un niño y el cargo de muerte involuntaria. Esos doce jurados nunca utilizaron el sentido común ni tan siquiera pudieron analizar esa declaración de Báez diciendo entre líneas "Casey es responsable de la muerte de Caylee pero no fue un homicidio fue accidente"

Este caso ya se lo sometí al Juez de Jueces, al Creador del Universo, para que le haga Justicia a Caylee.

Quien fue responsable por la muerte de Caylee será el único responsable hasta el día que muera. Los 12 miembros del Jurado fueron y serán responsables por sus decisiones sobre Caylee hasta el día que se mueran.

Yo creo que el abogado Báez admitió que sabía que Casey era responsable de la muerte de Caylee en su libro. Le recuerdo también que, esos abogados que, sabiendo que sus clientes son culpables de un hecho cometido, carecen de toda ética, y no me refiero a la ética profesional, me refiero a la ética Moral de hablar con su cliente, de aconsejarle en el caso de que los hechos cometidos sean ciertos, tratar de buscar un arreglo mediante un acuerdo de culpabilidad, ahora bien, si en realidad es inocente, que no cometió el hecho que se le imputa, entiendo que es una legítima defensa legal. Lo otro, sencillamente es mentir y fabricar hechos que nunca se probaron en el juicio, como el supuesto hecho de que Caylee se ahogó en la piscina, como hizo el abogado José Báez; pero lo más bajo a lo que usted llegó fue el manifestar que Casey fue abusada sexualmente y aún más insinuando de George mató a Caylee.

Lo que usted, abogado José Báez realmente hizo, fue llegar a lo más bajo e indigno que puede llegar un ser humano, usted tuvo la oportunidad de hacer lo correcto y no lo hizo, sabiendo perfectamente y admitiendo que su cliente Casey es una mentirosa en potencia.

El abogado José Báez escribió en su libro "Presumed Guilty":

> *"Estaba de vuelta en la oficina, cuando llamó la Policía para comunicarme: Su cliente está aquí, ha decidido que quiere hablar, pero ella desea que usted esté presente. A lo que yo contesté ... ¿Qué? ... pónmela al teléfono.*
>
> *Pusieron a Casey al teléfono y ella dijo: Si, ¿puedes venir aquí? Quiero hablar. Está bien, estoy en camino. Fui a la Oficina del Alguacil y Edward me llevó arriba. El abogado José Báez le dijo a Casey: ¿qué diablos estás haciendo?."*

El abogado José Báez aconsejó a Casey que no hablara con la Policía y ella se limitó a seguir las instrucciones de su abogado, y éste conminó a la Policía a que devolviera a Casey a la cárcel.

El abogado José Báez no permitió que Casey hablara, ¿por qué?, yo creo que más allá de ejercer su papel como abogado, estaba pensando en su fama como abogado que tenía este caso y no iba a permitir que se apagase esa especie de llama de fuego que le proporcionaba la publicidad de la que estaba disfrutando. En su libro, José Báez hace mención a Johnnie Cochran como si de su héroe se tratase, de tal modo que su intención era claramente convertir este caso en un símil al de O.J. Simpson.

Así que, José Báez, fabricaste toda esa sarta de mentiras para ganar el caso jugando sucio, y eso, pseudo-abogado no es ganar un caso y no sólo bajo mi modesta opinión, sino para miles y miles de personas que piensan, no sin razón, que lo perdiste.

El Todopoderoso, no sólo hace Justicia con los culpables que salen libres, creyendo equivocadamente que se burlaron de Él. Los pseudo-abogados que piensan y creen que se las saben todas, caen en su momento.

Le recuerdo que los abogados del infame caso de O.J. Simpson; del asesino que fue declarado *no culpable* gracias a las mentiras que se inventaron o fabricaron sus abogados. El Todopoderoso, Juez de Jueces, le dictó sentencia.

Al abogado Johnnie Cochran, su fama de fantasía tan sólo le duró unos meses, terminó con un cáncer en el cerebro.

Triste, no me alegro de la muerte del Sr. Cochran, pero muchos han llamado a esa muerte el *karma*; yo la llamo la Justicia del Todopoderoso, del Juez de Jueces, esa llega en su momento, cuando Él así lo dispone.

El abogado Lee Bailey, fue arrestado por las Autoridades Federales y suspendida su licencia de abogado en el 2003, *el viejo pistolero Bailey*, sólo podía ofrecer consejos informales.

Este escritor, por supuesto, no se alegra de ninguna de las maneras de todas estas desgracias sufridas por estos abogados, pero en la Justicia Divina, nadie puede intervenir.

Y no es solamente en estos casos, existen muchísimos abogados que han defendido a criminales sabiendo que cometieron delitos y sus vidas han sido un desastre, de nuevo, muchos descreídos vuelven a llamar a esto *karma*, yo lo llamo la Justicia del Todopoderoso, Juez de Jueces. También a aquellos policías, fiscales y autoridades que fabrican falsos casos, les llega su juicio y veredicto por parte del Todopoderoso, Juez de Jueces.

Creo firmemente en la genuina inocencia, creo en la duda razonable no fabricada, creo en los abogados que defienden a personas que realmente son acusadas de un delito que no cometieron. No quiero que inocentes vayan a la cárcel, pero tampoco quiero, que culpables salgan libres, como en este caso y el caso de O.J. Simpson.

El otro abogado, Barry Scheck, sabe perfectamente que los análisis de A.D.N. todos coincidieron y dieron *positivo* al A.D.N. de la Escena del Crimen y el A.D.N. de O.J. Simpson.

Aunque reconozco la labor loable del abogado Scheck del *Proyecto Inocencia*, en el caso de O.J. Simpson, se prestó para sembrar duda donde no la había.

La Nación de los Estados Unidos de América, está esperando su sentencia del Todopoderoso, el Justo Juez, le da a cada uno lo que en justicia se merece. Todos estos abogados que defendieron a O.J. Simpson, saben perfectamente que él mató a Nicole y a su novio.

El mismo O.J. Simpson escribió un libro titulado "Y Si, Yo Lo Hice."

Terminaré con este argumento y sé que quizás se estarán planteando: *hay personas que mueren de enfermedades y eso no significa que sea como consecuencia de la Justicia del Todopoderoso.* Sí, podría ser cierto ese fundamento para algunas ocasiones, pero para el caso de O.J. Simpson, no es mera coincidencia que a estos abogados infames hayan tenido en sus vidas tantas desgracias personales y tan puntuales.

Volviendo al Caso de Caylee Anthony. Es mi opinión, y las de la mayoría de los 40 millones de personas que vieron el juicio, que Caylee no recibió justicia. Así se escribió la Historia Judicial el día 5 de Julio del 2011, por el Jurado.

Caylee, yo sé positivamente que el Todopoderoso te hará Justicia.

Una parte de las ventas de este libro se donará a:

**the Missing Child PROJECT**

CASO#: 08-069208

# Sobre el Autor

El Sr Gerardo Bloise, actualmente es el CEO de GJ Forensic LLC. Comenzó su fructífera carrera profesional allá para 1983 como oficial de policía en San Juan de Puerto Rico. Graduándose posteriormente como Oficial de Policía certificado y siendo seleccionado el cadete más distinguido de la clase 166. Continuó sus estudios en la Universidad Interamericana de Puerto Rico donde obtuvo su licenciatura en sociología con especialidad en Justicia Criminal.

Tras un periplo como miembro de la seguridad del Sr, Gobernador de Puerto Rico, estuvo destinado en unidades especializadas, tomando adiestramientos con el FBI, ATF, FDLE, Policía de Puerto Rico, Instituto de Ciencias Forenses de Puerto Rico, Oficina del Sheriff del condado de Orange Florida, Policía de Miami Metro Dade, la oficina médico legal de Miami Dade y el Golf Community Collage (Academia de Policía), Panama City, Florida, Universidad de Strathclyde Glasgow. Destacado también como Investigador Forense en el instituto de Ciencias Forenses, continuando su formación académica obteniendo la maestría en Administración Pública con especialidad en Justicia Criminal por la Universidad del Turabo, siendo posteriormente nombrado Director de la División de Investigadores Forenses en Instituto de Ciencias Forenses de Puerto Rico, interviniendo en más de 800 casos criminales. Posteriormente se trasladó a Orlando, Florida donde se desempeñó sus funciones en la oficina del sheriff Condado de Orange, como CSI-II donde resolvió varios casos por su trabajo investigativo forense y posteriormente logrando su retiro luego de 21 años de servicio.

Made in the USA
Columbia, SC
13 August 2024

40362758R00148